新时代妇联干部教育培训参考教材

新时代中国性别平等与妇女发展状况

全国妇联妇女研究所/编

中国妇女出版社

图书在版编目（CIP）数据

新时代中国性别平等与妇女发展状况 / 全国妇联妇女研究所编．-- 北京 ：中国妇女出版社，2022.12

新时代妇联干部教育培训参考教材

ISBN 978-7-5127-2199-9

Ⅰ．①新… Ⅱ．①全… Ⅲ．①男女平等－研究－中国－干部培训－教材②妇女工作－发展－研究－中国－干部培训－教材 Ⅳ．①D442.6

中国版本图书馆 CIP 数据核字（2022）第 195863 号

新时代中国性别平等与妇女发展状况

作　　者：全国妇联妇女研究所　编
项目统筹：廖晶晶　万立正
责任编辑：陈　元
封面设计：吴晓莉　李　甦
责任印制：李志国
出版发行：中国妇女出版社
地　　址：北京市东城区史家胡同甲 24 号　　邮政编码：100010
电　　话：（010）65133160（发行部）　　65133161（邮购）
网　　址：www.womenbooks.cn
法律顾问：北京市道可特律师事务所
经　　销：各地新华书店
印　　刷：三河市祥达印刷包装有限公司
开　　本：170 × 240　1/16
印　　张：15.5
字　　数：230 千字
版　　次：2022 年 12 月第 1 版
印　　次：2022 年 12 月第 1 次
书　　号：ISBN 978-7-5127-2199-9
定　　价：68.00 元

编委会

主　　编：黄晓薇

副主编：张晓兰　夏　杰　邓　丽　谭　琳　吴海鹰
蔡淑敏　林　怡　赵　雯　章冬梅　杜　芮

编委会成员：（按姓氏笔画为序）

王卫国　丛中笑　冯曼东　朱锡生　刘亚玫
刘庆华　许立华　孙钱斌　牟　虹　杜　洁
李　颖　李明舜　李凯声　宋文珍　张　慧
张建岷　张彦红　陈晓霞　邰烈虹　单丽洁
高莎薇　高博燕　寇虎平　董　葵　曾　祝
靳清平　綦淑娟

本书编写组

组　长：杜　洁

成　员：（按姓氏笔画为序）

马冬玲　王　妍　石　鑫　史凯亮

李　文　杨　慧　杨玉静　张　立

张永英　郑锡龄　宓瑞新　赵凯旋

黄桂霞　綦郑潇

前　言

PREFACE

妇联干部是党的干部队伍的重要组成部分。党的十八大以来，以习近平同志为核心的党中央高度重视妇联干部队伍建设。2015年，《中共中央关于加强和改进党的群团工作的意见》指出，“各级党委要重视抓群团干部培养，全面加强群团干部队伍建设。将群团干部培训纳入干部教育培训总体规划，分级负责、分系统落实”。2018年11月2日，习近平总书记在同全国妇联新一届领导班子成员集体谈话时强调：“要加强妇联干部队伍建设，努力培养高素质妇联干部队伍。”

在以习近平同志为核心的党中央坚强领导下，全国妇联大力加强妇联系统干部教育培训工作，实现了全国妇联机关干部、省级妇联领导班子成员、地市妇联主席培训全覆盖，并积极开展对县乡村妇联负责人和工作骨干的示范培训。党的十八大以来，全国妇联本级共举办妇联系统干部培训班228期，培训近1.8万人次，为各级妇联干部充能提素提供了有力支持。

进入新时代，妇联系统干部教育培训工作面临着新的形势。我国社会主要矛盾发生深刻变化，广大妇女对美好生活的向往更加强烈，期待妇联组织提供更多更好的服务，也由此对广大妇联干部的理论素养、知识水平和专业化能力提出了新的更高要求。自2015年中央群团改革以来，紧紧围绕保持和增强政治性、先进性、群众性，各级妇联持续推进“会改联”，积极推动“区域化”，不断壮大基层妇联组织工作力量，770余万优秀女性作为执委加入基层妇联工作队伍。面对新的形势，加强对广大妇联干部和新任基层妇联执委的教育培训迫在眉睫，也因此，编写一套紧跟新时代要求的妇联干部教育培训教材，成为当前加强妇联干部队伍建设的一项重要任务。

为落实《2018—2022年全国干部教育培训规划》关于加强课程教材建设的要求，贯彻中国妇女十二大提出的着力培养忠诚干净担当、高素质专业化妇联干部任务部署，组织开展“基层妇联领头雁培训计划”，满足各级妇联组织和广大妇联干部的迫切需求，全国妇联决定推出“新时代妇联干部教育培训参考教材”，并于2018年12月正式启动此项工作。

这套教材坚持以习近平新时代中国特色社会主义思想为指导，认真贯彻落实习近平总书记关于妇女儿童和妇联工作的重要论述，紧紧围绕党和国家工作大局，密切联系妇联工作实际，内容涵盖妇联各个领域的主体工作，既包括作为妇联干部必备的理论知识，也包括开展实际工作必须掌握的操作性技能，以满足不同层级妇联干部的需求。

这套教材可作为各级妇联开展干部教育培训的专用教材，也可为各级妇联干部的业务学习提供参考资料。希望各级妇联本着理论与实践相结合的马克思主义学风，学以致用、用以促学，充分发挥教材的学习和教育功能，激发广大妇联干部的学习热情，不断筑牢理想信念，提升专业能力，拓宽眼界视野，增强群众工作本领，把妇联组织建设得更加充满活力，更加坚强有力，做好引领、服务、联系妇女的各项工作，奋力开创新时代妇女事业发展的新局面。

编者的话

党的十八大以来，以习近平同志为核心的党中央高度重视男女平等与妇女全面发展，领导中国妇女运动取得历史性成就。习近平总书记从事关实现中华民族伟大复兴中国梦、事关党和人民事业全面发展、事关夯实党执政的阶级基础和群众基础的战略高度，就发展妇女事业、做好妇女工作作出一系列重要论述，开辟了马克思主义妇女理论中国化时代化的新境界，为新时代中国妇女运动指明前进方向，提供根本遵循。这十年，我国妇女事业发展硕果累累。“坚持男女平等基本国策，保障妇女儿童合法权益”被写入党的十八大、十九大、二十大报告，成为党的施政纲领和治国理政的重要内容。坚持和完善促进男女平等、妇女全面发展的制度机制，推动男女平等，保障妇女权益的法律、规划和政策体系不断完善。注重发挥妇女的“两个独特”作用，引领妇女争做伟大事业的建设者、文明风尚的倡导者和敢于追梦的奋斗者。广大妇女积极投身新时代中国特色社会主义事业，以巾帼不让须眉的豪情和努力，在各行各业各个领域贡献巾帼之力，在参与经济建设和社会发展的进程中发挥了“半边天”的重要作用，展现了新时代女性风采，实现了自身的发展，赢得出彩人生。

中国实现了第一个百年奋斗目标，正向着第二个百年奋斗目标迈进。2021年刚迎来党的百年华诞，2022年又迎来党的二十大胜利召开。在这样一个重要的历史节点，全面总结在习近平新时代中国特色社会主义思想科学指引下，十年来中国性别平等与妇女发展的历史性成就和主要经验，对于进一步深刻领悟“两个确立”的决定性意义，增强“四个意识”、坚定“四个自信”、做到“两个维护”，推动新征程上中国特色社会主义妇女理论与实践创新发展，引领广大妇女听党话、跟党走，为实现第二个百年奋斗目标、实现中华民族伟大复兴的中国梦贡献巾帼力量，具有重要意义。

本书是在全国妇联党组书记处高度重视和直接领导下，由全国妇联妇女研究所负责编写的。全国妇联妇女研究所所长杜洁担任编写组组长，抽调所内各领域研究骨干力量组成编写组，并特邀国务院妇儿工委办公室原副主任张立参加编写工作。编写组认真研究讨论确定书稿撰写提纲，广泛收集资料，完成初稿撰写工作，并在征求相关部门和专家学者意见建议的基础上，经过多轮讨论修改和统稿，最终形成定稿。

本书共分九章。分别从经济、政治、文化、教育、健康、社会保障、婚姻家庭、生态文明建设和法治保障九个领域，运用丰富、翔实的事实与数据资料，全面梳理、回顾新时代中国性别平等与妇女发展的历史性成就和主要经验，总结、提炼中国共产党在新时代拓展和创新中国式现代化过程中，促进性别平等和妇女全面发展的理论成果、制度成果和实践成果，充分彰显中国特色社会主义妇女发展道路的鲜明特色和显著优势，同时深入分析当前中国性别平等与妇女发展面临的重点、难点问题与差距和挑战，并为进一步推动新发展阶段的性别平等与妇女全面发展提出展望和对策建议。

本书各章的撰写分工如下：第一章妇女参与经济发展，由杨慧执笔；第二章妇女参政，由李文执笔；第三章妇女与社会文化环境建设，由宓瑞新、綦郑潇执笔；第四章妇女与教育，由史凯亮、王妍执笔；第五章妇女与健康，由张立执笔；第六章妇女与社会保障，由黄桂霞执笔；第七章妇女与婚姻家庭，由杨玉静、石鑫执笔；第八章妇女与生态文明建设，由马冬玲、赵凯旋执笔；第九章妇女权益的法治保障，由张永英、郑锡龄执笔。全书由杜洁、张永英统稿。

在全面建设中国特色社会主义现代化国家新征程上，妇联组织切实承担引领妇女听党话、跟党走的政治责任，履行代表和维护妇女权益、促进男女平等和妇女全面发展的基本职能，对妇联干部综合素质提出了更高要求。希望本书能够帮助妇联干部全面了解中国促进性别平等和妇女发展的基本状况，知悉妇女发展各领域亟待解决的重点、难点问题，明确推动新发展阶段性别平等和妇女发展的工作方向，凝聚各族各界妇女的磅礴伟力，谱写全面建设社会主义现代化国家崭新篇章。

由于时间和水平有限，本书难免有疏漏之处，敬请批评指正。

全国妇联妇女研究所

2022年11月

目 录
CONTENTS

第一章 妇女参与经济发展

第二章　妇女参政

第三章 妇女与社会文化环境建设

第四章　妇女与教育

第五章 妇女与健康

第六章　妇女与社会保障

第七章　妇女与婚姻家庭

第八章 妇女与生态文明建设

第九章 妇女权益的法治保障

第一章

妇女参与经济发展

妇女是一支伟大的人力资源，为推动经济发展和社会进步发挥了重要作用。党和国家历来高度重视妇女参与经济发展，先后制定一系列法律法规政策，全面保障妇女平等参与经济发展的权利和机会。党的十八大以来，党中央在实施就业优先战略，健全有利于更充分、更高质量就业的制度机制中，进一步促进平等就业、消除就业性别歧视，采取积极措施支持妇女就业创业。妇女参与经济发展的渠道进一步拓宽，层次进一步提升，为全面建成小康社会、实现中华民族伟大复兴发挥“半边天”作用。本章简要介绍妇女参与经济发展的意义，党的十八大以来促进妇女参与经济发展的法律法规与政策措施，妇女参与经济发展的现状，并对新发展阶段妇女参与经济发展的前景进行展望。

第一节　妇女参与经济发展的维度与意义

不同国家和地区、不同经济社会发展阶段，妇女参与经济发展有着不同的内容和重点。党的十八大以来，在实施就业优先战略、打赢脱贫攻坚战以及全面建成小康社会的背景下，妇女参与经济发展的内容与意义具有明显的时代特点。

一、妇女参与经济发展的维度

根据党的十八大以来的制度与实践进展，以及妇女参与经济发展的主要进展与成就来看，评估妇女参与经济发展的主要维度包括就业创业、扶贫脱贫和土地权益等方面。

妇女就业创业。就业是民生之本、财富之源。创业不但可以创造社会财富，而且可以扩大就业渠道、创造就业机会、增加就业岗位、缓解就业压力，为经济增长和社会发展作出积极贡献。促进妇女就业创业既包括平等就业机会、促进妇女就业创业的积极措施，也包括对妇女劳动权益的保护等。

妇女扶贫脱贫。贫困是困扰人类社会的重大问题，消除贫困是各国人民梦寐以求的共同理想。新中国成立后，党带领人民为消除贫困进行了不懈努力。党的十八大以来，以习近平同志为核心的党中央把脱贫攻坚摆在治国理政突出位置，采取了一系列具有原创性、针对性的精准扶贫、精准脱贫重大举措，为世界减贫事业作出重大贡献。贫困妇女既是脱贫攻坚战的参与者，又是受益者。党和国家从扶贫贷款、扶贫基地、巾帼脱贫行动等维度，为贫困妇女脱贫致富创造条件、提供支持。

妇女土地权益。土地是农村妇女赖以生存发展的经济资源，拥有土地就意味着在一定程度上有稳定的生活保障和收入来源。在土地所有权、承包权、经营权“三权分置”的实践中，拥有土地承包经营权的妇女既能自主决定依法采取出租、入股或者其他方式向他人流转土地经营权，也能通过抵押承包土地的经营权获得贷款。农村宅基地使用权是法律确定给农民个人的重要财产权，关系到广大农民群众的切身利益。农村妇女的土地承包经营权、宅基地使用权是关系到农村妇女发展和切身利益保障的重要方面。

本章将从妇女就业创业、扶贫脱贫及土地权益保障三个维度，对党委、人大、政府及相关部门、妇联组织等不同主体制定实施的促进妇女参与经济发展的法律政策与开展的工作实践进行梳理，对妇女参与经济发展的主要成就与挑战进行总结，并提出进一步完善相关法律政策与工作措施的建议。

二、妇女参与经济发展的意义

妇女平等参与经济发展，对于妇女自身发展、国家富强和民族复兴都具有非常重要的意义，也是国家履行相关国际义务、彰显负责任大国形象的要求。

妇女参与经济发展是践行马克思主义妇女观的必然要求。促进妇女广泛参与经济发展，是马克思主义妇女观的根本立场。马克思、恩格斯充分认识到妇女在推动社会发展中的作用，认为“没有妇女的酵素就不可能有伟大的社会变革”，同时指出“妇女解放的第一个先决条件就是一切女性重新回到公共的劳动中去”。马克思主义妇女观认为妇女解放的程度是衡量普遍解放的天然尺度；参加社会劳动是妇女解放的一个重要先决条件。而经济上的从属地位是造成妇女在家庭和社会中从属于男性的根本原因，经济独立是妇女解放的先决条件。妇女参与经济发展是实现经济独立自主、自我生存、自我发展的关键，也是妇女独立做出各种生活选择的基础和前提。习近平主席在2015年全球妇女峰会上的讲话中指出，推动妇女参加社会和经济活动，能有效提高妇女地位，也能极大提升社会生产力和经济活力。2013年10月28日，中国妇女十一大上的中央祝词要求各级党

委政府制定有利于消除妇女发展不平衡不充分的发展战略，使男女平等真正体现到经济社会发展各领域、社会生活各方面。这些均表明促进妇女参与经济发展，保障妇女实现经济独立和生活自主，是树立并践行马克思主义妇女观的必然要求。

促进妇女参与经济发展是新时代中国特色社会主义事业建设的必然要求。广大妇女始终是推进改革开放和经济社会建设的重要力量。随着我国经济持续发展，特别是适合女性就业的第三产业、互联网和数字经济等行业发展，妇女就业领域不断拓宽，近十年来妇女就业规模保持在3.4亿左右，占就业人员总量的43%—46%，为改革开放和社会经济发展作出了应有贡献。广大妇女在改革开放最前沿，在脱贫攻坚主战场，在乡村振兴第一线，在美丽中国建设最基层，在社会服务各领域，创造巾帼新业绩，贡献巾帼新力量，彰显巾帼新风采。习近平总书记指出，我国广大妇女积极投身新时代中国特色社会主义事业，以巾帼不让须眉的豪情和努力，起到了“半边天”的重要作用。

促进妇女参与经济发展是履行国际义务、彰显负责任大国形象的必然要求。国际社会通过多项公约宣言和成果文件促进妇女平等参与经济发展。1979年第三十四届联合国大会通过的《消除对妇女一切形式歧视公约》、1995年联合国第四次世界妇女大会通过的《行动纲领》、2000年联合国千年发展目标和2015年联合国大会通过的《变革我们的世界：2030年可持续发展议程》（简称《2030年可持续发展议程》），都把保障妇女获得平等的经济资源、权利和机会，消除就业职业歧视，促进妇女就业和职业发展等作为重要内容。另外，国际劳工公约也对促进男女就业机会平等和待遇平等、工作家庭平衡等提出标准和规范。我国已于1980年批准《消除对妇女一切形式歧视公约》、1990年批准《男女工人同工同酬公约》、2005年批准《1958年消除就业和职业歧视公约》，对促进妇女参与经济发展做出承诺。党的十八大以来，党和国家制定促进妇女平等参与经济发展、平等享有改革发展成果的一系列法律法规和政策文件，落实我国已批准的促进妇女平等参与经济发展的各项国际文书及《2030年可持续发展议程》，展现了负责任的大国形象。

第二节　促进妇女参与经济发展的法律政策与工作实践

党的十八大以来，党和国家在实施就业优先战略中注重促进妇女就业创业，在决战脱贫攻坚中注重妇女扶贫脱贫，在农村土地制度改革中注重保障妇女土地权益，为妇女参与经济发展提供了坚实保障。

一、促进妇女就业创业的政策与实践

党的十八大以来，党和国家通过高度重视消除就业歧视、保障就业公平，同时针对妇女就业创业面临的困难和需求，制定积极的政策措施，注重加强妇女劳动权益保护，为促进妇女在改革发展稳定第一线建功立业提供有利条件。

1. 保障妇女就业合法权益的政策措施

习近平总书记多次就支持妇女建功立业、实现人生理想和梦想作出重要指示，强调保障广大妇女平等参与经济社会发展，组织动员妇女走在时代前列，强调在抗击新冠肺炎疫情和推动经济社会复苏进程中，要帮助妇女摆脱疫情影响，拓宽妇女就业渠道，打击侵犯妇女权益的行为。

党中央、国务院就保障妇女就业合法权益、消除就业性别歧视作出决策部署。党的十八大以来，党中央、国务院多次出台相关文件，就完善招聘制度、确保招聘过程及工作和休假中保障妇女的平等就业权提出明确要求。例如，2013 年《中共中央关于全面深化改革若干重大问题的决定》要求规范招人用人制度，消除包括性别在内的一切影响平等就业的制度障碍和就业歧视。2016 年《中共中央、国务院关于实施全面两孩政策　改革完善计划生育服务管理的决定》提出依法保障女性就业、休假等合法权益，支持女性生育后重返工作岗位，鼓励用人单位制定有利于职工平衡工作与家庭关系的措施等内容。2021 年《中共中央、国务院关于优化生育政

策 促进人口长期均衡发展的决定》提出要规范机关、企事业等用人单位招录、招聘行为，促进妇女平等就业，同时，要求将生育友好作为用人单位承担的社会责任，适时对现行有关休假和工作时间的政策规定进行相应修改完善。

将保障妇女平等就业机会、改善妇女就业创业环境纳入国家发展规划。2016年《中华人民共和国国民经济和社会发展第十三个五年规划纲要》和2021年《中华人民共和国国民经济和社会发展第十四个五年规划和2035年远景目标纲要》，制定了持续改善妇女发展环境，消除对妇女的歧视和偏见，依法保障女性就业、休假和生育津贴等合法权益的发展目标。2017年《"十三五"促进就业规划》和2021年《"十四五"就业促进规划》要求规范招人用人制度，消除影响平等就业的制度障碍，保障妇女在就业创业、职业发展、技能培训、劳动报酬、职业健康与安全等方面的权益，为因生育中断就业的女性提供再就业培训公共服务；鼓励用人单位制定有利于职工平衡工作和家庭关系的措施，依法协商确定有利于照顾婴幼儿的灵活休假和弹性工作方式。2011—2020年和2021—2030年《中国妇女发展纲要》均专门设置妇女与经济领域，制定妇女参与经济发展的目标和策略措施；同时，在妇女参与决策和管理的策略措施中明确规定，妇女在退休环节不因性别受到歧视。此外，《中长期青年发展规划（2016—2025年）》和《2018—2022年全国干部教育培训规划》，分别要求全面落实女性青年在怀孕、生育和哺乳期间依法享有的各项权利，抓好女干部的教育培训。国务院新闻办公室发布的《国家人权行动计划（2016—2020年）》和《国家人权行动计划（2021—2025年）》，分别制定了努力消除就业、薪酬、职业发展方面的性别歧视，将就业性别歧视问题纳入劳动保障监察范围，对涉嫌就业性别歧视的用人单位开展联合约谈的人权目标。

制定严禁招聘性别歧视政策措施。2013年和2014年，国务院办公厅连续下发关于做好全国普通高等学校毕业生就业工作的通知，要求用人单位不得对求职者设置性别等歧视性条件。2019年，中共中央办公厅、国务院办公厅印发《关于促进劳动力和人才社会性流动体制机制改革的意见》，明确要求纠正性别等就业歧视现象。人力资源和社会保障部（简称人社部）2013年印发的《关于实施离校未就业高校毕业生就业促进计划的通知》、教育部2013—2014年及2016—2020年关于加强高校毕业生就业工作的通知，均明确要求各地各高校坚决反对就业性别歧视，招聘信息严禁设置性别等限制性条件。2019年人社部等九部门针对招聘性别歧视屡禁不止问题，联合发布《关于进一步规范招聘行为促进妇女就业的通知》（简称“九部门意见”），要求“各类用人单位、人力资源服务机构在拟定招聘计划、发布招聘信息、招用人员过程中，……不得以性别为由限制妇女求职就业、拒绝录用妇女”。另外，还通过监管、约谈和司法救济，消除招聘性别歧视。九部门意见规定，人社部门要会同有关部门加强对招用工行为的监察执法，引导合法合理招聘，加强面向妇女的就业服务和职业技能培训；人社部门、工会组织、妇联组织等部门对涉嫌就业性别歧视的用人单位开展联合约谈；人民法院依据平等就业权纠纷案由，依法受理妇女就业性别歧视相关起诉，要积极发布典型案例、指导性案例，充分发挥裁判的规范、引导作用；司法部门要积极为遭受就业性别歧视的妇女提供法律咨询等法律帮助，为符合条件的妇女提供法律援助。人社部2019年第二次修订《人才市场管理规定》，明确要求用人单位在招聘人才时，“除国家规定的不适合妇女工作的岗位外，不得以性别为由拒绝招聘妇女或提高对妇女的招聘条件”。2016年，全国妇联制定了《妇联组织促进女性公平就业约谈暂行办法》，规定用人单位在招用、录用过程中涉嫌歧视女性的，妇联组织可以对其约谈，指导其依法依规加以完善，彰显了妇联组织敢于维护妇女权益的鲜明态度。同年，全国妇联《关于推动落实全面“两孩”政策配套措施建议的通知》，要求各地妇联落实全面“两孩”政策的配套措施，采取针对性措施帮助妇女平等就业，防止用人单位发生基于生育的性别歧视。

*招聘性别歧视得到一定程度的遏制。*对智联招聘网2021年第一季度发布的86743条招聘信息分析发现，共有344条招聘信息存在性别歧视，招聘信息的性别歧视发生率降至历史最低点0.4%。在这344条招聘信息中，普遍存在回避使用直接表示性别的男、女字眼，转而使用星号、拼音或身高进行性别选择，如对于倾向于招聘男性的信息显示“×××，身

高172厘米以上，五官端正”“身高175厘米以上”；对于倾向招聘女性的信息则显示“身高1.62米以上（硬性要求，不符合者请勿投递）”“皮肤好，容貌端正；身高1.6米以上”。以上发现表明，只要发布招聘信息的网站禁止上传包含直接性别歧视的招聘信息，即可有效减少招聘性别歧视问题。

2. 促进妇女就业创业的积极措施

为落实相关法律法规，相关部门把推动妇女实现更高质量和更充分就业作为工作重要内容，结合各自职能，制定多项积极措施，促进妇女就业创业。

*促进女大学生就业创业。*为给在校女大学生平等就业和创业发展营造良好的社会氛围，2014年，全国妇联、教育部、人社部以全国高校校园网站联盟为平台，面向全国高校开展“寻找女大学生就业创业榜样”活动，旨在寻找和展示女大学生就业创业榜样、提升女大学生求职能力、开展女大学生就业创业指导、凝聚和传递有利于女大学生就业创业的正能量。同时，三部门还联合推出“助推女大学生就业创业行动”，通过增设实习基地、为女大学生提供个性化就业指导服务、加大人力资源市场监管力度，以及查处就业性别歧视等措施，帮女大学生实现就业。针对很多女大学生富有创业热情但缺乏经验等问题，全国妇联从女企业家中选聘“女大学生创业导师”，让有创业计划的学生跟着创业导师熟悉市场，为创业积累经验；为解决创业资金限制，该就业创业行动可以为创业女大学生提供最高10万元的免息贷款，帮助女大学生创业。

*为妇女参与大众创业、万众创新提供支持措施。*2013年，财政部、人社部、中国人民银行和全国妇联联合印发《关于加强小额担保贷款财政贴息资金管理的通知》，要求对符合规定条件的农村妇女申请小额担保贷款财政贴息资金，可以适度给予重点支持。2009—2018年全国累计发放3837.7亿元小额贷款，中央及地方落实财政贴息资金408.6亿元，获贷妇女656.9万人次，妇女就业创业资金难的问题得到有效解决。2014年，全国妇联和人社部联合召开“全国发展手工编织促进妇女就业创业工作推进会”，扎实推进妇女手工编织。2015年，全国妇联印发《关于开展创业创

新巾帼行动的意见》，推出创业创新巾帼行动，探索适应妇女创业的网络化、实训式电子商务培养模式，引领广大妇女顺应“互联网+”新趋势，提升妇女创业创新能力，助推农村妇女依靠科技创业创新致富，提供妇女创业创新培训交流与展示平台，为女性创业搭建平台、寻找商机，激发更多妇女在大众创业、万众创新的时代背景下释放“她力量”。全国妇联还通过连续举办中国妇女创业创新大赛，激发妇女的创业精神和创新活力。其中，2017 年中国妇女创业创新大赛吸引 56 万名妇女参与。2019 年中国妇女手工创业创新大赛获得 12 强的优秀项目，在解决妇女就业、帮助妇女脱贫方面发挥了巨大作用。2021 年第二届中国妇女手工创新创业大赛分设北京巧娘迎冬奥展等多个展区，进一步激发广大妇女创新创造活力，展现了手工产业在促进妇女创新创业、助力乡村振兴中的积极作用。

*在新冠肺炎疫情背景下促进妇女复工复产。*针对新冠肺炎疫情带来的就业冲击，2020 年国务院办公厅印发《关于支持多渠道灵活就业的意见》，为劳动者居家就业、远程办公、兼职就业创造条件，为女性就业创造了更多就业机会。全国妇联为应对新冠肺炎疫情对妇女就业创业的影响，通过技能培训、政策宣讲、扩展就业机会等多种方式帮助女企业家、女职工复工复产。全国妇联推送各类农业生产发展、创业就业知识和健康生活等 400 多个网络课程及 100 个“妇联喊你来学农”短视频，为广大妇女提供网上学习的便捷平台。同时，号召各地妇联在严格落实疫情防控措施前提下，动员妇女参与“居家防疫 · 网上学技”等活动，通过网络平台学知识、强技能，统筹抓好疫情防控和生产发展工作。网络课程累计点击量超过 100 万人次，短视频点击量超过 2000 万人次。从 2020 年 2 月 25 日起，全国妇联多次召开会议并下发通知，要求各地妇联统筹推进，因地制宜助力复工复产，配合有关部门宣讲政策、了解需求、服务防疫，帮助“妇”字号企业、巾帼示范基地、巾帼扶贫车间恢复生产。全国妇联还帮助妇女进一步拓展创业就业领域，引领返乡女农民工、女大学生发挥各自优势，在抗击疫情所需要的电商、快递、生鲜网售等领域创业并带动更多妇女就业。

*促进残疾妇女就业创业。*2014 年，全国妇联、中国残疾人联合会（简

称“中国残联”）联合实施《大力发展手工编织促进残疾妇女就业创业方案》，通过开展多形式、多层次的职业技能培训，举办手工制品职业技能竞赛和展示展销活动，认真落实残疾人就业保障金使用管理政策，促进妇女手工合作组织和企业单位接纳安排残疾妇女就业，帮助残疾妇女群体在手工编织制作领域实现更加充分的就业。此外，全国妇联、中国残联还推动健全残疾妇女创业服务体系，加大对残疾妇女创业的资金扶持力度，帮助落实资金扶持、小额贷款贴息、经营场所租金优惠、社会保险补贴、税费减免等扶持政策，助推残疾妇女就业创业。2015 年开始的“潮汐计划”，最初是通过免费线上编织课程的模式，为成年的先天性脆骨病患者提供技能教育，2018 年开始推向全国，有上千女性接受了在线编织课程，2019 年天津市潮汐济困中心正式成立，通过创建设计中心、开发自有编织品、对接爱心企业等方式，帮助困境女性完成手工创业，获得持久收入。

促进女性冬奥组委工作人员性别平等。2022 年北京冬奥组委依据中国“男女平等”的基本国策，遵循《国际奥委会性别平等和包容性目标(2021—2024)》的基本原则，发布《促进性别平等承诺》，以筹办和举办北京 2022 年冬奥会和冬残奥会为契机，做出“促进北京冬奥组委工作人员性别平等，女性员工比例不低于 40%”等 14 项承诺，促进女性就业与职业发展。

促进女性人才职业发展与男女同龄退休。2021 年，科技部、全国妇联等 13 部门印发《关于支持女性科技人才在科技创新中发挥更大作用的若干措施》，提出大力支持女性科技人才创新创业、支持孕哺期女性科技人才科研工作、完善女性科技人才评价激励机制、加强统计和研究工作、加强女性科技人才的制度保障等积极措施。同年，全国妇联、科技部等七部门还联合发布《关于实施科技创新巾帼行动的意见》，引导广大女科技工作者、女医师、女企业家切实增强服务创新驱动发展的责任感、使命感、紧迫感，积极为女科技人才发挥作用提供支持和服务，切实帮助她们解决后顾之忧，以便更好地投入科技创新工作。为推进男女同龄退休，2015 年，中共中央组织部（简称“中组部”）和人社部印发《关于机关事业单位县处级女干部和具有高级职称的女性专业技术人员退休年龄问题的通知》规定，党政机关、人民团体中的正、副县处级及相应职务层次的女干部，事业单位中担任党务、行政管理工作的相当于正、副处级的女干部和具有高级职称的女性专业技术人员，年满六十周岁退休，有效保障了男女同龄退休和女性职业发展的相关权益。

二、促进妇女脱贫的政策与实践

2017 年 10 月，党的十九大把打好精准脱贫攻坚战作为全面建成小康社会的三大攻坚战之一，把脱贫攻坚作为全面建设小康社会的底线任务。以习近平同志为核心的党中央高度重视贫困妇女脱贫，关注贫困妇女需求，助力贫困妇女走出困境。

将妇女脱贫纳入脱贫攻坚的顶层设计。在带领全党全国人民进行脱贫攻坚伟大斗争中，以习近平同志为核心的党中央把解决妇女脱贫发展问题放在突出位置，把妇女作为脱贫攻坚的重点对象、主体力量，把促进妇女脱贫发展纳入党和国家工作大局，注重在顶层设计上突出妇女重要关切，不断强化促进妇女脱贫发展的制度保障，为确保小康路上不让一个妇女掉队提供了根本保证。习近平总书记反复强调“全面建成小康社会，一个也不能少；共同富裕路上，一个也不能掉队”，饱含着让包括妇女在内的全体人民共享改革发展成果、都过上幸福美好生活的人民情怀，还多次就妇女扶贫减贫作出系统阐释和全面部署，为新时代妇女脱贫指明了方向。国家“十三五”规划纲要第六十六章第一节促进妇女全面发展中，明确提出要加强妇女扶贫减贫工作。中共中央、国务院印发的《中国农村扶贫开发纲要（2011—2020 年）》提出，把对妇女儿童的扶贫开发纳入规划，统一组织，同步实施，同等条件下优先安排，并加大支持力度；推动贫困家庭妇女积极参与全国妇女“双学双比”活动，关注留守妇女和儿童的贫困问题。2014 年，中共中央办公厅、国务院办公厅印发《关于创新机制扎实推进农村扶贫开发工作的意见》，要求中国人民银行、国务院扶贫办、全国妇联等十部门完善金融服务机制，推进妇女小额担保贷款工作，为贫困妇女通过获得小额贷款实现脱贫致富奔小康奠定了坚实的基础。2015 年，中

共中央、国务院印发《关于打赢脱贫攻坚战的决定》，明确提出全面实施妇女“两癌”免费筛查等重大公共卫生服务项目，加大妇女小额贷款实施力度，健全留守儿童、留守妇女、留守老人和残疾人关爱服务体系。国家不断完善新型社会救助体系，加大对贫困妇女的保障力度。

多部门制定相关政策措施、采取积极行动促进妇女脱贫。2014年，在全国妇联、人社部举办的全国发展手工编织促进妇女就业创业工作推进会上，全国人大常委会副委员长、全国妇联主席沈跃跃同志要求各级妇联把发展妇女手工编织业作为服务大局、促进妇女就业的重要举措，作为服务妇女、帮助妇女脱贫致富的重要手段，切实增强做好这项工作的责任感和使命感。2016年，国务院扶贫办、发展改革委等16部门联合发布《关于促进电商精准扶贫的指导意见》，为符合条件的贫困地区高校毕业生、返乡创业农民工和网络商户等发展电子商务提供创业担保贷款，支持贫困村妇女依托电子商务就业创业，要求人社部、全国妇联、发改委等六部门结合“巾帼脱贫行动”，扶持贫困妇女参加电商培训，促进贫困妇女挖掘自身特长、实现灵活就业创业。截至2020年年底，妇联累计对1021万名贫困妇女和妇女骨干进行各类技能培训，全国返乡入乡创业女性达到145.4万人；《人类减贫的中国实践》白皮书显示，累计发放妇女小额担保贷款和扶贫小额信贷4500多亿元，帮助870万名妇女实现创业增收。

妇联组织积极推动贫困妇女脱贫致富。全国妇联积极开展巾帼脱贫行动，从2016年至2020年，投入资金3930万元，创建“全国巾帼脱贫示范基地”786个，带动各级妇联在贫困地区创建“妇”字号基地2万余个，扶持女性参与休闲农业、乡村旅游、农村电商、特色种植养殖产业等，带动400多万名贫困妇女增加收入。同时，全国妇联注重发挥贫困妇女传统手工优势，建立妇女手工协会与合作社，助力贫困妇女有活干、有钱挣。2018年全国妇联深化做实“巾帼脱贫行动”，以增强贫困妇女内生动力和脱贫能力为突破口，以帮扶深度贫困地区妇女为重点，充分发挥妇女特色产业的带动脱贫作用，大力推广“姐妹手拉手·巾帼脱贫快步走”工作模式，进一步抓实抓牢立志脱贫、能力脱贫、创业脱贫、巧手脱贫、互助脱贫、健康脱贫、爱心脱贫七项重点任务，引导贫困妇女自强自立、争

先脱贫，通过自己的辛勤劳动致富奔小康。“十三五”期间，全国妇联广泛开展“巾帼脱贫行动”，截至2019年7月，共协助扶贫部门为110万建档立卡贫困妇女发放扶贫小额信贷610亿元，帮助500多万贫困妇女通过手工、种养殖、家政、电商等增收脱贫，为贫困妇女脱贫致富增添动能。2020年，全国妇联举办巾帼脱贫论坛，坚持以能力脱贫为关键，组织动员1019万人次妇女参加脱贫培训。新冠肺炎疫情发生以来，全国妇联下发《关于团结引领广大妇女克服疫情影响坚决打赢脱贫攻坚战的通知》，要求各地妇联学习贯彻习近平总书记关于统筹推进新冠肺炎疫情和经济社会发展工作的重要讲话精神，一手抓疫情防控，一手抓妇女脱贫，确保不让一个贫困妇女在小康路上掉队；印发《配合做好抗疫期间妇女就业工作指南》，要求各地妇联了解城乡贫困妇女在就业和返岗中存在的问题，结合妇联工作实际，加强分类指导，制定服务措施。

三、保障农村妇女土地权益的政策与实践

党的十八大以来，在农村承包地确权登记颁证与农村土地“三权分置”改革中，保障农村妇女土地权益成为其中一项重要内容。

党中央、国务院高度重视保障农村妇女的土地权益。中共中央办公厅、国务院办公厅2014年印发的《关于引导农村土地经营权有序流转　发展农业适度规模经营的意见》和2015年印发的《关于加大改革创新力度　加快农业现代化建设的若干意见》，都明确要求切实维护好、保障好农村妇女的土地承包权益。2016年，中共中央、国务院先后下发《关于实施全面两孩政策　改革完善计划生育服务管理的决定》《关于稳步推进农村集体产权制度改革的意见》，不但明确要求“依法保障妇女的宅基地、房屋等财产继承权和土地承包权”，而且明确规定成员身份的确认既要得到多数人认可，又要防止多数人侵犯少数人权益，切实保护妇女合法权益。2019年中央一号文件《中共中央、国务院关于坚持农业农村优先发展做好“三农”工作的若干意见》强调，在深入推进农村集体产权制度改革中“做好成员身份确认，注重保护外嫁女等特殊人群的合法权利”。国

家“十三五”规划纲要第六十六章第一节及国家“十四五”规划纲要第五十章第一节，均专门提出保障农村妇女土地权益。

*保障农村妇女土地权益的法律不断完善。*2018年修正的《农村土地承包法》除继续保留原有保障妇女享有与男子平等的土地承包权益等内容外，还在第十六条第二款新增“农户内家庭成员依法平等享有承包土地的各项权益”，第二十四条第二款明确规定“土地承包经营权证或者林权证等证书应当将具有土地承包经营权的全部家庭成员列入”，使得农村妇女“证上有名、名下有权”有了法律的保障。此外，该法第六十九条规定“确认农村集体经济组织成员身份的原则、程序等，由法律、法规规定”，为制定有关农村集体经济组织成员身份认定的法律留出了空间，对避免部分非法村规民约对农村妇女集体经济组织成员身份与权益的损害具有重要意义。2020年颁布实施的《中华人民共和国民法典》第一千零八十七条第二款明确规定“对夫或者妻在家庭土地承包经营中享有的权益等，应当依法予以保护”，有力回应了妇女在家庭内部土地权益保护难题；第二百六十五条第二款规定“农村集体经济组织、村民委员会或者其负责人作出的决定侵害集体成员合法权益的，受侵害的集体成员可以请求人民法院予以撤销”，为农村妇女土地权益受侵害提供了司法救济渠道。

*多部门联合保障农村妇女土地权益。*2014年，农业部与全国妇联在总结安徽凤阳等试点经验的基础上，以会谈纪要的形式共同推广试点地区保障农村妇女土地承包权益的有益经验，提出“在土地承包经营权确权登记簿和权证上写上妇女名字”，以实现农村妇女“证上有名、名下有权”。为此，农业部新颁土地承包经营权证上要求记载承包方家庭成员的名字。2015年，农业部等六部门出台《关于认真做好农村土地承包经营权确权登记颁证工作的意见》，进一步明确“承包经营权证书载明的户主或共有人，要体现男女平等的原则，切实保护妇女土地承包权益”。2017年，农业部《关于加快推进农村承包地确权登记颁证工作的通知》，要求真正做到登记簿和证书上写有妇女的名字。2018年，民政部、中组部、全国妇联等七部门联合出台《关于做好村规民约和居民公约工作的指导意见》，专门针对侵犯妇女特别是出嫁、离婚、丧偶妇女合法权益等问题，通过将合法性

审查前置于村民表决等举措，从制度上预防村规民约违反男女平等基本国策、侵犯妇女土地权益。2018 年全国妇联下发《关于开展“乡村振兴巾帼行动”的实施意见》，要求各地妇联密切关注土地承包经营权确权颁证、宅基地确权颁证、农村土地征收、集体经营性建设用地入市和宅基地制度改革以及集体经营性资产股份合作制改革中，农村妇女合法权益的保护和落实。2021 年，中央农村工作领导小组办公室、农业农村部、全国妇联等十部门联合印发《关于扎实做好当前重点工作如期完成农村集体产权制度改革阶段性任务的通知》（以下简称《通知》），将“切实维护农村妇女合法权益”作为 9 项重点工作内容之一，要求各地充分认识农村集体产权制度改革中维护农村妇女合法权益的重要性，深入排查成员身份确认中妇女在娘家和婆家“两头空”“两头占”问题，重点检查离婚、丧偶妇女等群体成员身份确认情况；规范成员（含份额、股份）证书内容，做到已确认为农村集体经济组织成员的妇女“证上有名、名下有权”。《通知》还要求，各级农业农村、妇联等部门要加大对农村集体产权制度改革维护妇女权益相关法律政策宣传和培训，引导各地通过协商、调解、仲裁、诉讼等途径化解矛盾纠纷，并提出“建立妇女集体资产权益保护的长效机制”的目标。

第三节 妇女参与经济发展的进展与挑战

党的十八大以来，妇女平等参与经济发展的机会与渠道进一步拓宽，掌握经济资源、参与经济决策的能力进一步提升，在经济社会发展中的“半边天”作用日益凸显。不过，在我国经济下行压力加大的背景下，叠加新冠肺炎疫情的影响，妇女参与经济发展也面临一些挑战。同时，进入新发展阶段、贯彻新发展理念、构建新发展格局，推动高质量发展，为妇女参与经济发展带来更大机遇，也提出了更高要求。

一、妇女参与经济发展的主要进展

党的十八大以来，在妇女就业、扶贫脱贫及农村妇女土地权益保障等妇女参与经济发展的核心方面都取得突破进展，妇女就业渠道不断拓宽，就业结构不断改善，农村妇女扶贫脱贫取得历史性成就，妇女土地权益保障取得突破，“证上有名、名下有权”变为现实。

*妇女就业规模稳定增长，就业结构不断改善。*2020 年女性就业人员占全社会就业人员的 43.5%，实现《中国妇女发展纲要（2011—2020 年）》“保持在 40% 以上”的目标，城镇单位女性就业人员为 6779.4 万人，比 2010 年增加 1917.9 万人，增长 39.5%。2020 年女性在第一、二、三产业就业的比例分别为 28.8%、17.1% 和 54.1%，其中在第一产业就业的比例比 2010 年降低 16.5 个百分点，在第二、三产业就业的比例分别比 2010 年提高 2.6 和 13.9 个百分点。农村在业女性中非农就业比例为 39.5%，比 2010 年提高 15.4 个百分点。此外，根据《中国劳动统计年鉴 2021》相关数据计算，女性在年均工资较高的金融业就业比例首次超过在年均工资较低的住宿和餐饮业就业比例，信息传输、软件和信息技术服务业中女性比例为 38.86%，接近女性比例占 40% 的性别均衡行业判定标准。与 2010 年相比，教育、卫生和社会工作行业女性比例增长最快，分别增长了 13.26、9.10 个百分点，这两个行业平均工资在 20 个行业中居第 6 和第 7 位。

*女性就业渠道不断拓展。*互联网、疫情催生了就业的新形态和新职业，新业态从业人员通常以互联网平台、分享经济等新技术为依托，呈现出基于平台用工、“网红经济”自媒体运营等灵活多样的就业形态，如网约车司机、外卖配送员、直播带货／主播。京东 2021 年为女性创造了超过 16 万个就业岗位。其中，女性管理者超过 900 名，在非一线女员工中，晋升比例超过 50%、晋升过两次的比例达到 27.8%，均高于男性员工。2020 年以来，国内新注册的女性网约车司机超过 26.5 万，成为滴滴平台的重要支撑。2020 年全国外卖骑手中女性比例不到 10%，近两年女性比例不断提高：中国社科院对北京市外卖员调查后发现，2020 年北京外卖骑手

中女性占 9.04%，2021 年该比例增长到 16.21%。相关数据显示，美团平台约为 47 万名女性提供了骑手职业岗位。根据网络主播数量过亿、女性比例高达 78.8% 计算，2021 年女主播或已超过 8000 万人。此外，2021 年从抖音平台直接获得收入的女性达 1320 万人，2021 年上半年超过 1200 万名女性从快手平台获得收入、实现就业；在小红书平台实现就业创收的女性至少超过 1000 万人。

部分行业收入性别差距开始缩小。《2020 中国职场性别薪酬差异报告》显示，2019 年中国城镇就业女性平均薪酬为 6995 元，占男性的 81.6%，是 2017 年以来中国女性与男性薪资差距首次缩减。在金融行业率先缩小性别薪酬差异后，互联网技术、通信、人工智能等数字技术岗位有望成为女性打破职业壁垒和收入差距的重要突破口。不仅如此，很多女性为增加收入、满足个人爱好，愿意通过互联网、新媒体等从事多种职业、成为“斜杠”人员。2021 年有 25.42% 的职业女性成为“斜杠”人员，其兼业收入在 1000—3000 元、3000—5000 元的分别占 30.26% 和 13.16%，为缩小收入性别差距提供了帮助。

女性科技人才及参与高层管理的比例呈上升趋势。根据中国女科技工作者协会公布的报告，2018 年我国女科技工作者约有 3600 万人，占科技工作者人数近四成。2020 年研究与试验发展（R&D）人员中女性占 26.3%，比 2010 年提高了 1.1 个百分点；研究与开发机构 R&D 人员中女性占 33.4%，比 2010 年提高了 0.7 个百分点。女性科技人才已成为我国科技大军中不可或缺的重要力量。此外，女性参与高层管理的比例提高。在 2019 年的总监职级中，女性占 25.4%，较上年提高 0.4 个百分点，其中，人力资源总监中的女性比例达到 51.8%，较上年提高 1.1 个百分点；公关总监、行政总监、法务总监中的女性比例分别较上年提高 0.6—1.1 个百分点；在技术、产品、销售等对企业核心业务有重大影响的高管职位中，女性比例分别提升了 0.24%、0.07% 和 0.44%。

妇女创业之路更加宽广，创业人数大幅增加。妇女成为大众创业、万众创新的重要力量。《2017 中国女性创业报告》显示，互联网、服务行业、金融、外贸、房地产、汽车等行业成为女性创业方向。伴随互联网最大程度释放女性创业动能，在淘宝交易量前100的网店中，90%是以女性为主的领导团队。2019年女性创业趋势集中在人工智能、企业服务、医疗健康等领域。此外，手工业也是女性创业的传统领域。根据2020年淘宝平台店铺数量超过1000万家，《中国女性创业报告》中女性在淘宝平台创业者约50%计算，至少有超过500万名女性通过淘宝平台实现了创业。

女职工劳动保护程度不断提高。2020年落实女职工劳动保护的企业占比71.3%，比2012年提高4.8个百分点。截至2017年9月，全国共签订女职工权益保护专项集体合同136.6万份，覆盖女职工近8000万人；建立女职工休息哺乳室的基层企事业工会近30万个，覆盖女职工1849.4万人。从省级数据看，截至2017年年底，江苏省共签订女职工专项集体合同10.5万份，涉及女职工731.6万人，同步签订率达98.2%。

贫困妇女是脱贫攻坚战的受益者、参与者、贡献者。《人类减贫的中国实践》白皮书显示，我国对妇女、儿童、老人和残疾人等群体中特殊困难人员加大帮扶力度，实现脱贫的近1亿贫困人口中妇女约占一半，贫困妇女的生产生活发生了历史性变化。党的精准扶贫精准脱贫政策激发了广大贫困妇女从“要我脱贫”到“我要脱贫”的内生动力，释放了贫困妇女的生产潜力，贫困妇女通过在家门口的扶贫车间等就业，做到挣钱又顾家、安居又乐业，成为产业兴旺、乡村振兴道路上的生力军。

妇女土地权益得到一定保障。农村土地承包经营权属证书上写入了妇女的名字，农村妇女土地权益获得更加坚实的保障。有研究指出，村干部对在土地证上登载妇女名字与妇女获得经济资源和权利之间关系的认知程度相对较高，认为土地证上登载妇女的名字，不仅可以保障农村妇女享有和行使土地承包经营权，还可以基于对土地承包经营权的确认而获得贷款等其他经济资源。农业部关于河北、山西等17个省200个县204个村庄的问卷调查数据显示，有75.0%的村在土地承包经营权证书上登载了妇女名字。

综上所述，2020年全国共有3.27亿妇女积极参与到各行各业，为我国经济和社会发展发挥了重要作用。城镇单位女性就业人员规模不断增加，妇女就业渠道不断拓宽，女性在互联网、新媒体等新业态就业创业规模快速增加，部分行业收入差距缩小，女性科技人才及管理人才比例、女职工劳动保护程度不断提高，农村妇女土地权益得到一定保障，妇女在脱贫攻坚战和抗击疫情中发挥积极作用。

二、促进妇女平等参与经济发展面临的挑战

受传统性别观念、生育政策调整完善、生育成本社会化程度偏低、供给侧结构性改革等多重因素影响，保障妇女经济参与的法律政策规定与贯彻落实之间存在一定差距，就业性别歧视依然存在，收入性别差距明显，新业态新就业群体女性劳动者等群体劳动权益保护面临挑战，农村妇女土地权益保障程度有待提升。

*就业性别歧视依然存在，妇女生育与就业冲突加剧。*生育成本社会化程度低，在缺乏必要的财政补贴情况下，容易导致就业性别歧视，具体表现为用人单位或在招聘中“限男性”或“男性优先”，或设法辞退怀孕女职工，或在提拔晋升中歧视女性。首先，招聘性别歧视屡禁不止。2020 年全国应届毕业生就业情况综合调查发现，分别有 7.9% 和 2.9% 的用人单位存在性别歧视和婚育限制；在应届大学毕业生调查数据中，女大学生就业概率比同类男性低 40.4 个百分点。2021 年 9 月，杭州市钱塘区某街道村级后备干部公开招考公告中，涉及街道下辖的 20 个村社，有 19 个村社限定男女性别，其中 12 个村只招男性，男女岗位人数比例为 22 ∶ 7。其次，辞退怀孕女职工现象时有发生。无论在全面两孩政策时期还是在三孩政策实施后，辞退怀孕女职工问题均已发生。比如，原告樊女士于 2019 年 1 月 5 日入职广东省珠海市某物业公司监控员，2 月 20 日怀孕后被公司辞退。再如，2021 年 9 月，在河南郑州某社区卫生服务中心工作九年的刘女士，因怀第三胎，被单位通知回家考虑辞职事宜。最后，职场女性获得提拔晋升机会低于男性。智联招聘《2020 中国女性职场现状调查报告》显示，职场女性处于普通员工层级的占 46.3%，比同类男性高 15.3 个百分点。2018 年，工程制造领域的高级管理职位中女性不足 5%，高级管理职位男女比例严重失衡。

超半数行业收入性别差距扩大。《2020中国女性职场现状调查报告》显示，近六成行业的男女薪酬差异出现扩大。性别薪酬差异最高的前三个行业为采掘冶炼、工程施工和装修装饰，均为工程制造类行业；医疗业的性别薪酬差异始终高居前五位，2019年医疗业的性别薪酬差异达到38.4%，即女性医护人员的收入仅为同类男性收入的六成左右。猎聘大数据显示，2021年上半年女性中高端人才平均年薪为16.62万元，男性中高端人才平均年薪则为20.98万元，两者相差4.36万元。

*新业态女性劳动者的劳动权益保障不足。*新业态劳动者呈现出非全日制、临时性和弹性工作等灵活多样的就业形式，在促进工作和家庭平衡的同时，由于相关就业法规和制度保障基本处于空白状态，新业态劳动者的劳动权益未能得到有效保障。一是在社会保险缴费方面，灵活就业人员无法参加生育保险，新业态劳动者在养老保险、医疗保险缴费方面需要同时承担单位和个人两部分费用。例如，对网络女主播研究发现，平台、公会与主播签订灵活、个性化的工作协议是商业合作协议，而非劳动合同，平台以此逃避劳动法规的制约，主播无法获得劳动关系及“五险一金”等社会保障。二是女职工劳动保护方面，由于从业者和用人单位法律关系的定性模糊化，从业者工作时间过长、缺乏必要的劳动基准保护，职业风险大、工伤认定困难等。北京市对部分外卖配送员调查发现，日均劳动时间在11小时以上的由2020年的55%增加到2021年的66.88%。在疫情期间，包括女送餐员在内的外卖骑手缺乏防护物资、暴露在危险之中。上海市《2019年上半年全市快递外卖行业交通事故情况公布》显示，上海市共发生涉及快递、外卖行业各类道路交通事故325起，造成5人死亡、324人受伤。三是男女骑手“同工不同酬”问题突出。调查发现，平台根据骑手工作时间设置不同配送价格：女骑手中，配送单价10元以上、5元以下的分别占20%和44.38%，女骑手月薪在5000元及以上的不到四成；相比之下，男骑手中配送单价10元以上、5元以下的分别占30%和24.29%，男骑手月薪超过5000元的占七成。

*妇女就业创业支持不足。*一是妇女创业支持不足。缺资金、缺项目等制约女性创业的难题没有得到完全解决。另外，女性借助互联网创业的意

识和能力相对偏低，也限制了女性创业的渠道。二是女大学生就业创业教育引导不足。研究显示，高校创业教育与专业教学脱节，与学生职业生涯发展未能深度融合等。例如，部分高校专业设置不合理，创业技能教学无法适应社会发展；就业创业培训内容缺乏针对性，未考虑女大学生特点、个性、职业规划，未发挥大数据优势，就业创业信息推送随意性较强，缺乏对女大学生的分类指导。

*男女退休年龄差距较大，女性人力资源浪费严重。*现行退休政策是男性 60 岁退休，女干部 55 岁退休，女工人 50 岁退休。虽然中组部、人社部专门下发文件，规定县处级女干部和有高级职称的专业技术人员可以 60 岁退休，但仅限于党政机关、人民团体和事业单位，企业女性高级职称专业技术人员仍然执行 55 岁退休、女工人 50 岁退休的政策。实践中，这一政策还引发了诉讼。例如，江苏某电力公司虽然在女职工田某 55 周岁时为其办理了退休手续，该省人社厅审核批准，但田某认为其取得了高级工程师专业技术资格，应 60 周岁退休，并因此提起诉讼；2021 年中国裁判文书网官网披露最高人民法院对女工人叶某某 50 岁退休的行政裁定书显示，叶某某由中国工商银行江苏省分行营业部的全民合同工转为丰业公司会计后，其公司既未认定其管理技术岗位，也未向江苏省人社厅申报过管理技术岗位名录，故其作为工人应该 50 岁退休。女性退休年龄低于男性，既剥夺了女性的劳动权、给女性职业发展和福利待遇带来一定损失，也会造成对女性人力资源的浪费。

*农村集体经济组织成员资格及“三权分置”下土地流转中的妇女权益问题。*2015 年以来开展的农村集体产权制度改革试点工作，将农村集体经济组织成员资格认定作为重点内容之一。各地在试点工作中认真落实中央关于切实保护妇女合法权益的要求。但是，目前农村集体经济组织成员资格认定工作中，妇女因婚姻状况变动而无法获得或者丧失成员资格的情况仍时有发生。中央党校性别平等课题组 2016 年对 1341 个村集体的村规民约调查发现，在其村规民约或分配方案中，84.45% 的农嫁女及家人丧失了成员权。在农村土地“三权分置”法律政策背景下，外嫁女在农村承包地流转中土地权益受到侵害主要表现为承包地流转收益、土地经营权抵押

的决策权、承包地流转收益继承权受到损害。2016—2017 年全国妇联本级收到妇女土地权益相关投诉 8807 件次，比前两年增长 182%。

第四节 妇女参与经济发展的展望

一、妇女参与经济发展的时代背景

*一是以人民为中心的发展思想、共同富裕的战略目标为妇女参与经济发展提供的机遇。*党的十八大闭幕后，习近平总书记在与中外记者见面时明确指出："人民对美好生活的向往，就是我们的奋斗目标。"2015 年 9 月，习近平主席在全球妇女峰会上发表讲话时强调，中国将更加积极贯彻男女平等基本国策，发挥妇女"半边天"作用，支持妇女建功立业、实现人生理想和梦想。2020 年，在联合国大会纪念北京世界妇女大会 25 周年高级别会议上，习近平主席发表重要讲话，提出推动妇女走在时代前列等四点主张。明确要坚持在发展中保障妇女权益，靠发展改善妇女民生，实现妇女事业和经济社会同步发展；要最大限度调动广大妇女积极性、主动性、创造性，增强她们的获得感、幸福感、安全感；要充分发挥政府作用，广泛调动社会力量，支持和帮助妇女享有出彩的人生。2021 年中央经济工作会议将正确认识和把握实现共同富裕的战略目标作为重大理论和实践问题进行阐述，包括广大妇女在内的劳动者实现更加充分、更高质量就业是推动全体人民共同富裕的重要基础。

*二是为妇女参与经济发展提供更为坚实的政策制度保障。*在我国进入新发展阶段后，发展基础更加坚实，促进妇女平等参与经济发展、平等享有社会发展成果的环境将更加完善。在我国向第二个百年奋斗目标进军之

时，《中华人民共和国国民经济和社会发展第十四个五年规划和 2035 年远景目标纲要》专门设置一节内容，明确“保障妇女平等享有经济权益，消除就业性别歧视，依法享有产假和生育津贴，保障农村妇女土地权益”。《“十四五”就业促进规划》要求，努力消除就业歧视，建立劳动者平等参与市场竞争的就业机制，营造公平的市场环境，增强劳动力市场包容性。《中国妇女发展纲要（2021—2030 年）》设定了消除就业性别歧视、促进妇女就业创业、促进女性人才发展、巩固拓展脱贫攻坚成果、保障农村妇女土地权益等 9 项主要目标和 13 项策略措施。

*三是妇女人力资本不断提高、就业观念不断增强。*伴随高等教育的快速发展，妇女平等接受高等教育的机会不断增加，2020 年高校在校研究生中女性占 50.9%，在普通本专科和成人本专科中，女性分别占 51% 和 58%，为妇女促进经济和社会发展奠定了坚实的人力资本基础。

二、对进一步促进妇女平等参与经济发展的展望

1. 进一步完善保障妇女平等参与经济发展的法律法规及政策措施

提升立法部门性别意识并重视妇联组织的意见建议。建议立法部门完善促进男女平等就业的立法，在制定反就业歧视法或就业促进法实施细则及修订妇女权益保障法中，对就业性别歧视及其处罚方式作出明确规定。将九部门意见中“六不得”规定上升到法律层面，并在相关法规中明确要求超过 50 人的用人单位定期报告招聘计划及求职、录用人员性别构成，明确要求国有单位每年制定促进女性平等就业与职业发展的计划，明确对就业性别歧视单位及其负责人的处罚标准。修改完善社会保险法，扩大生育保险覆盖范围，提高对新业态就业女性的劳动和社会保障力度。建议人社部尽快修改完善《劳动保障监察条例》，明确将就业性别歧视列入劳动保障监察范围。在延长退休政策实施中，制定并完善男女同龄退休政策。在制定农村集体经济组织法及土地流转中，注重对农嫁女及各类农村妇女集体经济成员资格、农村妇女土地权益的保障力度。

2. 加大对保障妇女平等参与经济发展的法律法规的执法、司法、普法力度

建议人社部强化人力资源市场监管，要求其所辖劳动监察机构加强对女性在就业和职业发展过程中面临的求职应聘、在岗怀孕、产后返岗、男女同工不同酬等就业性别歧视的劳动保障监察力度，加大对就业性别歧视的事前、事中及事后监管，将维护妇女平等就业权落到实处。建议司法部门依法受理就业性别歧视相关起诉，从严、从速对涉嫌就业性别歧视的用人单位进行处罚。建议人社部门、教育部门、司法部门、卫生健康部门、国资委、医保局、工会系统、妇联系统、人民法院系统加大对消除就业性别歧视、促进女性平等就业法律法规的普法力度，从各部门角度出发，为辖区主要用人单位负责人及其人力资源管理人员、就业人员提供促进男女平等就业的培训。在农村集体经济组织成员资格及“三权分置”下土地流转中，遵循男女平等宪法原则，加大对农村妇女土地权益的保护力度。特别是要彻底改变农村传统上原始取得成员资格的从父原则，只要新生农业人口的父母一方具备集体经济组织成员资格，即可取得该集体经济组织成员资格；在土地流转中，确保外嫁女对自己在娘家的承包地在“保留承包权，流转经营权”前提下，将土地经营权让渡给新型农业经营主体，并依据合同按年度赚取相应的土地经营权流转收益。

3. 提升妇女维护自身经济权益的意识和能力

建议教育部门、人社部门加大对女性就业创业知识与技能培训，加强对女性求职应聘及依法维权能力的培训力度；建议人社部门、妇联系统加强对职业女性、产后返岗女性及有就业意愿女性的培训，提升女性就业与职业发展能力。建议宣传部门、人社部门、妇联系统加大向社会，特别是向求职应聘及生育女职工宣传妇女权益保障法、就业促进法及“九部门意见”等相关规定及政策解读，指导女性掌握留取就业性别歧视证据的方式方法，切实提升其依法维护平等就业权的能力。建议宣传部门、卫生健康部门、妇联系统向全社会广泛宣传男女平等基本国策，鼓励女性平等就业并实现职业发展。

第二章

妇女参政

政治权利是妇女实现其他各项权利的重要基础。党和国家历来高度重视保障妇女政治权利，不断完善有利于妇女参政的法律法规和政策措施。特别是党的十八大以来，国家积极推动妇女参与国家和社会事务管理，重视发挥妇女在民主政治建设中的作用。在推进社会主义民主政治建设进程中，妇女参政渠道不断拓展，参政议政形式更加多样，政治参与水平进一步提高。

第一节　妇女参政的概念与意义

妇女充分参与国家政治生活，平等参与国家和社会事务的管理，是社会主义民主政治建设的必然要求，也是实现妇女全面发展的重要途径。

一、妇女参政的概念与领域

1. 概念界定

参政是指“参与政治活动或参加政治机构”。妇女参政的概念有狭义和广义之分。狭义的妇女参政，意指担任公职，掌握权力，出任各级决策和管理机构的领导者、管理者、决策者。广义的妇女参政，则指作为女性去关心、参与政治议题和政治活动。

2. 妇女参政的领域

中国特色社会主义民主政治不断发展和完善，为妇女参政提供了新机遇。特别是党的十八大以来，在推进国家治理体系和治理能力现代化进程中，妇女参政的渠道不断拓宽、领域更加广泛。从妇女参政的领域看，包括政党、立法机构、党政部门、政治协商机构以及基层组织等不同层面。

中国共产党作为执政党，是中国特色社会主义事业的领导核心，其决策可通过法定程序转化为国家的立法和政策。中国共产党中女性参与状况，如党员中女党员所占比例、党代会代表中女代表的比例等，是反映妇女参政的一个重要方面。

人民代表大会制度是我国的根本政治制度，人民代表大会是代表人民行使国家权力的机关。妇女参与权力机关的程度是其政治权利实现程度的重要标志之一。从国际上看，女议员比例是衡量妇女政治地位的重要指标；从中国的情况看，各级人大代表、常委中的女性比例也是妇女参政水平的重要衡量指标。

各级党政部门是中国重要的行政管理和决策部门。党政部门中妇女占一定比例，有助于充分考虑妇女群体的关切和特殊利益，并将其转化为公共政策和具体决策。如何在干部培养选拔过程中保障妇女的平等参与，在干部录用、选拔、聘（任）用、晋升、退休各环节不因性别受到歧视，逐步提高各级女干部比例，是需要关注和研究的重要议题。

人民政协是中国共产党领导的多党合作和政治协商的重要机构，也是社会主义协商民主的重要渠道和专门协商机构，肩负着政治协商、民主监督和参政议政的重要职能，对于中国的立法和决策具有重要影响。政协中的妇女参与，是妇女参政的重要领域之一。

在各民主党派中的参与状况，在一定程度上影响着妇女在其他政治领域的参与。民主党派作为参政党，对国家的立法和决策亦产生重要影响。

基层组织，包括居委会、村委会、职工代表大会和工会组织等，是我国基层治理的重要组织。妇女在这些基层组织中的参与，不仅可以发表意见、影响决策，还可以锻炼从政经验和能力。尤其是村（居）委会中的参与，是妇女参与基层治理的重要领域。

此外，妇联组织作为党领导下的人民团体，肩负着促进男女平等和妇女全面发展的基本职能，在代表和推动妇女参政方面也发挥着重要作用。

二、妇女参政的意义

妇女参政，对于国家民主政治建设、社会文明进步和谐以及妇女全面发展都具有重要意义。

1. 国家社会主义民主政治建设的需要

党的十九大报告提出，健全人民当家作主制度体系，发展社会主义民主政治。国家一切权力属于人民，人民当家作主是社会主义民主政治的本质特征。发展社会主义民主政治，就是要体现人民意志、保障人民权益、激发人民创造活力，用制度体系保证人民当家作主。妇女参政是发展和完善社会主义民主政治的需要。发展社会主义民主政治，实现人民当家作主、扩大人民有序政治参与，离不开占人口半数的妇女的充分参与。

2. 男女平等和妇女全面发展的重要体现

妇女参政水平的高低，是衡量男女平等程度和妇女发展水平的重要指标之一。政治权利是实现其他各项权利的重要基础。平等参与政治生活，对促进男女平等、实现妇女全面发展具有关键性作用。

早在20世纪90年代，男女平等就被确定为促进中国社会发展的一项基本国策，2005年妇女权益保障法修订时又将男女平等的国策地位，以法律的形式确定下来。党的十八大、十九大、二十大报告明确提出“坚持男女平等基本国策，保障妇女儿童合法权益”，重申促进男女平等和妇女全面发展是新的历史条件下党治国理政的重要内容。

3. 有利于促进社会公平正义、和谐有序

妇女参政体现了社会的发展进步和公平正义。在漫长的人类社会中，妇女在相当长的一段历史中都没有参政的权利。政治是男人的领域，女人被局限在家庭之中。当今社会越来越多的妇女进入政治领域，对决策发挥着越来越大的影响力，标志着人类社会的不断进步。

一个健康和文明的社会，应当保障每个公民都有参与公共事务决策的权利和平等机会，促使每个有政治才干的人——无论何种性别、民族、党派——都能成为社会的管理者，充分施展自己的才能。政治参与领域的男女平等，是社会公平正义的重要体现。

妇女参政有利于促进社会和谐。一定比例的妇女进入政治领域，在决策中发挥影响力，可以使妇女群体的需求在公共政策中反映出来，使公共政策更好地体现男女平等原则。另外，妇女进入政治领域，平等参与国家和社会事务管理，有助于打破男主外、女主内的传统性别分工，促进男女平等和妇女全面发展，促进家庭和睦与社会和谐。

4. 有助于维护妇女权益、实现权利和价值

政治权利是妇女应该享有的法定权利。中国通过宪法、选举法、妇女权益保障法等一系列法律法规，对妇女参政权利做出明确规定。妇女通过参与政治生活，有助于推动把妇女群体的利益诉求纳入决策主流，体现在立法、政策、规划以及工作部署等各个领域，切实保障妇女权益。同时，妇女通过政治参与可以获得更多展示自身能力的机会，在为妇女群体发声、为更多人谋求福利过程中得到锻炼，实现自身价值和能力提升。

5. 履行国际承诺的必然要求

保障妇女享有平等的政治权利，平等进入各级权力机构并充分参与决策，已成为国际社会的共识，并被写入多项国际公约和文件。一方面，妇女参政被纳入联合国主流化战略及目标。《世界人权宣言》《公民权利和政治权利国际公约》，2000 年联合国首脑会议通过的《千年发展目标》，以及 2015 年联合国首脑会议通过的《2030 年可持续发展议程》，都提出促进男女平等和赋权妇女的目标，明确提出“妇女在各级全面有效参与政治、经济和公共生活的决策工作，并享有进入领导层的平等机会”。另一方面，妇女发展专门化战略中强调保障妇女参政权利。妇女政治权利公约、《消除对妇女一切形式歧视公约》等，明确提出消除政治和公众事务中对妇女的歧视，保证妇女平等享有选举权和被选举权，平等参与政策制定及执行，并担任各级政府公职。

妇女参政是履行国际承诺、维护大国形象的要求。中国签署了一系列有关妇女权利，包括妇女政治权利的国际公约和文件，如《消除对妇女一切形式歧视公约》《北京行动纲领》《千年发展目标》，承诺积极落实《2030 年可持续发展议程》。保障妇女享有平等政治权利，促进妇女平等参与国家和社会事务管理与决策，提升妇女政治参与水平，是维护中国国际形象的重要举措。

第二节 促进妇女参政的制度保障

从法律制度上确立男女平等原则，保障妇女享有平等政治权利，是社会主义制度的一个重要特点和优势。从新中国成立到改革开放，再到进入新时代，伴随着社会主义民主法治建设的逐步加强，国家保障妇女参政的制度机制也不断完善。我国宪法、妇女权益保障法、国家发展规划等，均对妇女的政治权利作出明确规定。特别是党的十八大以来，国家深入推进科学立法、民主立法，不断加强社会主义协商民主制度建设，颁布了一系列法律法规、政策和规划，为妇女平等参与国家和社会事务管理提供了坚实的制度保障。以习近平同志为核心的党中央提出全过程人民民主的重大理念，强调全过程人民民主不仅有完整的制度程序，而且有完整的参与实践。全过程人民民主，实现了过程民主和成果民主、程序民主和实质民主、直接民主和间接民主、人民民主和国家意志相统一，是全链条、全方位、全覆盖的民主，是最广泛、最真实、最管用的社会主义民主。在推进全过程人民民主建设进程中，国家积极保障包括妇女在内的全体人民依法实行民主选举、民主协商、民主决策、民主管理、民主监督，依法通过各种途径和形式管理国家事务，管理经济和文化事业，管理社会事务。国家“十四五”规划纲要明确提出保障妇女平等享有政治权利，推动妇女广泛参与社会事务和民主管理。

一、促进女性参与人民代表大会与人民政治协商会议的政策措施

国家立法保障妇女平等享有选举权和被选举权，对保障人民代表大会中的女代表名额作出明确规定，并在国家有关规划和妇女发展规划中明确提出提高人大女代表、政协女委员比例。

保障妇女享有与男子同等的选举权和被选举权。新中国颁布的第一

部选举法、第一部保障妇女权益的专门法律——妇女权益保障法均明确规定，妇女有与男子同等的选举权和被选举权。2018 年，第十三届全国人民代表大会第一次会议通过的《中华人民共和国宪法修正案》规定，“中华人民共和国年满十八周岁的公民，不分民族、种族、性别、职业、家庭出身、宗教信仰、教育程度、财产状况、居住期限，都有选举权和被选举权”。

对人大女代表比例作出保障性规定。1995 年修改的选举法规定：“全国人民代表大会和地方各级人民代表大会的代表中，应当有适当数量的妇女代表，并逐步提高妇女代表的比例。”2005 年修改的妇女权益保障法规定，全国人民代表大会和地方各级人民代表大会的代表中，应当有适当数量的妇女代表；国家采取措施，逐步提高全国人民代表大会和地方各级人民代表大会的妇女代表的比例。2007 年，全国人大十届五次会议通过《关于第十一届全国人大代表名额和选举问题的决定》要求，“第十一届全国人民代表大会代表中，妇女代表的比例不低于 22%”，首次对全国人大代表中女代表比例作出明确规定。党的十八大以来，历届全国人民代表大会代表名额和选举问题的决定均对提高妇女代表比例作出规定。2022 年 3 月，第十三届全国人民代表大会第五次会议关于第十四届全国人民代表大会代表名额和选举问题的决定要求，“第十四届全国人民代表大会代表中，妇女代表的比例原则上要高于上届”。

明确提出提高人大女代表、政协女委员比例。《国家人权行动计划（2016—2020 年）》以及《国家人权行动计划（2021—2025 年）》规定，逐步提高女性在各级人大代表、政协委员中的比例。中国妇女发展纲要将提高人大女代表、政协女委员比例作为促进妇女参与决策和管理的目标之一。《中国妇女发展纲要（2021—2030 年）》“妇女参与决策和管理”领域明确提出“逐步提高人大代表、常委以及政协委员、常委中的女性比例”的目标，并提出“重视从基层、生产一线推荐人大代表女性候选人，候选人中应当有适当数量的妇女代表，并逐步提高妇女代表的比例”“提名推荐、协商确定政协委员建议名单时，保障提名一定比例的妇女”等策略措施。

二、培养选拔女干部、发展女党员的政策措施

党和国家一贯重视培养选拔女干部、发展女党员。20 世纪 90 年代以来，历次党代会报告都明确要求重视培养选拔女干部。党的十四大报告提出“重视培养选拔妇女干部和少数民族干部”，首次将女干部的培养选拔写入党的报告。2012 年 11 月，党的十八大报告提出，重视培养选拔女干部和少数民族干部。2017 年 10 月，党的十九大报告再次强调，统筹做好培养选拔女干部、少数民族干部和党外干部工作。党的十九大通过的《中国共产党章程》也明确规定，党重视培养、选拔女干部和少数民族干部。

从法律层面对培养选拔女干部作出明确规定。2018 年 3 月，第十三届全国人民代表大会第一次会议通过的《中华人民共和国宪法修正案》明确规定，“国家保护妇女的权利和利益，实行男女同工同酬，培养和选拔妇女干部”。2022 年 4 月，第十三届全国人大常委会第三十四次会议审议的《中华人民共和国妇女权益保障法（修订草案）》规定，“国家积极培养和选拔女干部，重视培养和选拔少数民族女干部，采取措施支持女性人才成长”，要求“国家机关、群团组织、企业事业单位培养、选拔和任用干部，应当坚持男女平等的原则，并有适当数量的妇女担任领导成员”，提出“妇女联合会及其团体会员，可以向国家机关、群团组织、企业事业单位推荐女干部”。

将培养选拔女干部的目标任务纳入国家发展战略规划。《国家中长期人才发展规划纲要（2010—2020 年）》明确提出促进人才性别结构趋于合理的战略目标，并对女干部培养提出具体要求，如加强女干部、少数民族干部、非中共党员干部培养选拔和教育培训工作。《2018—2022 年全国干部教育培训规划》指出，重视抓好女干部、少数民族干部、党外干部的教育培训。《国家人权行动计划（2021—2025 年）》提出，保障妇女平等享有政治权利，培养选拔更多女干部。1995 年以来，国务院相继颁布四个周期的中国妇女发展纲要，提出不同时期培养选拔女干部的主要目标，并制定培养选拔女干部的具体策略措施。《中国妇女发展纲要（2021—2030 年）》规定，县级以上地方政府领导班子以及国家机关部委和县级以上地方政府

部门领导班子中女干部比例逐步提高，正职女干部的比例逐步提高，各级各类事业单位领导班子成员中的女性比例逐步提高。

专门部署培养选拔女干部工作。2015 年 10 月，党中央召开培养选拔年轻干部和女干部、少数民族干部、党外干部工作座谈会，强调年轻干部和女干部、少数民族干部、党外干部是整个干部队伍的重要组成部分，要求各级党委把年轻干部和女干部、少数民族干部、党外干部培养选拔工作，放到整个领导班子和干部队伍建设中来谋划，纳入党建目标责任制来推进，既抓好培养选拔又从严管理监督。

三、促进妇女参与农村基层治理的政策措施

妇女在农村基层治理中的参与状况，是反映其参与政治生活水平以及政治权利实现的一个重要方面。自 20 世纪 80 年代开始，国家探索建立了村民自治制度，出台村民委员会组织法及相关法律规章，制定了一系列法律法规和政策，推动村规民约修订完善，为妇女参与农村基层治理提供了坚实制度保障。

制定并不断完善促进妇女参与农村治理的法律法规。1987 年通过的《村民委员会组织法（试行）》规定，“村民委员会成员中，妇女应当有适当的名额”，1998 年正式实施时保留了这一内容。2010 年，修订后的村委会组织法进一步明确，“村民委员会成员中，应当有妇女成员”，同时增加“妇女村民代表应当占村民代表会议组成人员的三分之一以上”，从法律层面对村民代表中的女性比例作出硬性规定，对拓展农村妇女参与基层治理的渠道发挥了积极作用。民政部 2013 年印发《村民委员会选举规程》，在提名确定候选人、确认当选、补选等村委会选举的不同阶段，分别对保障妇女平等参与作出具体规定。2019 年，中共中央印发《中国共产党农村基层组织工作条例》，规定发展农村女党员工作应“注意吸收妇女入党”，在农村基层干部队伍建设中要“重视发现培养选拔优秀年轻干部、女干部和少数民族干部”，为新形势下妇女参与农村基层治理提供了支持。

关于妇女参与农村基层治理的法律规定转化为实践中的平等参与，

需要制定积极的政策措施和规划，国家人权行动计划和妇女发展规划等对妇女在农村基层治理中的参与作出了具体规定。《国家人权行动计划（2021—2025）》提出，村（居）民委员会成员中女性比例稳步提高；大力推动基层妇女广泛参与协商议事。《中国妇女发展纲要（2011—2020年）》规定，“村委会成员中女性比例达到30%以上，村委会主任中女性比例达到10%以上”，细化和量化了妇女参与农村基层治理的目标，促进了相关法律政策的落地落实。《中国妇女发展纲要（2021—2030年）》不仅对提高村委会成员中女性比例作出规定，还进一步提出“村党组织成员、村党组织书记中女性比例逐步提高”的目标。《“十四五”时期妇联事业发展规划》对有序推进妇女参与基层民主建设提出明确要求：通过“专职专选”等办法，保证村“两委”班子中至少有一名女性成员；鼓励妇女积极参与村（居）民议事会、理事会等自治组织，依托妇女之家，组织妇女开展议事协商活动，探索开展妇女网上议事，引导妇女积极有序参与基层民主管理和基层民主协商。

在推进国家治理体系和治理能力现代化的目标框架下，党和国家不断健全乡村治理体系，积极推动农村基层治理创新，为妇女参与农村基层治理提供了多元化渠道、创造了更加广阔的空间。党的十八大以来，党中央相继制定《关于加强城乡社区协商的意见》《关于加强和完善城乡社区治理的意见》《关于坚持农业农村优先发展　做好“三农”工作的若干意见》《关于加强和改进乡村治理的指导意见》等系列政策文件，对完善基层群众自治制度、优化基层治理格局、提升乡村治理水平提出了具体指导意见。党的十九届四中全会提出，构建基层社会治理新格局，完善群众参与基层社会治理的制度化渠道，健全党组织领导的自治、法治、德治相结合的城乡基层治理体系，进一步明确了农村基层治理的方向和路径。党的十九届五中全会对“十四五”时期经济社会发展目标任务作出重要部署，强调完善社会治理体系，发挥群团组织和社会组织在社会治理中的作用，加强城乡社区治理和服务体系建设。新形势下，农村基层治理强调包括农村群团组织在内的多方主体参与，注重增强村民自治组织能力，不断拓展和丰富村民议事协商内容及形式，为妇联组织和妇女群众有序参与农村基层治理提供了新契机。

四、妇联组织代表妇女参与国家和社会事务管理的制度保障

妇联组织是党领导下的人民团体，是党和政府联系妇女群众的桥梁和纽带，也是国家政权的重要社会支柱。代表妇女群众参与相关法律法规和政策的制定、培养和输送女干部，是党和国家赋予妇联组织的重要职责任务。

党和国家对妇联组织代表妇女参政提出明确要求。2015 年 1 月印发的《中共中央关于加强和改进党的群团工作的意见》（简称《意见》）明确提出，群团组织要主动代表所联系群众参与相关法律法规和政策的制定，推动建立健全协调劳动关系等方面制度机制，从源头上保障群众权益、发展群众利益。《意见》还提出，地方党委有关工作会议请工会、共青团、妇联等群团组织主要负责人参加或列席，工会、共青团、妇联的党员负责人应该考虑作为同级党委委员候选人提名人选等，为妇联参与党委决策提供了制度保障。2015 年 2 月，中共中央《关于加强社会主义协商民主建设的意见》强调，人民团体要围绕做好新形势下党的群众工作开展协商，更好组织和代表所联系群众参与公共事务，有效反映群众意愿和利益诉求，发挥人民团体作为党和政府联系人民群众的桥梁和纽带作用。党的十八届四中全会决定提出，“健全立法机关和社会公众沟通机制，开展立法协商，充分发挥政协委员、民主党派、工商联、无党派人士、人民团体、社会组织在立法协商中的作用”。2019 年 6 月，中共中央办公厅、国务院办公厅印发的《关于加强和改进乡村治理的指导意见》提出，“加强妇联、团支部、残协等组织建设，充分发挥其联系群众、团结群众、组织群众参与民主管理和民主监督的作用”。《中华全国妇女联合会章程》第一章第三条明确规定，妇联组织的任务之一是“代表妇女参与管理国家事务、管理经济和文化事业、管理社会事务，参与民主决策、民主管理、民主监督，参与有关法律、法规、规章和政策的制定，参与社会治理和公共服务，推动保

障妇女权益法律政策和妇女、儿童发展纲要的实施”。

发挥妇联组织培养和输送女干部的功能作用。2013 年 10 月，习近平总书记在同十一届全国妇联领导班子成员集体谈话时强调，要重视妇联干部队伍建设，把妇联干部的培养、选拔、使用、输送有机结合起来，使妇联组织成为培养、锻炼、输送优秀女干部的重要基地。《中国妇女发展纲要（2021—2030 年）》在促进“妇女参与决策和管理”的策略措施中提出，在制定有关促进男女平等和保障妇女合法权益的法律法规政策以及培养选拔女干部工作中，充分听取妇联组织意见和建议。《“十四五”时期妇联事业发展规划》提出，“推动促进女干部教育培训和实践锻炼，使妇联组织成为培养、锻炼、输送优秀女干部的重要基地”。

第三节　妇女参政的发展状况

党的十八大以来，在推进国家治理体系和治理能力现代化进程中，在国家制度保障和推动下，妇女参政水平进一步提升，在民主政治建设中的作用不断增强。主要表现为中国共产党女党员及党代会女代表比例逐步提高，人大、政协中的女性比例持续提升，党政女干部数量增加、女干部配备率提高，女性参与基层民主管理更加广泛，妇联组织认真履行代表和推动妇女参政的职能作用。

一、中国共产党中的女性状况

随着中国共产党党员队伍的不断壮大，女党员的人数明显增加、比重持续提高，党代会代表中女性比例也逐步提升。2021 年，中国共产党共有女党员 2745 万人，占党员总数的 28.8%，比 2013 年提高 4.5 个百分点

（见图 1）。中国共产党第十九次全国代表大会代表中，女代表占 24.2%，比 1992 年中共十四大女代表比例提高了 8.5 个百分点，比 1956 年中共八大女代表比例提高了 14.9 个百分点。

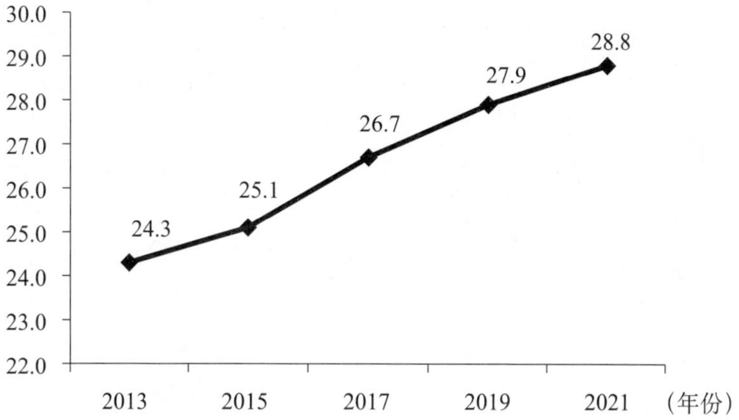

图 1　2013—2021 年中共女党员比例（%）

值得注意的是，中央委员中女委员及候补委员的比例一直在较低水平波动。2017 年，第十九届中央委员会委员中女委员占 4.9%，比 1992 年的 6.3% 下降了 1.4 个百分点。第十九届中央候补委员中女候补委员占 11.6%，比 1992 年的 9.2% 仅增长了 2.4 个百分点。

二、人大、政协中妇女参与状况

人民代表大会制度是我国的根本政治制度，人民当家作主是社会主义民主政治的本质和核心。通过人民代表大会行使政治权利，是妇女参与国家和社会事务管理的一个重要途径。2018 年，第十三届全国人民代表大会共有 742 位女代表，占代表总数的 24.9%，比 1954 年第一届提高了 12.9 个百分点（见图 2）。全国人大以及各级人大女代表通过提交议案建议等方式，为推动国家经济社会发展、促进男女平等和妇女发展建言献策，在国家政权建设、立法和政策完善等方面发挥了积极作用。

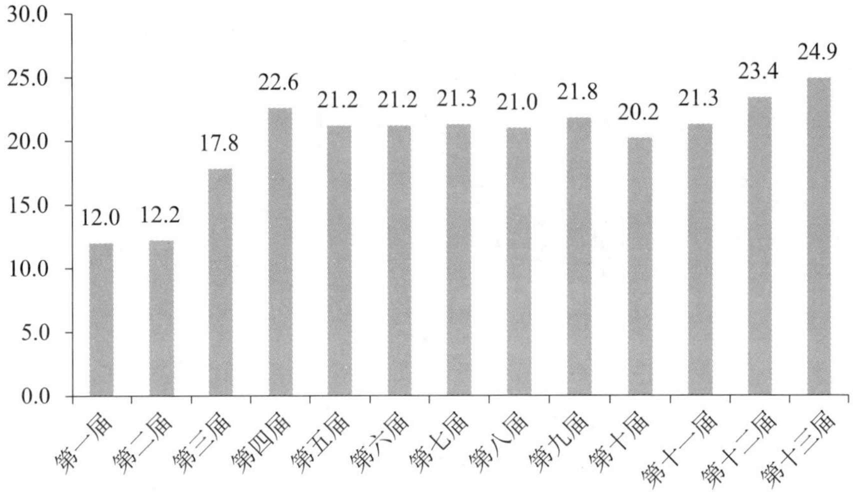

图 2　全国人大女代表比例（%）

中国人民政治协商会议是中国共产党领导的多党合作和政治协商的重要机构。政协全国委员会中，女委员比例呈现出持续增长的态势。2018 年，第十三届政协全国委员会有女委员 440 人，占委员总数的 20.4%，比 1949 年第一届提高了 14.3 个百分点（见图 3）。自新中国成立以来，共有 3400 多名女性成为政协全国委员会委员，还有很多女性担任地方各级政协委员会委员，她们在政治协商、民主监督和参政议政方面发挥了积极作用。

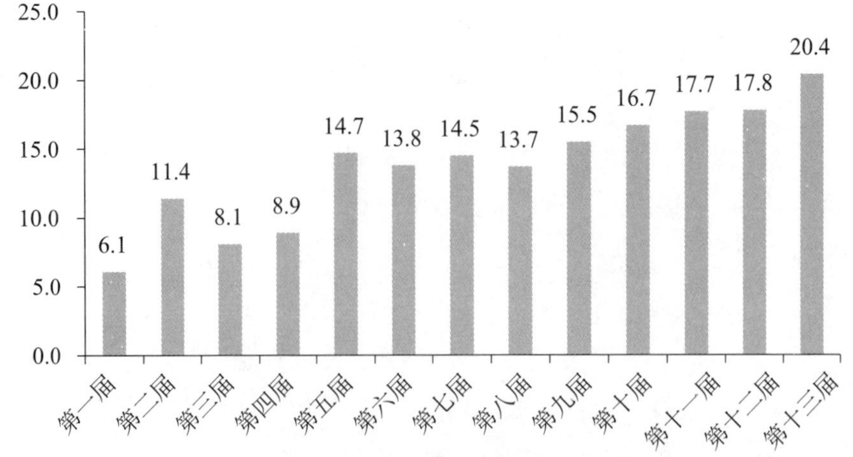

图 3　政协全国委员会女委员比例（%）

三、党政部门中妇女参与状况

党政部门是国家和社会事务管理与决策的重要机构。女性在各级政府部门中的参与状况，是反映妇女参政水平的一个关键维度。

各级领导干部中女性比例呈缓慢上升趋势。2009年，省（部）级及以上、地（厅）级、县（处）级领导干部中女性比例分别为11.0%、13.7%和16.6%，比2000年分别提高3.0、2.9和1.5个百分点。2018年，全国31个省（区、市）政府换届后，106名女干部当选为副省级领导干部，在813名省级干部中占13%，其中12名女性担任正省级领导。

政府工作部门中女干部配备率逐步提升。2015年，省级政府工作部门领导班子配有女干部的班子比例为56.3%；市级政府工作部门领导班子中配有女干部的比例由2010年的51.2%上升到2015年的55.7%；市级、县级政府工作部门领导班子配有正职女干部的比例由2010年的9.6%、8.8%上升为2015年的10.7%、9.6%。

党政机关女干部数量大幅增加，公务员队伍中的女性比例呈上升趋势。2017年，全国党政机关女干部人数从改革开放初期的42.2万增加至190.6万，占干部总数的26.5%。2017年，中央机关及其直属机构新录用公务员中女性比例达到52.4%，地方新录用公务员中女性比例达到44%；2018年全国事业单位领导班子成员中，女性比例为22.2%，比2015年提高1.6个百分点。

四、基层治理中妇女参与状况

基层治理是国家治理的重要组成部分，也是社会治理的基础和重心。党的十九届五中全会强调，健全党组织领导的自治、法治、德治相结合的城乡基层治理体系，要求社会治理重心向基层下移，向基层放权赋能，加强城乡社区治理和服务体系建设。在基层治理领域，妇女的参与渠道更加广泛，参与水平也不断提升。

随着乡村治理体系和治理能力建设不断加强，特别是群团改革背景下基层妇联执委队伍建立后，农村妇女的组织化程度明显提高，在基层民主政治建设中的作用日益增强。农村妇女通过担任村委会成员，直接参与村级公共事务的管理和决策，是其参与基层治理的一个重要渠道。从全国层面来看，村委会成员中的女性比例呈现缓慢上升的趋势。据统计，2020 年村委会成员中女性占 24.2%，比 2000 年提高了 8.5 个百分点（见图 4）。

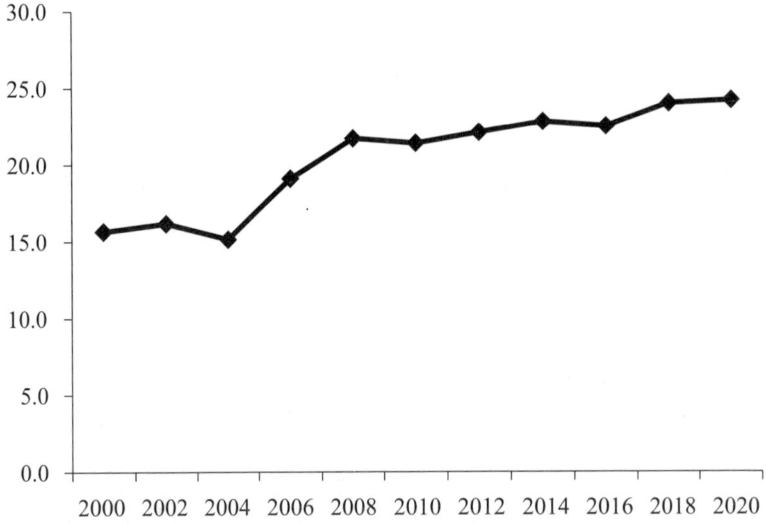

图 4　2000—2020 年村委会委员中女性比例（%）

村民代表会议是基层村民自治的重要权力机构。据统计，2007 年以来，村民代表中女代表比例一直在 20%—27% 波动，并从 2012 年呈现出下降态势。2007 年，当年推举产生的女村民代表为 135.8 万人，占村民代表总数的 26.6%；2009 年，当年完成换届选举的村委会中，女村民代表比例下降到 20.3%，此后不断增长，至 2012 年增长到 27.2%；2019 年，完成选举的村委会约为 7.2 万个，其中推举产生女村民代表 88.4 万人，仅为村民代表总数的 16.3%（见图 5）。

居委会成员中女性比例始终保持较高水平，居委会主任中女性比例有所下降。2019 年居委会成员中女性比例为 50.9%，比 2010 年提高 1.3 个百分点；居委会主任中女性比例为 39.7%，比 2010 年下降 3.8 个百分点。

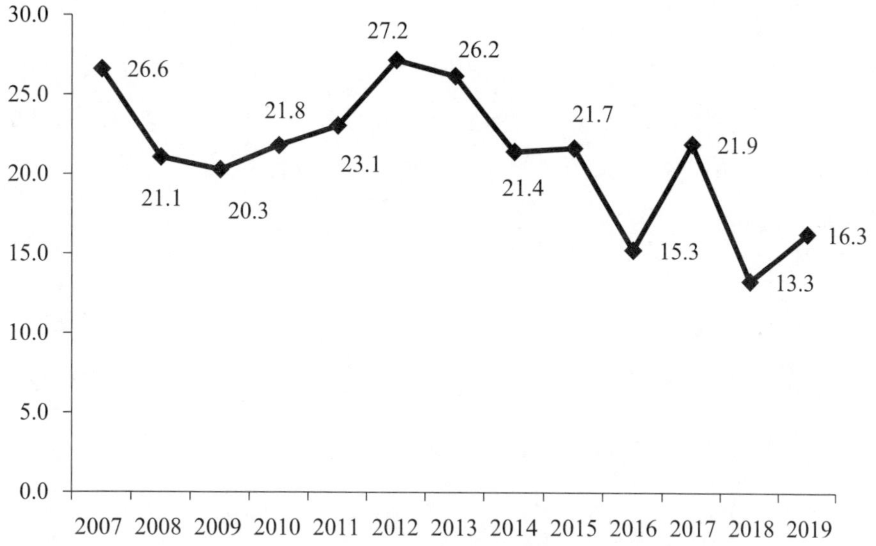

图 5　2007—2019 年村民代表中女性比例（%）

城乡基层议事协商中，女性参与基层治理的渠道不断拓展。城乡社区妇女议事会的数量不断增加，截至 2019 年 10 月底，全国共有 26.4 万个妇女议事会，开展议事活动 72.4 万余次，积极推动解决妇女关心关注的现实问题。妇联改革使一大批优秀女性代表进入基层妇联工作队伍，乡、村两级妇联执委达到 770 多万人，她们积极参与村级事务的管理决策、民主协商，发挥自身优势为群众提供志愿服务，在基层治理中发挥了重要作用。

妇女参与企业民主管理的比例稳步提升。2020 年，企业职工董事和职工监事中女性比重分别为 34.9% 和 38.2%，分别比 2010 年提高 2.2 个和 3.0 个百分点。企业职工代表大会中女性代表比重为 30.2%，比 2010 年提高 1.2 个百分点。

五、民主党派中妇女参与状况

中国共产党领导的多党合作和政治协商是具有鲜明中国特色的基本政治制度。党的十八大以来，以习近平同志为核心的党中央高度重视发挥民主党派参政党作用，民主党派参政议政领域不断拓宽。2018 年，中国八个民主党派中，有六个民主党派女党员比例超过了 40%（见图 6）；其中，中国农工民主党、台湾民主自治同盟中女性比例均超过了半数，分别为 50.3% 和 51.1%。

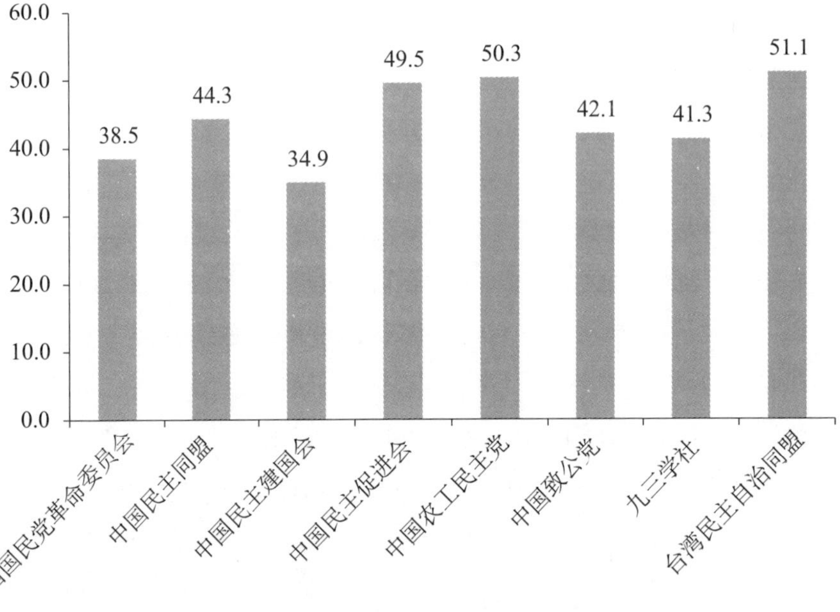

图 6　2018 年各民主党派女性比例（%）

六、妇联组织代表和推动妇女参政状况

代表妇女参与国家和社会事务管理，是妇联组织的法定职责和重要任务。

*参与法律制定和实施。*妇联通过参与人大常委会和专委会、向人大会议和政协会议提交提案议案建议等方式，代表妇女参与法律政策的制定，监督法律政策的实施。党的十八大以来，妇联组织参与了 100 余部法律法规政策的制定修改，提交了 300 多件（次）建议，推动立法体现性别平等原则，努力保障妇女合法权益。积极参与人大执法检查，如全程参与妇女

权益保障法的历次执法检查，在全国人大常委会任职的全国妇联领导带队或者参与执法检查，全国妇联工作人员也应邀参加执法检查活动。

参与协商民主。全国妇联是最早加入全国政协界别组成的单位之一，全国政协第十三届妇联界别共有66位委员。历届全国政协委员和相关专委会中，都有全国妇联的同志。利用界别渠道和委员渠道，通过参与调研、提出提案、双周协商、大会发言等多种方式参政议政。2014—2020年，全国妇联共向全国人大提交议案、建议66件，涉及妇女就业、参政、土地权益、婚姻家庭等各个领域的重点、难点问题；向全国政协提交提案65份，涉及妇女儿童发展各个领域法律法规的执行问题。2019年，在全国妇联的谋划推动下，全国政协召开了“注重家庭家教家风建设”网络议政远程协商会，260多位委员通过移动履职平台发表意见，回应了委员提案中关注的家庭教育学科建设短板、困境儿童关爱、家庭文明建设等问题，有力推动了相关部门以及社会各界对家庭家教家风建设的关注和支持。

推动制定和实施促进妇女参政的法规政策。一方面，妇联组织与组织部门、民政部门等联合下发文件，为培养选拔女干部、推动妇女参与基层治理提供制度支持。例如，1988年与中组部联合下发《在改革开放中加强培养选拔女干部工作的意见》，2008年与民政部联合下发《关于充分发挥妇联组织在基层群众自治制度建设中积极作用的若干意见》《关于进一步加强新形势下妇女参加村民委员会工作的意见》。另一方面，通过提交“两会”提案和议案等方式，推动保障妇女政治权利相关法规政策的实施。2018年，全国妇联向全国人大提交“关于落实《村民委员会组织法》中村委会应当有妇女成员规定的建议”，指出村民委员会组织法中明确规定的“村民委员会成员中，应当有妇女成员”“妇女村民代表应当占村民代表会议组成人员的三分之一以上”等要求未得到有效贯彻落实，建议全国人大常委会就村民委员会组织法中农村妇女参选参政相关规定落实情况开展执法检查或执法调研。

妇联组织推动在城乡基层社区普遍建立妇女议事会，组织引导妇女群众参与基层议事协商活动。2015年，《全国妇联关于加强服务型基层妇联组织建设的意见》提出，培育城乡社区妇女议事会、妇女理事会、妇女互

助组、妇女联谊会等妇女自组织。2016年，全国妇联将建立妇女议事会、推动妇女参与议事协商作为改革的重要内容之一，在改革方案中提出“推动在城乡社区‘妇女之家’普遍建立妇女议事会，组织妇女开展市民公约、乡规民约制定修订等议事协商活动”。

第四节　妇女参政的展望

党和国家历来重视保障妇女与男性平等的政治权利，不仅从法律上保障妇女享有与男子平等的政治权利，还通过制定政策和规划、采取积极措施等为妇女参政创造有利条件。特别是党的十八大以来，随着中国特色社会主义民主政治建设的加强，促进妇女参政的相关法律政策和规划进一步完善，为妇女平等参与国家和社会公共事务提供了新机遇、拓展了新渠道。在推进国家治理体系和治理能力现代化进程中，妇女参与国家和社会事务管理的水平明显提升。中国共产党党员队伍中女党员人数明显增加、比重持续提高；女性在人大和政协中的比例不断提升，为推动国家经济社会发展、促进男女平等和妇女发展积极建言献策；越来越多女性进入党政干部队伍，成为国家和社会事务管理与决策的重要力量；女性通过多种渠道广泛参与基层治理，在社区公共事务管理和服务中发挥着日益重要的作用。

一、妇女参政面临的主要挑战

尽管新中国成立以来妇女在政治参与领域取得了积极进展，但新形势下仍面临严峻挑战。比如，自1978年以来，全国人大女代表比例一直在20%–25%之间波动，40年间仅增长了2.3个百分点。从国际上来看，人大女代表比例在各国议会联盟中的排名也持续下降，从 1997 年的第 16 位降至 2021 年的第 86 位。省（部）级及以上干部中女性比例长期偏低，女部长比例仅为 6.5%，在全球女部长比例排名中位列第 164 位，与中国经济社会发展水平和国际影响力明显不相适应。在农村基层治理中，村委会女委员比例未实现 30% 的目标，村民女代表的比例距离法律规定的三分之一仍有明显差距。

保障妇女参政的制度机制不够完善。我国已经出台了保障妇女政治权利的相关法律政策，为妇女平等参与国家和社会事务管理提供了基本依据和保障。然而，关于妇女参政的法律政策规定如何落实到政治生活各领域各层面，仍有很长的路要走。相关法律政策对妇女参政提出倡导性、原则性要求，仍缺乏明确的比例目标，培养选拔女干部的政策措施未能与时俱进地修改完善。现有政治制度安排中仍存在强倡导、弱实施的问题，一些政策虽规定了性别比例，但比例制定得过于模糊、缺乏刚性和可操作性，尤其是女性干部选拔任用与培训机制力度不够，相关政策执行的监督机制不够健全，难以保证政策的连续性与稳定性，削弱了政策的执行力。相关政策执行者缺乏责任意识和性别平等观念，影响了推进妇女参政的政策执行。

妇女参政的文化环境有待优化。当前，男女平等的价值观念日益深入人心，但在政治参与领域，针对妇女的歧视和社会偏见依然存在。其中，比较常见的声音包括“女性不能胜任领导职务”“男性比女性更适合当领导”等。例如，关于农村妇女参政的一项调查显示，多数被访者认为“传统重男轻女的偏见是影响农村妇女参政的首要因素”，有些男性“不愿意自己的妻子在村上担任职务”。无论在一般村民还是基层干部看来，政治参与是男人的事、妇女没必要参与公共事务决策，这些社会偏见导致许多妇女缺乏自信，进而影响她们参与政治的积极性和能动性。

妇女参政的家庭和社会支持不足。第四次世界妇女大会通过的《行动纲领》明确指出，家庭内基于不平等的权力关系而实行的不平等分工和责任分配，限制了妇女争取时间和发展必需技能以参与更广泛公共决策的潜力。家庭领域不平等的性别分工，养老育幼等公共服务支持不足，影响了

女性在政治领域的平等参与。相对男性而言，女性在家庭中承担大量家务劳动特别是照料责任。由于传统家庭性别角色分工依然没有打破，参政妇女要想在政治领域得到更大的发展，家庭成员尤其是丈夫对其担任领导职务是否支持至关重要，有一些优秀女性因家人不支持而无法实现其参政愿望。同时，生育和家庭责任导致女性要为参与经济发展、政治管理、社会治理等付出更大的代价，也限制了她们发展必需技能的空间，迫使她们不愿意主动担任政治职位。

二、促进妇女参政的思考与建议

党的十八大以来，党和国家进一步加强社会主义民主法治建设，在推进科学立法、民主立法、健全社会主义协商民主制度进程中，更加重视人民群众的广泛深入参与，为妇女平等参与国家和社会事务管理提供了更加广阔的空间。2020 年，习近平主席在联合国大会纪念北京世界妇女大会 25 周年高级别会议上的讲话中强调，要以疫后恢复为契机，为妇女参政提供新机遇，提高妇女参与国家和经济文化社会事务管理水平。

1. 加强保障妇女参政的制度建设

国家从法律制度上保障妇女享有平等政治权利，体现了中国特色社会主义政治制度的优越性。在科学立法和民主立法进程中，应持续推动妇女参政相关法律政策的制定和完善，注重总结历史上我国关于妇女参政配额制的有益经验，将妇女参政比例的相关规定法制化，从源头上为妇女平等参与国家和社会事务管理提供有力保障。深入研究女干部成长规律，充分考虑女干部的特殊需求，进一步完善干部培养选拔制度，为女干部成长创造有利条件。加大发展女党员特别是农村女党员工作力度，扩大女干部的来源和基础。

制度的生命力在于执行。尽管我国已经出台了保障妇女政治权利的相关法律政策，为妇女平等参与国家和社会事务管理提供了基本依据和保障。将党中央要求和相关法律政策规定落到实处，需要地方特别是基层积极探索创新，总结经验，制定促进妇女参政的积极措施。相关机构、部门以及妇联组织应充分利用执法检查、妇女发展纲要监测评估等契机，对培养选拔女干部、发展女党员工作进行监督检查，找出存在的突出问题，提出加强和改进的意见，并及时反馈给组织、民政及有关部门，推动解决妇女参政面临的重点、难点问题。

2. 畅通妇女参政的多元化渠道

在坚持和完善中国特色社会主义制度，推进国家治理体系和治理能力现代化进程中，进一步拓宽妇女参政的渠道。

协商民主是我国社会主义民主政治的特有形式和独特优势。党的十九大报告强调，加强协商民主制度建设，形成完整的制度程序和参与实践，保证人民在日常政治生活中有广泛持续深入参与的权利。增强妇女在国家民主政治建设中的影响力，需要充分发挥妇女在协商民主中的作用。继续完善基层民主协商制度，推动建设人人有责、人人尽责、人人享有的社会治理共同体，在此过程中重视妇女参与、注重发挥妇女作用。在城乡社区，推动建立妇女议事会，组织基层妇女开展各类议事协商活动。提升妇女议事协商能力，充分发挥她们在基层治理中的作用。

3. 加强妇女参政的能力建设

推动妇女参政，不仅要使妇女进入管理和决策领域，获取政治参与的权利和机会，还要保障妇女在决策中发挥实际影响，切实反映妇女群体的意愿和诉求，代表并维护妇女权益。实现这一目标，提升妇女参政议政能力尤为重要。

针对不同群体女性，开展能力建设培训，提升妇女参政议政能力。重视对女干部的日常培养和战略培养，为女干部参加教育培训、交流任职、挂职锻炼创造条件和机会。开展女性领导干部政治素质和领导能力培训，注重选拔女干部到重要部门、关键岗位担任领导职务。鼓励高等院校开设领导力相关课程，培养年轻女性的政治素养及参与决策和管理的意识。加大基层妇女骨干培训力度，鼓励妇女积极参与村（居）民议事会、理事会等自治组织，推进城乡社区妇女议事会实现全覆盖并有效运行。

4. 营造有利于妇女平等参政的文化环境

贯彻落实男女平等基本国策，转变歧视和贬低女性的传统观念，宣传倡导以男女平等为核心的先进性别文化，是践行社会主义核心价值观的重要内容，也是为妇女参政营造支持性环境的有力举措。

习近平主席在联合国大会纪念北京世界妇女大会25周年高级别会议上的讲话中指出，“要消除针对妇女的偏见、歧视、暴力，让性别平等真正成为全社会共同遵循的行为规范和价值标准”。营造男女平等的社会文化环境，需要综合运用干部培训、媒体传播、社会宣传等多种方式。推动把男女平等基本国策教育纳入领导干部教育培训体系，依托党校（行政学院），面向领导干部开展男女平等基本国策的宣传培训，使各级领导干部全面掌握男女平等理念、内涵与要求，提高性别平等意识，全面增强践行国策的积极性、主动性，提高对培养选拔女干部工作的重视程度。运用各类媒体资源，多渠道宣传男女平等价值观，加强对媒体的监管和引导，提高媒体决策者和从业人员的社会性别意识；积极宣传女干部的正面形象和典型事迹，优化妇女参政的舆论环境。在城乡社区，依托社区报刊栏、妇女之家、家长学校等阵地，常态化开展男女平等基本国策、先进性别文化培训和宣传展示活动，引导公众自觉摒弃“男主外，女主内”“男主女从”“男强女弱”等传统观念和社会偏见，共同营造男女平等和谐发展的社会环境。

5. 完善支持家庭发展的公共服务，引导家庭成员平等分担家务

现实生活中，家庭领域性别分工依然不平等，女性在家庭中承担更多家务劳动和照料责任，对其参与社会公共事务特别是担任领导职务造成不利影响。支持女性平等参政，需要积极拓展支持家庭和妇女全面发展的公共服务，大力发展普惠型托育、养老服务体系，缓解妇女家庭照料压力，减轻家务负担对妇女参政的制约和不利影响。同时，倡导性别平等、责任共担的新型家庭文化，鼓励男女共担家庭责任、平等参与国家和社会公共事务。

第三章

妇女与社会文化环境建设

文化是一个国家、一个民族的灵魂。没有高度文化自信，没有文化繁荣兴盛，就没有中华民族伟大复兴。进入新时代，以习近平同志为核心的党中央准确把握世界范围内思想文化相互激荡、我国社会思想观念深刻变化的趋势，紧紧围绕建设社会主义文化强国的战略目标，以高度的文化自信、文化自觉、文化担当，对文化建设作出全面安排、提出明确要求，推动中国特色社会主义文化建设呈现崭新局面。广大妇女自觉践行社会主义核心价值观，积极参与社会主义文化建设，在思想文化领域展现巾帼风采。

第一节　概　述

党的十八大以来，以习近平同志为核心的党中央高度重视文化建设，将文化自信纳入中国特色社会主义“四个自信”、将文化建设纳入“五位一体”总体布局统筹推进。确立和坚持马克思主义在意识形态领域指导地位的根本制度，健全意识形态工作责任制，明确新形势下宣传思想工作必须承担举旗帜、聚民心、育新人、兴文化、展形象的使命任务。印发《新时代公民道德建设实施纲要》《新时代爱国主义教育实施纲要》，出台《关于建设新时代文明实践中心试点工作的指导意见》，坚持以社会主义核心价值观引领文化建设，注重用社会主义先进文化、革命文化、中华优秀传统文化培根铸魂，广泛开展群众性主题宣传教育，全面铺开新时代文明实践中心，人民共同奋斗的思想基础更加牢固。坚持贯彻创造性转化、创新性发展方针，出台一系列政策措施，推动中华优秀传统文化融入当代，融入日常生活。建立健全网络安全保障体系，推动依法管网治网，加强互联网内容建设，网络空间日益清朗。坚持以人民为中心的创作导向，坚持把社会效益放在首位、社会效益和经济效益相统一，文化体制改革不断向纵深推进，文化事业和文化产业不断发展，为妇女广泛参与文化建设、为构建男女平等的社会主义文化环境提供了根本保障。

以习近平同志为核心的党中央高度重视打破有碍妇女发展的落后观念和陈规旧俗，注重为妇女发展创造良好环境。2015 年 9 月 27 日，习近平主席在全球妇女峰会上指出，“男女共有一个世界，消除对妇女的歧视和偏见，将使社会更加包容和更有活力。我们要努力消除一切形式针对妇女的暴力，包括家庭暴力。我们要以男女平等为核心，打破有碍妇女发展的落后观念和陈规旧俗”。2020 年 10 月 1 日，在联合国大会纪念北京世界妇女大会 25 周年高级别会议上，习近平主席指出，“我们要消除针对妇女的偏见、歧视、暴力，让性别平等真正成为全社会共同遵循的行为规范和价值标准”。这些重要讲话或论述对优化妇女发展的社会文化环境提供了根本遵循。

国务院连续颁布实施《中国妇女发展纲要（2011—2020 年）》《中国妇女发展纲要（2021—2030 年）》，在“妇女与环境”领域详细规定了优化中国妇女儿童发展环境的主要目标和策略措施。2021 年 9 月 8 日发布的《中国妇女发展纲要（2021—2030 年）》，新增目标“提高妇女的思想政治意识，引导妇女积极践行社会主义核心价值观”，并将上一周期纲要中属于“策略措施”的内容上升为“主要目标”，如“提升全社会的性别平等意识，推进男女平等基本国策宣传教育进机关、进学校、进企业、进城乡社区、进家庭”等，进一步推动在全社会凝聚共识和增进价值认同。

妇联组织、妇女媒体守正创新，强化新时代妇女思想政治引领工作，广泛弘扬女性的爱国主义精神、改革创新精神、新时代奋斗精神，弘扬先进性别理念，旗帜鲜明反对和抵制各种错误观点，主流性别舆论不断巩固壮大，媒介性别生态进一步改善。妇女研究活跃发展，国内外影响力进一步拓展，妇女研究界有效发挥“思想库”和“智囊团”作用，为构建中国特色妇女研究话语体系和推动妇女发展环境的改善提供了智力支撑。文艺创作精品力作不断涌现，文化产业融合发展进入“当下”生活，公共文化服务的丰富性、便利性、均等性显著增强，广大妇女精神文化生活日益丰富、多姿多彩，参与感、获得感、幸福感显著提升。妇女发展的社会文化环境日益优化，妇女参与社会文化环境建设的能力进一步提升，广大妇女不仅是社会文化环境建设的受益者，也是重要的参与者、推动者。

第二节　推动妇女与社会文化环境优化的制度政策

一、强化法律制度保障，推动先进性别文化宣传教育向纵深发展

*深入贯彻男女平等基本国策方面的政策措施。*党的十八大、十九大、二十大报告将“男女平等基本国策”写入了党的报告，成为党治国理政的重要理念和内容。《中国妇女发展纲要（2011—2020 年）》提出要“推动将男女平等基本国策宣传培训纳入各级党校、行政学院教学计划和各级干部培训规划”。《中国妇女发展纲要（2021—2030 年）》将“提升全社会的性别平等意识，推进男女平等基本国策宣传教育进机关、进学校、进企业、进城乡社区、进家庭”作为“主要目标”，在机关、学校、企业、城乡社区、家庭以多种形式开展男女平等基本国策宣传教育，让性别平等成为全社会共同遵循的行为规范和价值标准。2013 年，辽宁省妇联联合省委组织部、省委党校下发了《关于开展男女平等基本国策“进党校”活动的通知》，推动男女平等基本国策宣传制度化、系统化、常态化；同年，黑龙江省制定了《男女平等基本国策宣传教育培训计划（2013—2017 年）》，以项目化运作的方式进行推进，连续三年投入专项资金 40 余万元，编写案例选编和教材等，在学校、社区、村屯、家庭发放。陕西省委宣传部、省妇联联合下发《关于加强妇女儿童宣传工作的意见》，要求各级各类新闻媒体增强社会性别意识，报道中要充分尊重妇女儿童，避免出现侮辱、贬抑、否定女性人格等有关字眼，坚持正确舆论导向。为贯彻落实男女平等基本国策，逐步消除全省乡村“重男轻女”现象，2022 年 4 月，海南省政府妇女儿童工作委员会办公室联合省委农办、省委组织部、省妇联印发《逐步消除全省乡村“重男轻女”现象八条措施》，内容涉及加大对男女平等基本国策的宣传、逐步普及性别平等教育、全面审查规范村规民约、提

升妇女素质推进社会性别意识主流化、将男女平等内容纳入乡村振兴实绩考核等。

*推动社会主义核心价值观方面的政策法律。*党的十八大以来，以习近平同志为核心的党中央高度重视公民道德建设，立根塑魂、正本清源，作出一系列重要部署，推动思想道德建设取得显著成效。2013 年 12 月，中共中央办公厅印发《关于培育和践行社会主义核心价值观的意见》，要求文明城市、文明单位、文明家庭等群众性精神文明创建活动突出社会主义核心价值观的思想内涵，工会、共青团、妇联等人民团体要加强沟通、密切配合，共同推进社会主义核心价值观培育和践行。2014 年，中共中央书记处第六次办公会议要求，全国妇联要引导广大妇女自觉践行社会主义核心价值观，遵守社会公德、职业道德、家庭美德，弘扬真善美、贬斥假恶丑，自尊、自信、自立、自强，树立良好道德风尚，推动社会文明进步。2015 年，中央政治局审议通过《关于建立健全党和国家功勋荣誉表彰制度的意见》、十二届全国人大常委会第十八次会议表决通过《中华人民共和国国家勋章和国家荣誉称号法》。2019 年中共中央、国务院先后印发《新时代公民道德建设实施纲要》《新时代爱国主义教育实施纲要》，要求“工会、共青团、妇联等群团组织，各民主党派和工商联，要积极发挥自身优势，共同推动公民道德建设”，“推动践行以尊老爱幼、男女平等、夫妻和睦、勤俭持家、邻里互助为主要内容的家庭美德”；要求“各级工会、共青团、妇联和文联、作协、科协、侨联、残联以及关工委等人民团体和群众组织，要发挥各自优势，面向所联系的领域和群体广泛开展爱国主义教育”，“结合……‘三八’国际妇女节……等，开展各具特色的庆祝活动，激发人们的爱国主义和集体主义精神”。为贯彻落实党中央部署要求，全国妇联把家庭作为培育和践行社会主义核心价值观的落脚点。2014 年 1 月，全国妇联发出通知，决定依托全国城乡社区“妇女之家”开展寻找“最美家庭”活动，建立常态化、长效化寻找机制。3 月，全国妇联下发《关于大力推动在广大妇女和家庭中培育和践行社会主义核心价值观的意见》，号召广大家庭成员以孝敬亲情和睦家庭，以明礼贤德教化子女，以诚信友善融洽邻里，以良好家风沁润社会。从 2019 年起，为推动社会主义核心

价值观在家庭落地生根，全国妇联实施“家家幸福安康工程”。

二、不断健全媒介治理和监管机制，营造风清气正的媒介性别生态

加大依法治理力度，网络色情、性暴力、低俗庸俗媚俗等乱象得到有效整治。以习近平同志为核心的党中央高度重视、统筹推进网信工作，聚焦互联网这个意识形态斗争的主阵地、主战场、最前沿，健全互联网领导和管理体制，坚持依法管网治网，加强互联网内容建设。多部法律法规将禁止宣扬淫秽色情内容等相关规定列入其中，为包括妇女在内的人民群众营造清朗网络空间。2016 年 3 月 10 日施行的《网络出版服务管理规定》第二十四条规定，网络出版物不得含有“宣扬淫秽、色情、赌博、暴力或者教唆犯罪的”内容；6 月 1 日起施行的《专网及定向传播视听节目服务管理规定》，规定不得含有“宣扬淫秽、赌博、吸毒，渲染暴力、恐怖，教唆犯罪或者传授犯罪方法的”内容，规范了专网及定向传播视听节目服务秩序。2017 年 4 月 11 日，文化部发布的《关于推动数字文化产业创新发展的指导意见》第九条指出，“加强游戏内容价值导向管理……改善游戏产品同质化、低俗化现象”；12 月 15 日发布的《互联网文化管理暂行规定》第十六条规定，互联网文化单位不得提供载有“宣扬淫秽、赌博、暴力或者教唆犯罪”内容的文化产品，并在第二十八条规定了具体的处罚措施。针对近年来部分未成年人广播电视和网络视听节目中出现的炫富、低俗调侃、“商业化、成人化和过度娱乐化”等倾向，2019 年 4 月 30 日起施行的《未成年人节目管理规定》将网络节目纳入管理，网上网下统一标准。禁止未成年人节目含有“除健康、科学的性教育之外的涉性话题、画面，肯定、赞许未成年人早恋，宣扬或者肯定不良的家庭观、婚恋观、利益观，宣传、介绍不利于未成年人身心健康的网络游戏”，等等，有效保护青少年的身心健康；11 月 22 日，国家互联网信息办公室、文化和旅游部、国家广播电视总局《关于印发〈网络音视频信息服务管理规定〉的通知》第九条规定，任何组织和个人不得制作、发布、传播……淫秽色

情……以及侵害他人名誉权、肖像权、隐私权、知识产权和其他合法权益等法律法规禁止的信息内容。2020 年 12 月中共中央印发《法治社会建设实施纲要（2020—2025 年）》，在网络空间治理方面，提出“坚决依法打击谣言、淫秽、暴力、迷信、邪教等有害信息在网络空间传播蔓延”，“依法查处网络金融犯罪、网络诽谤、网络诈骗、网络色情、攻击窃密等违法犯罪行为”。为进一步加强网络直播行业的规范管理，2021 年 2 月 9 日国家互联网信息办公室、全国“扫黄打非”工作小组办公室等七部门联合发布《关于加强网络直播规范管理工作的指导意见》。该指导意见规定：“网络主播……不得从事危害国家安全、破坏社会稳定、扰乱社会秩序、侵犯他人合法权益、传播淫秽色情信息等法律法规禁止的活动”；“严厉查处淫秽色情、造谣诽谤、赌博诈骗、侵权盗版、侵犯公民个人信息等违法犯罪行为；全面清理低俗庸俗、封建迷信、打‘擦边球’等违法和不良信息”。网络综合治理体系日益完善，2019 年，中央全面深化改革委员会第九次会议审议通过《关于加快建立网络综合治理体系的意见》、国家互联网信息办公室发布《网络信息内容生态治理规定》，推动网络治理由事后管理向过程治理、多头管理向协同治理转变。国家网信办组织开展了网络生态治理专项行动，对各类网站、移动客户端、论坛贴吧、即时通信工具、直播平台等重点环节中的淫秽色情、低俗庸俗、暴力血腥、网络谣言、传播不良生活方式和不良流行文化等 12 类负面有害信息进行整治。各网站平台也开展自查自纠和专项整治，中国演出行业协会联合微博、爱奇艺、腾讯视频等 14 家平台共同发布《构建清朗网络文化生态自律公约》。政府、企业、社会、网民共同参与治理的网络综合治理体系进一步健全，大众媒介中淫秽色情、性暴力、贬损妇女等乱象得到有效整治，互联网领域的文化生态和性别生态发生了显著变化，网络空间日渐清朗，有助于妇女共建、共治、共享网上美好精神家园。

*适应媒介发展新趋势，建立健全文化与传媒领域性别平等评估和监管机制。*从 2014 年起，中宣部、中国记协在新闻战线探索建立媒体社会责任报告制度，推动媒体每年定期公开发布履行社会责任情况报告，自觉接受社会监督；2021 年正式印发《媒体社会责任报告制度实施办法》，首次

构建形成具有操作性的量化评价指标体系，从政治责任、阵地建设责任、服务责任、人文关怀责任、文化责任、安全责任、道德责任、保障权益责任、合法经营责任九个方面，对媒体履行社会责任的内涵与外延进行界定，推动媒体自觉履责。为应对涉及性别歧视的舆情言论、侵犯妇女儿童权益的重大案件和热点事件多发且传播即时广泛的态势，妇女儿童热点舆情处置逐渐成为网络宣传工作的重要内容。2014 年，全国妇联成立妇女儿童舆情监测、研判和应对工作领导小组，制定出台《全国妇联妇女儿童舆情监测、研判和应对制度》《全国妇联新闻发布工作实施办法》，建立舆情工作监测、研判、应对机制。2016 年 3 月 7 日，贵州省委宣传部、省妇联联合下发《关于建立完善传媒领域性别平等监管机制的通知》，这是全国首个向传媒领域推进性别平等理念的工作机制，是进一步贯彻落实男女平等基本国策、创造两性平等和谐发展氛围的有力举措。2018 年，习近平总书记强调，“妇联要主动作为，哪里的妇女合法权益受到侵害，哪里的妇联组织就要站出来说话”，对加强妇联组织的舆情监测研判应对工作提出了更高要求。全国妇联出台《妇女儿童舆情监测研判应对实施办法》；各级妇联组织纷纷完善舆情工作机制，规范监测流程，畅通研判渠道，加强全系统舆情工作的统筹合作。2021 年 1 月 18 日，深圳市七部门联合出台《深圳市广告性别平等审视指南》，首次明确了涉嫌广告性别歧视的六种认定情形，创设了广告性别平等审视的标准和机制，明确规定广告主、广告经营者、广告发布者是广告性别平等审视的主体责任，填补了我国广告性别平等审视和评估的空白，是建立和完善传媒领域性别平等监管机制的一次重要探索。

*推动传统媒体和新兴媒体融合发展，构建全媒体传播新工作机制。*为落实中央关于群团改革的要求，适应移动互联网平台发展的热潮，2015 年以来，全国妇联成立全国妇联网络信息传播中心，陆续开通运营全国妇联“女性之声”一网两微一端 N 号网络新媒体平台，推动 31 个省（区、市）和新疆生产建设兵团、400 余地市级妇联全部开通官方微信，在整个妇联系统形成集网站、微博、微信、客户端于一体，以“全国妇联女性之声”为龙头，以各地妇联近 8000 个新媒体平台为支撑，上下联动、互动

活跃、遥相呼应的网络新媒体集群矩阵，成为妇联组织新闻舆论工作的新型阵地。2019 年，为贯彻落实习近平总书记关于加快推进媒体融合发展的重要讲话精神，打造集政务、新闻、服务等于一体的全国妇联官方旗舰网站——中国妇女网，积极推进《中国妇女报》改版提质，在更高层次上实现融合发展；整合妇联宣传单位的力量，建立采、编、发一体化工作机制，构建全媒体融合传播的新格局。

三、强化顶层设计，为加快中国特色社会主义妇女理论构建创造条件

党的十八大以来，以习近平同志为核心的党中央高度重视哲学社会科学发展，将哲学社会科学工作放在党和国家全局工作中的重要位置，明确提出加快构建中国特色哲学社会科学的战略任务。2016 年 5 月 17 日，习近平总书记主持召开哲学社会科学工作座谈会并发表重要讲话，深刻阐述了哲学社会科学的历史地位和时代价值，突出强调坚持马克思主义在我国哲学社会科学领域的指导地位，要求着力构建中国特色哲学社会科学，在指导思想、学科体系、学术体系、话语体系方面充分体现中国特色、中国风格、中国气派。2017 年 3 月，中共中央印发《关于加快构建中国特色哲学社会科学的意见》，对加快构建中国特色哲学社会科学学科体系、学术体系、话语体系等方面作出具体部署。2018 年 1 月，中共中央决定成立全国哲学社会科学工作领导小组，负责统一指导和协调哲学社会科学工作。中国特色哲学社会科学领导体制进一步健全完善，强化了对新时代哲学社会科学事业繁荣发展的领导和引导。2022 年 4 月 27 日，中共中央办公厅印发《国家“十四五”时期哲学社会科学发展规划》，对“十四五”时期哲学社会科学发展作出总体性规划。这是第一部国家层面的哲学社会科学发展规划，对发挥哲学社会科学在推动理论创新、服务科学决策、提升文化软实力等方面的重要作用，为国家发展和民族复兴提供坚实学理支撑，具有重要意义。

此外，《关于优化学术环境的指导意见》《哲学社会科学科研诚信建设

实施办法》《关于进一步完善国家社会科学基金项目管理的有关规定》《国家社会科学基金学术期刊资助管理办法》等文件相继印发，充分激发哲学社会科学界创新活力，优化科研项目和经费管理，减轻科研人员负担，进一步加强科研诚信建设，为包括妇女在内的哲学社会科学工作者营造了良好的科研环境。

四、文艺管理体制日益完善，引导女性文艺创作繁荣发展

文艺是时代前进的号角，最能代表一个时代的风貌，最能引领一个时代的风气。党的十八大以来，以习近平同志为核心的党中央高度重视文艺事业，围绕做好新时代文艺工作作出一系列重要论述，深刻回答了事关文艺繁荣发展的一系列带有根本性、方向性的重大问题，为社会主义文艺在新时代的更大繁荣发展指明了道路。

2015 年 10 月，中共中央印发《关于繁荣发展社会主义文艺的意见》，强调做好文艺工作的重大意义，从指导思想、创作导向、文艺灵魂、创作精品、队伍建设以及党的领导等方面作出部署，为繁荣发展社会主义文艺作出重要的制度设计和政策安排。2016 年 12 月，《中国文联深化改革方案》《中国作协深化改革方案》相继出台；《中国当代文学艺术创作工程规划（2017—2021 年）》《2018—2022 年百部重点电视剧选题规划》《关于鼓励支持扶贫题材影视文艺作品创作的通知》等陆续推出，国家舞台艺术精品创作扶持工程、剧本扶持工程、中国民族歌剧传承发展工程、国家重大历史题材美术创作工程、“记录新时代”纪录片创作传播工程、中国经典民间故事动漫创作工程等深入实施，艺术创作规划编制实施力度加大，艺术规划体系逐步完善，艺术创作的组织化程度不断提高。国有文艺院团是繁荣发展社会主义文艺的中坚力量，是提供公共文化服务、发展文化产业的重要力量。2021 年 6 月，中共中央办公厅、国务院办公厅印发《关于深化国有文艺院团改革的意见》，对新时期国有文艺院团改革发展作出全面部署。此外，出台一系列政策措施，改革全国性文艺评奖制度，完善著作

权保护制度，治理影视行业天价片酬、“阴阳合同”以及偷税和逃税等问题，加强和完善影视行业税收监管，进一步规范行业健康发展。国家艺术基金、各类专项资金和中国艺术节、中国文化艺术政府奖文华奖等节庆评奖活动的引领作用有力发挥，在推动主旋律艺术创作、弘扬社会主义核心价值观方面成效显著。

五、人民基本文化权益保障更加有力，确保妇女群众共享文化发展成果

党的十八大将公共文化服务体系建设作为全面建成小康社会的重要内容，明确提出到 2020 年“公共文化服务体系基本建成”的战略目标。《中华人民共和国公共文化服务保障法》《中华人民共和国公共图书馆法》《博物馆条例》等法律法规颁布施行，为保护人民群众基本文化权益、推进公共文化服务体系建设提供了强有力的法治保障。《关于加快构建现代公共文化服务体系的意见》对加快构建现代公共文化服务体系，推进基本公共文化服务标准化、均等化，保障人民群众基本文化权益作了全面部署。文化部门坚持以人民为中心，坚持面向基层、重心下移，向老少边穷地区、向特殊群体倾斜。文化领域供给侧结构性改革深入推进，基本公共文化服务的标准化、均等化全面推进，覆盖城乡的公共文化设施网络更加健全。截至 2021 年年底，全国共有广播电视播出机构 2542 个，公共图书馆 3215 个，文化馆 3316 个，博物馆 6183 个；所有公共图书馆、文化馆、美术馆、综合文化站和大部分博物馆免费开放。图书馆、文化馆总分馆制打通优质文化资源下沉通道；城市书房、文化驿站、乡村文化礼堂等一批新型公共文化空间不断涌现，增强了妇女群众共享优质文化资源的便捷性。

在“统筹推进公共文化服务均衡发展”方面，2015 年 1 月 14 日，中共中央办公厅、国务院办公厅印发《关于加快构建现代公共文化服务体系的意见》，强调“按照精准扶贫的要求，以广播电视服务网络、数字文化服务、乡土人才培养、流动文化服务、农村留守妇女儿童文化帮扶等为重点，集中实施一批文化扶贫项目”；“保障特殊群体的基本文化权

益”，“将老年人、未成年人、残疾人、农民工、农村留守妇女儿童、生活困难群众作为公共文化服务的重点对象”。10 月 2 日，国务院办公厅印发《关于推进基层综合性文化服务中心建设的指导意见》，提出“为老年人、未成年人、残疾人、农民工和农村留守妇女儿童等群体提供有针对性的文化服务，推出一批特色服务项目”。12 月 11 日，文化部等七部委印发《“十三五”时期贫困地区公共文化服务体系建设规划纲要》，提出“加强面向农村留守妇女、流动妇女在计生知识、心理咨询、文艺活动等方面的文化服务”。

在“加强公共文化产品和服务供给”方面，《关于加快构建现代公共文化服务体系的意见》《“十三五”时期贫困地区公共文化服务体系建设规划纲要》要求推动体育场、科技馆、工人文化宫、妇女儿童活动中心以及青少年校外活动场所免费提供基本公共文化服务项目。《中华人民共和国公共文化服务保障法》第三章第三十六条规定：“地方各级人民政府应当根据当地实际情况，在人员流动量较大的公共场所、务工人员较为集中的区域以及留守妇女儿童较为集中的农村地区，配备必要的设施，采取多种形式，提供便利可及的公共文化服务。”在“组织引导群众文体活动”方面，要求“工会、共青团、妇联等群团组织保持和增强群众性，以基层综合性文化服务中心为载体开展职工文化交流、青少年课外实践和妇女文艺健身培训等丰富多彩的文体活动，引导所联系群众继承和弘扬中华优秀传统文化，自觉培育和践行社会主义核心价值观”。这些措施在保障广大妇女群众基本文化权益、满足妇女群众日益增长的美好生活需要、促进城乡社会协调发展等方面发挥了重要作用。

六、加强政策支持与引导，推动妇女参与中华优秀传统文化创造性转化、创新性发展

党的十八大以来，以习近平同志为核心的党中央把传承弘扬中华优秀传统文化作为一项历史性工程、战略性工程来抓，积极推动中华优秀传统文化创造性转化、创新性发展。2017 年 1 月，中共中央办公厅、国务院

办公厅印发《关于实施中华优秀传统文化传承发展工程的意见》，首次以中央文件形式专题阐述中华优秀传统文化传承发展工作，对研究阐发、教育普及、保护传承、创新发展和传播交流等重点任务进行了部署。同年，《中国传统工艺振兴计划》印发，第一批国家传统工艺振兴目录发布，对14类383个传统工艺项目予以重点支持，其中纺织织绣81项、服饰制作22项、编织扎制28项、剪纸刻绘58种。2021年2月，习近平总书记到贵州考察调研时强调，一定要“把苗绣发扬光大，传统的也是时尚的。它既是文化又是产业，它既能够弘扬民族文化、传统文化，又用产业来扶贫，用产业来振兴乡村，可以作出贡献”。为更好传承包括苗绣在内的妇女传统手工艺，助力乡村振兴注入了强大动力。多年来，全国妇联、人力资源和社会保障部、中国残联、国务院扶贫办联合出台《关于支持妇女从事手工编织实现就业创业的意见》《关于大力发展手工编织促进残疾妇女就业创业的通知》《发展手工制作促进贫困残疾妇女就业脱贫行动实施方案》等多项通知和实施方案，推动将妇女传统手工艺纳入精准脱贫、乡村振兴等国家发展战略。截至2021年4月，已推动27个省（区、市）制定了扶持妇女发展手工产业的相关政策。2021年12月，中央宣传部正式印发《中华优秀传统文化传承发展工程“十四五”重点项目规划》，在中华经典诵读工程、戏曲传承振兴工程、非物质文化遗产传承发展工程、中华文化新媒体传播工程等15个原有工程基础上新设8个工程，在记忆、传承、创新、传播四个方面着力，绘就未来五年传承发展工作蓝图。这些政策措施进一步激发了广大妇女支持参与的热情，妇女成为传承弘扬中华优秀传统文化的重要力量。

第三节　妇女参与社会文化环境建设状况

一、大力宣传男女平等基本国策，社会主义核心价值观更加深入人心

多渠道、多形式宣传男女平等基本国策，推动全社会共同提高国策关注度、知晓度和执行度。党的十八大以来，男女平等基本国策的宣传倡导，将对决策层的影响与在基层群众中的普及相结合、将国策宣传与传媒监督相结合。一方面，将持续宣传与重点宣传相结合，努力推进男女平等基本国策纳入决策主流。各级政府部门、妇儿工委和妇联举办男女平等基本国策系列座谈会、报告会、专题班、研讨交流会，积极引领和增强广大党员干部提高贯彻落实男女平等基本国策的意识、水平和能力。部分省部级干部、地市领导、市州党政主要领导在主流报纸撰文，畅谈本地区本部门贯彻落实基本国策、推动实现性别平等的创新实践。另一方面，致力于提高男女平等基本国策的社会认知度，积极推进国策宣传进党校、进高校、进机关、进社区、进乡村、进家庭。各级妇联持续推动男女平等基本国策常态化开展，并抓住中国妇女十一大、十二大、纪念北京世妇会召开20周年等契机，向社会集中宣传马克思主义妇女观、男女平等基本国策。男女平等基本国策宣传形式和手段不断创新、不断强化，一大批公益广告宣传片、微电影、宣传海报及动漫作品纷纷推出。多个省（区、市）将男女平等基本国策纳入了党校、行政学院的主体班次、培训教程和干部培训教学计划，部分地区还对课程设置、课时安排等进行了细化要求，积极探索建立男女平等基本国策宣传培训长效机制。国务院妇儿工委办公室统筹谋划，采用教育培训、试点先行、辐射带动、扩面提质、编写教材等方式，在中小学校探索将性别平等理念和男女平等基本国策精神融入教育教学全过程，持续推进性别平等教育向纵深发展。截至2019年年底，性别

平等教育在全国 17 个省（区、市）1 万多所中小学校落地，其中天津、黑龙江、广东、贵州实现了全覆盖。男女平等基本国策进高校试点工作、推进会在各地积极展开。专题报告会、专题讲座、主题班会、沙龙、专题辩论赛、社团宣传、网上知识竞赛等活动丰富多彩，增强了大学生的性别意识，使“男女平等”理念扎根大学校园。

*广大妇女积极践行社会主义核心价值观，推动形成社会主义文明新风尚。*党的十八大以来，各地依托 41 万多所城乡社区家长学校和家庭教育指导服务站点、4 万多个家庭教育网络和新媒体服务平台，为家长提供就近就便的家庭教育支持服务；开展全国文明家庭、最美家庭等评选活动，无数平凡的家庭化作榜样的力量，爱国爱家、相亲相爱、向上向善、共建共享的社会主义家庭文明新风尚在全社会蔚然成风。全国妇联动员妇女积极参加农村人居环境整治三年行动，开展“美丽家园”建设，推动妇女从家庭做起、从改变生活和卫生习惯入手，全面净化绿化美化庭院，提升文明健康意识。志愿服务是社会文明进步的重要标志。各级妇联坚持立足基层、面向家庭，以帮扶留守妇女儿童、困难妇女和家庭、空巢老人、农民工、残障人士等为重点，在城乡社区广泛开展扶弱帮困、普法宣传、健康咨询、文化体育、绿色环保等巾帼志愿服务活动。2020 年，全国妇联项目化推进文明实践巾帼志愿阳光行动，在全国新建 118 个文明实践巾帼志愿阳光站，努力为“一老一小”办实事。全国各地累计已有近 2400 万名注册巾帼志愿者和 35 万支巾帼志愿服务队，开展巾帼志愿服务活动近百万次，在服务群众需求、促进社会稳定方面发挥了积极作用。时代楷模、道德模范、“中国好人”和“最美人物”“全国三八红旗手”“全国五一巾帼标兵”等大量涌现：“用爱照亮山区女孩人生梦想的教育燃灯者”张桂梅，“为莫高窟研究保护倾尽一生的敦煌女儿”樊锦诗、一直奋战在抗击新冠肺炎疫情最前线的杰出女科学家陈薇、逐梦星辰大海的英雄女航天员刘洋和王亚平，以及在日常工作生活中默默奉献、无私付出的平凡英雄……崇德向善、见贤思齐的社会氛围愈加浓厚。据统计，2012—2021 年，共表彰全国五一巾帼标兵岗 3628 个、全国五一巾帼标兵 3712 个。2020 年，全国劳动模范和先进工作者中女性比例为 23.2%。2022 年，全国五一劳动奖章

获得者中女性比例为21.8%。2013年以来，全国妇联表彰103名全国三八红旗手标兵、3985名全国三八红旗手和2226个全国三八红旗集体，各级妇联共评选表彰三八红旗手（集体）93.9万名。

二、传统媒体与新兴媒体融合发展，做大做强主流性别舆论

思想引领工作不断加强，团结引领广大妇女听党话、跟党走。各级妇联组织实施头条工程，开展“百千万巾帼大宣讲”活动，创新推出“巾帼大学习”等专题专栏，生动宣传习近平新时代中国特色社会主义思想。开展特色鲜明、形式多样的党史宣传教育，推动“四史”教育深入妇女走进家庭。家庭家教家风宣传活动持续发力，常态化推进，“家风故事汇”等一大批融媒体项目不断推出，形塑了良好的社会风尚。为庆祝中国共产党成立100周年，《党的女儿》百集短视频、百名女大学生讲党史故事、讲百个巾帼英雄故事（“三个一百”）等主题宣传活动蓬勃展开，教育引导广大妇女群众进一步弘扬革命精神，传承红色基因，建功新时代，奋斗新征程。线上线下配合持续开展“巾帼心向党”系列群众性主题宣传教育活动，2022年“巾帼心向党　喜迎二十大”之“我奋斗 · 家国美”短视频大赛，采取人物访谈、宣传片、情景微电影、纪录片、街头海采、创意vlog、手绘动画等生动活泼的形式，展现各行各业女性的奋斗故事，展示广大家庭的美好生活，抒发家国情怀，推动广大妇女争做伟大事业的建设者、文明风尚的倡导者、敢于追梦的奋斗者。

聚焦全面建成小康社会、决战脱贫攻坚、抗击新冠肺炎疫情等决策部署，精心组织系列重大主题宣传。2020年是决战决胜脱贫攻坚和全面建成小康社会的收官之年，全国妇联“女性之声”推出“和她一起奔小康”栏目，讲述那些走向小康生活的“她”故事。中国妇女出版社出版发行《勤劳敲开幸福门：巾帼减贫脱贫故事》（中、英文版），优选我国各省（区、市）的50余个妇女脱贫先进人物事迹和妇联干部帮扶典型事迹，向国内外展现中华民族砥砺奋进的时代精神和巾帼不让须眉的时代风采。在

抗击新冠肺炎疫情期间，妇联组织和妇女媒体深入践行群众路线，进一步构筑起网上网下同心圆。全国妇联“女性之声”及时发布疫情信息、政策解读、战“疫”故事、辟谣消息等，报道的权威性和舆论引导作用充分显现。全国妇联组织出版《风雨彩虹：战“疫”时刻 巾帼力量》，收录了媒体报道过的抗疫巾帼典型故事、全国妇联工作情况，以及妇女工作者及相关领域专家学者的观察思考，及时展示伟大抗疫斗争中拼搏的妇女形象、难忘的奋斗经历和磅礴的巾帼力量。2021年河南暴发严重洪涝灾害后，中国妇女报社第一时间派出报道组，推出《不管风雨有多大，“娘家人”一直在身边》等全媒体报道，展现了抗洪救灾中妇联组织的积极作为、妇女群众的无私奉献。

*创新传播手段和话语方式，多角度讲好中国妇女故事。*全国妇联与人民网、新华网合作，以视频、文字及图片的方式集中展示100位“最美巾帼文明岗”、100位“最美巾帼建功标兵”、100位“最美巾帼工匠”、100位“最美家政人”，塑造巾帼群像，致敬时代“她力量”；与中央电视台合作的2022三八国际妇女节特别节目《花开中国》，“以花为引”，分赴祖国六地，沉浸式探访不同领域的优秀女性代表。近些年来，妇女媒体把内容建设作为加强传播能力建设的核心环节，通过传播手段和话语方式创新，持续推出一批有思想、有温度、有品质的融媒体精品。2022年，“全棉时代”联合《中国妇女报》、新世相共同打造的原创记录系列人物短片《她改变的》。“罗海香篇”讲述“最美村医”罗海香在贵州省黔南州贵定县大山里坚守30余年为妇女接生看病的感人故事，上线24小时，全网播放量超2000万；在报纸上同步推出整版文字报道《深山女人的守护者》，在微信公众号上发布推文《她改变的》，同时还在微博上发起话题 # 女性的力量可以有多大 #、# 女村医36年守护13个村寨 # 等话题，多渠道讲述罗海香的故事，相关话题阅读超2.1亿次，形成了立体传播和深远影响。

*健全文化与传媒领域的培训、评估和监管，加强对传媒的正面引导。*一是强化媒介从业人员的性别平等意识，媒介素养培训常态化。为落实《中国妇女发展纲要（2011—2020年）》“将社会性别意识纳入传媒培训规划，提高媒体决策和管理者及从业人员的社会性别意识”的要求，2014年

4 月 17 日，国务院妇女儿童工作委员会、文化部、国家新闻出版广电总局和国务院新闻办公室共同举办首个“新闻媒体社会性别意识培训班”，来自团中央、新华网、人民网等 28 家主流媒体的相关负责人和记者、编辑 60 余人参加了培训。2015 年群团改革以来，全国妇联实施“一把手工程”，将妇联网络及新媒体工作作为妇联组织改革的重要突破口，摆上议程，全力推进。2016 年—2018 年 6 月，全国妇联直接举办的全国性网络及新媒体工作专题培训及分赴各省市妇联直接授课的培训达 45 期，其中专门针对少数民族地区妇联干部的培训 4 期。近年来，各级妇联组织围绕媒体舆情的处理和应对、新媒体热点制作的方法和技巧等组织培训，强化妇联系统干部和媒介从业人员的互联网思维，提升了对互联网规律的把握能力，推动了传播手段和话语方式的创新。二是媒介监测、评估和监管取得新突破，及时向社会传递先进性别观念。从 2012 年开始，《中国妇女报》每年推出“性别平等十大新闻事件”，发布“妇女儿童热点舆情观察与分析”，监测媒体报道，引导社会公众关注性别平等新闻议题。2015 年、2016 年、2019 年，新华社三次发布新闻信息报道中的禁用词和慎用词，多个涉及性别歧视的不文明用语被纳入禁用词和慎用词范围；2017 年，《中国妇女报》在官方微博、微信上发布性别歧视类禁用词，呼吁禁用“剩女、二手货、灭绝师太、头发长见识短、最毒妇人心”等歧视女性的词语、短语以及有性暗示的词语，禁用“直男癌、剩男、娘炮”等歧视男性的词语，进一步规范新闻信息报道用语，优化性别平等和妇女发展的语言文化环境。妇联组织、女性媒体强化对涉性别舆情的监测和应对，对引发社会普遍关注的针对妇女的暴力、性骚扰、就业性别歧视、女德班、“饭圈文化”等现象以及贬低女性学术能力的歧视性言论、某大 V“女性堕落导致国家堕落”的不当言论，联合专家学者快速反应、主动介入，对模糊认识进行引导，对错误言论进行驳斥，在全社会宣传和倡导了先进性别文化观念。针对一些广告中出现的贬抑、否定妇女独立人格等性别歧视现象，妇联组织联合市场监督管理局重拳出击，进一步优化妇女发展的媒介生态环境。三是引导新闻媒体和广告经营者严格自律，共同营造良好的性别舆论生态。2013 年，由中国妇女报社发起，人民日报社、工人日报社等多家中央新闻单位联合发出《贯彻男女平等基本国策媒体倡议书》，倡议媒体强化自律机制，共同制定并遵守具有性别平等意识的专业守则与行为规范；不断提高性别平等意识与性别敏感，有效防范并及时纠正新闻报道中存在的性别偏差；把性别平等理念贯穿在新闻制作的各个环节。中宣部、中国记协组织的媒体报告履行社会责任情况稳步推进，发布范围不断扩大，由 2014 年 11 家试点媒体扩展到 2021 年度 300 多家中央新闻单位和县级融媒体中心，范围覆盖 26 个省（区、市）和新疆生产建设兵团，部分地区实现省市县三级媒体覆盖。9 年来，社会责任意识和性别平等意识深入媒体并逐步成为思想自觉、行动自觉，互联网企业也进一步加强行业自律，共同营造良好的性别舆论生态。

三、妇女／性别研究活跃发展，理论创新与资政建言取得新突破

国家社会科学基金的示范引导作用日益凸显。党的十八大以来，各级政府和高校等机构对妇女／性别研究的重视程度和支持力度不断增强，妇女／性别研究呈现积极健康、繁荣发展的良好局面。中国妇女研究会与全国哲学社会科学工作办公室密切合作，积极推动将妇女／性别研究选题方向纳入国家社会科学基金项目年度课题指南。据中国妇女研究会办公室统计，2013—2021 年，国家社会科学基金资助与妇女／性别直接相关项目共计 361 项，资助金额约 6669 万元，资助形成了一大批价值厚重、影响广泛的研究成果：习近平总书记关于妇女和妇女工作重要论述的学理化阐释、学术化表达取得新进展；妇女／性别研究界自觉贯彻习近平总书记哲学社会科学系列重要讲话精神，进一步增强历史自觉、文化自觉，致力于在融通古今中外的基础上，推动基于本土的知识创新、理论创新和方法创新，推动中国经验的理论提炼和总结，产出一批高质量学术成果；围绕国家重大战略需求，妇联组织重点工作以及妇女发展与性别平等面临的热点、难点问题，如妇女权益保障法修改、生育政策调整完善与妇女发展、转型期中国家庭变迁、精准扶贫与妇女发展、乡村振兴与妇女发展、

“一带一路”与妇女发展、疫情背景下的妇女与发展、女大学生就业、人口老龄化与女性、反家庭暴力法立法、夫妻共同债务、高校性骚扰、数字经济下女性就业新形态与劳动权益保障、“打击拐卖妇女　保护女性权益”等议题开展前瞻性、针对性研究，研究的实践意义和社会价值不断凸显。2015 年年底，《妇女研究论丛》成为国家社会科学基金资助期刊，在国家社科基金的资助下，期刊活力充分释放，连续获评“中国国际影响力优秀期刊”，显示出中国妇女 / 性别研究的国际影响力、传播力进一步提升。2020—2021 年，中国妇女研究会分别获得国家社科基金社科学术社团主题学术活动资助（学术会议类）和国家社科基金优秀社科学术社团奖励性补助。研究会新一届理事会成立后，成立马克思主义妇女理论中国化等 8 个研究领域专业小组，通过组织策划学术讲座、圆桌讨论、学术论坛等系列线上学术活动，广泛传播先进性别文化理念，发挥了“思想库”“智囊团”的重要作用。

*妇女 / 性别研究网络建设取得新进展。*2013 年，全国妇联和中国妇女研究会建立了第二批 11 个“妇女 / 性别研究与培训基地”，使基地总数达到 32 个。中国妇女研究会、中国社会学学会家庭专业委员会和性别社会学专业委员会、中国人口学会婚姻家庭专业委员会、性别经济学学会、妇女 / 性别研究学术期刊等在学术活动的组织策划、学术议题设置方面发挥了重要引领作用，线上线下学术活动日趋活跃，高水平的学术共同体逐渐形成。妇女 / 性别研究微信公众号如“妇女研究论丛”“缪斯夫人”“婚姻家庭研究”“社会性别研究”“性别研究视界”等纷纷创立，与《中国妇女报》“新女学周刊”一起，在妇女 / 性别研究大众化、社会化传播方面的作用日渐凸显，成为网络话语场上的一股新势力。

四、艺术创作活力得到激发，优秀女性文艺作品不断涌现

*重视文艺创作培根铸魂的重要作用，自觉弘扬民族精神和时代精神。*广大文艺工作者努力把思想统一到中央精神上来，自觉担负举旗帜、聚民

心、育新人、兴文化、展形象的使命任务，聚焦抗日战争胜利暨世界反法西斯战争胜利70周年、改革开放40周年、中华人民共和国成立70周年、中国共产党成立100周年等重大时间节点，开展重大主题创作，推出一批现实题材、革命题材、传统题材优秀新创作品，挖掘整理、复排提升一批传统（保留）剧目，大力弘扬民族精神和时代精神。“十三五”时期，全国国有文艺院团创排了4000余部优秀现实题材作品，其中新创作品占一半以上。一批以女性为表现对象的思想精深、艺术精湛、制作精良的舞台艺术佳作脱颖而出：民族歌剧《松毛岭之恋》通过一位客家妇女一生的情感坚守，再现了老区人民对中国革命作出的巨大牺牲和奉献，阐释了信仰至上、信念永恒的主题；京剧《母亲》以小脚母亲葛健豪为主角，讲述了她为追求光明，迈着一双小脚，携儿带女奋斗前行的人生轨迹；评剧《革命家庭》讲述了一个普通平凡的女子渐渐成长为一个意志坚定的革命者的故事；彩调剧《新刘三姐》通过姐美等新时代青年对山歌的坚守，反映新农村建设的火热生活。

深入生活、扎根人民，在文艺创作、服务基层、结对帮扶方面贡献突出。女性文艺工作者坚持以人民为中心的创作导向，深入生活、扎根人民，把生活作为文艺创作源泉，围绕全面建成小康社会、脱贫攻坚、乡村振兴、抗击新冠肺炎疫情等重大主题，记录新时代、书写新时代、讴歌新时代。苗月执导的电影《秀美人生》、王勇英的报告文学《黄文秀：青春之花》、田沁鑫执导的民族歌舞剧《扶贫路上》、雷献禾执导的电视剧《大山的女儿》，以广西百色市原乐业县百坭村驻村第一书记黄文秀的真实故事为原型，唱响了新时代精准扶贫和新农村建设的青春之歌。李珈西执导的电影《大河向东流之沁源故事》讲述女主人公郭小河返回乡村、“父女”两代人前赴后继、接力扶贫的动人故事。罗英执导的《橙妹儿的时代》，贯穿了电商扶贫、观念转变、产业开发等时下流行话题，讲述海归留学生曹心橙和童年好友江文玲联手，创立夔州脐橙“香橙时代”品牌的故事。《点灯》《蜜桔红了》等来源生活、形式多样、内容丰富的小品小戏，以真实的事例、鲜活的人物、充沛的情感，讲述了一个个发生在贫困乡村的动人故事，有效激发了贫困群众脱贫致富的内生动力。同时，曹金玲编导的纪录片《武汉日夜》、薛晓路编导的故事片《穿过寒冬拥抱你》聚焦2020年疫情突发的武汉，展现了困境中人与人之间相互守望、彼此取暖的真情故事。不仅如此，她们还深入基层、深入贫困地区，积极参与结对帮扶、慰问演出、公益演出等活动；参与国家艺术院团演出季、全国优秀现实题材舞台艺术作品展（巡）演、全国舞台艺术优秀剧目展演暨全国优秀民族歌剧展演、全国少数民族优秀舞蹈作品展演、全国基层院团戏曲会演、戏曲百戏（昆山）盛典、第十届至十二届中国艺术节、全国脱贫攻坚题材优秀舞台艺术剧目展演等系列艺术活动。这些各具特色、营养丰富的文化大餐，极大地丰富了人民群众的精神文化生活，包括妇女在内的广大群众获得感、幸福感大大提升。

五、群众性文化活动广泛开展，妇女成为城乡文化繁荣发展的重要主体

党的十八大以来，“唱支山歌给党听”大家唱群众歌咏活动、“中国农民丰收节”庆祝活动、“新生活 · 新风尚 · 新年画”——我们的小康生活主题美术创作征集展示活动、全国农民“小康美景手机拍”摄影作品征集、“新时代乡村阅读季”、中国老年合唱节、中国少年儿童合唱节、农民工文化会演、“群星奖”评奖及作品巡演、戏曲进乡村、戏曲进校园等群众性文化活动，让妇女文化生活热起来、美起来、乐起来。“互联网 +”群众文化活动蓬勃开展，“云上广场舞”“云上合唱节”“云上乡村春晚”、云展览、云课堂、云健身等有力地提升了妇女文化活动的参与度、覆盖面和影响力。

通过健身促进健康的热情日益高涨，妇女成为群众性体育文化活动的重要参与者。随着全民健身国家战略的深入实施，全民健身公共服务水平的显著提升，广大妇女通过健身促进健康的热情日益高涨，科学健身意识不断增强，积极投身健身跑、健步走、骑行、登山、徒步、游泳、球类、广场舞等群众喜闻乐见的运动项目，以及武术、太极拳、健身气功等民族民俗民间传统和乡村农味农趣运动项目，积极投身冰雪、帆船、击剑、赛

车、马术等具有消费引领特征的时尚休闲运动项目，成为群众性体育活动的重要参与者、推动者。广场舞是最受妇女欢迎和喜爱的健身活动之一，据不完全统计，全国经常参加广场舞健身的人群已超过1.2亿。党的十八大以来，在文化和旅游部、国家体育总局、全国妇联等部门的组织引导下，“中国广场舞大赛”、中国“美丽乡村”广场舞大赛、中国少数民族广场舞大赛、全国广场舞展演活动、全国广场舞竞赛规则培训班、全国广场舞／健身秧歌（鼓）国家级裁判员培训班、全国广场舞骨干人员培训班、全国广场舞公益培训推广活动等一系列竞赛、培训、活动轮番举办。2018年7月由中宣部、文化和旅游部、国家体育总局组织的全国广场舞展演活动启动，截至10月底，共举办展演活动6225场，参演团队64564支，参演群众达209.4万人，吸引超过4206万人次观看，成为影响广泛的品牌化、群众性文化活动。此外，智能健身在运动健身领域的应用逐渐趋于成熟，推动包括女性在内的全民健身走向新的高度。

*以女性为主体的乡村春晚／“村晚”复合式发展，成为推进乡村振兴的有效抓手。*近些年，文化和旅游部鼓励农村地区自办文化，将广泛开展乡村春晚／“村晚”活动纳入提升公共文化服务水平的重点任务。自2016年以来，通过线下线上联动，乡村春晚逐渐从区域的“小欢喜”发展成遍及全国的“大联欢”。2022年，“乡村春晚”已经蔓延到全国大江南北的552个县69000多个乡村，举办“村晚”约1.2万场，参与人次1.18亿。妇女是扛起乡村春晚／“村晚”的组织、编排和表演工作的主力军。乡村春晚调动了广大妇女参与乡村文化活动的积极性、创造文化新民俗的自觉性，激发了妇女在乡村文化振兴中的主体性，是妇女参与乡村文化治理的重要途径。近年来，在文化和旅游部、地方政府等的推动下，“乡村春晚”由春节期间的文化活动向常态化开展延伸，由单纯文艺演出活动向群众文艺展示、特色文化传承、好物美景推介、乡村旅游接待的综合性节庆活动转变。妇女在以文化带动旅游、旅游促进经济、经济反哺文化多赢发展途径中发挥了越来越突出的作用。

六、推进文化赋能，传统文化在与旅游、科技融合发展中焕发新活力

女性传统手工艺助力精准脱贫、乡村振兴，活化路径不断拓展。在各级妇联的指导推动下，贵州的“鸽子花·松桃苗绣”、内蒙古的“萨日朗”、北京的“巧娘”、四川的“一针一线”、甘肃的“陇原巧手”、吉林巧姐、贵州“锦绣计划”等一批有深度、有影响、有市场的女性手工艺品牌，如雨后春笋般涌现。近年来，妇女传统手工艺与旅游、乡村振兴、美丽乡村融合发展态势持续深入，活化路径不断拓展。“非遗＋研学”“非遗＋民宿”“非遗＋文创”“非遗＋演艺”“非遗＋节庆”“非遗＋美食”“非遗＋竞技”等新业态、新模式陆续推出，推动妇女把当地丰富的文化资源、自然资源转化为文化产业和旅游业，赋予文旅融合、文化消费更多的精神效益。国家级非物质文化遗产项目代表性传承人周淑英与河北当地一家乳品企业跨界合作，将剪纸艺术融入一些产品的包装，进行文创设计，企业产品销量大涨，获得业界和市场的一致好评，既提升了蔚县剪纸的影响力、扩大了传播范围，也提升了乳品企业的文化内涵和产品销量。显示出文化引领，文化与经济、社会等融合发展、高质量发展的新趋势，在促进经济发展、城乡建设、社会治理、民生改善等方面的复合作用日益凸显。

传统文化与数字经济深度融合，一批女性文化产品破“屏”出“圈”。文化产业与数字技术、互联网技术加速融合，文艺院团、最专业的文博单位和权威媒介的跨界合作，将艺术生产、转化、运营、传播融为一体，携手打造了演播产业的新商业模式。2021 年、2022 年，郑州歌舞剧院女编剧陈琳执导的《唐宫夜宴》以及由女导演周莉亚和韩真联合执导的《只此青绿》火爆“破圈”，形成“现象级”传播。线上演播、数字艺术、沉浸式体验等新业态、新模式蓬勃发展，博物馆文创产品开发呈井喷态势，赢得了众多消费者特别是年轻人的喜爱，成为新的文化消费潮流。自 2019 年以来，“上戏 416 女团”在抖音上发布视频，用京剧戏腔演绎古风歌曲而走红。2020 年，“西湖全景直播打卡”沉浸式互动演出在雷峰塔景区启

动，围绕《白蛇传》的经典爱情故事，游客可变成“剧中人”，跟随“白娘子”“小青”的脚步，登上雷峰塔顶，独览西湖全景。在中国国家博物馆创建110周年之际，国博首个女性虚拟数智人“艾雯雯”入职，开启了国家博物馆“上云用数赋智”新的打开方式，带给观众新鲜的体验，有助于传统文化、博物馆里沉寂的文物“活”起来，以全新方式融入当代生活，激发人们的文化自信。

另外，在女性传统手工艺宣传推广方面，《中国女红》《遇见“天才妈妈”》《了不起的匠人》《指尖上的非遗》等纪录片、文化类微综艺视频节目精心展示了女性高超的手艺和中国的传统美学，引导人们拥抱传统文化、发现非遗之美。2018年，苏绣传承人、“90后”女孩杨雪在抖音免费教授一年苏绣，创下一节课超百万点赞、近千万人观看的纪录。在北京冬奥会、冬残奥会上，女性制作的剪纸、皮影、唐娃娃、风筝、火绘葫芦以及采用非物质文化遗产“海派绒线编结技艺”编钩制作而成的颁奖花束“绒耀之花”惊艳亮相，向海外传递了中华文化深长的魅力。

第四节　问题与前瞻

强化教育引导、实践养成、制度保障，继续坚决贯彻落实男女平等基本国策。新时代落实男女平等基本国策、践行社会主义核心价值观取得了长足进步，但社会上仍然存在一些对女性歧视、贬抑的现象，促进男女平等和妇女发展事业任重道远。建议：强化男女平等基本国策和社会主义核心价值观的宣传，善用新媒体讲好新时代中国性别平等和妇女发展故事，贯通“网上”和“网下”，打造传播新态势，为妇女创造良好的文化环境；进一步调动妇女参与城乡精神文明建设的积极性和主动性；推广地方治理经验，完善巾帼志愿服务体系，促进巾帼志愿服务高水平、高质量发展。

主动适应媒体传播格局的深刻变化，善于运用网络做好妇女工作。互联网日益成为人们获取信息的主要渠道，也日益成为意识形态争锋的主阵地、主战场、最前沿。近年来，一些涉及妇女权益的性别议题，经由互联网传播，往往迅速发酵成引发社会普遍关注的舆情事件。如何应对舆情、回应监督，成为网络性别治理的一个难题。建议：主动适应媒体传播格局的深刻变化，进一步设计规划媒介培训内容，提高各级妇联干部和女性媒介从业人员的媒介素养，把握好网上舆论引导的时、度、效，提高应对性别舆情的能力。积极回应社会关切，有效疏导社会情绪，对错误看法要及时引导和纠正，广泛凝聚社会共识。

持续推动公共文化服务标准化、均等化建设，更好地保障妇女群体的文化需求。《中国妇女发展纲要（2011—2020年）》终期统计监测报告显示：2020年，全国城市和农村社区综合服务设施覆盖率分别达到100%和65.7%，城乡差距明显。第49次《中国互联网络发展状况统计报告》显示：截至2021年12月，我国城镇地区互联网普及率高于农村地区23.7个百分点；60岁及以上老年人口互联网普及率为43.2%。农村地区尤其是老少边穷地区老年人口尤其是女性老年人口的互联网普及率应该更低。使用技能缺乏、文化程度限制、设备不足和年龄因素是非网民不上网的主要原因。建议：进一步提高农村社区尤其是老少边穷地区综合服务设施覆盖率，推进公共文化服务的均等化，为妇女尤其是老年妇女参与群众性文化活动创造条件；进一步提升女性非网民的文化教育水平和数字技术的使用技能，开发更多智能化、人性化的适老产品和服务，提升网络服务的便利化水平等，助力女性非网民群体更好地融入数字社会，共享信息化发展成果。

第四章

妇女与教育

受教育权是一项基本人权，是实现其他各项权利的基础，在很大程度上决定了其他权利实现的程度。党和国家历来高度重视保障妇女受教育权，通过不断制定完善相关法律政策，采取积极措施，推动妇女受教育水平不断提高。特别是党的十八大以来，以习近平同志为核心的党中央始终把教育摆在优先发展的战略位置，不断促进教育发展成果更多、更公平惠及全体人民，以教育公平促进社会公平正义。中国妇女教育发展取得历史性成就，教育领域的性别均衡已经成为现实。

第一节 妇女教育的概念与意义

本节从性别平等的角度介绍与妇女教育相关的核心概念，同时阐明教育对于女性社会地位提升、推进社会发展的重要意义。

一、主要概念

广义上的教育指增进人们的知识和技能、影响人们的思想品德的活动，而狭义的教育则指学校教育，即教育者根据一定的社会要求，有目的、有计划、有组织地培养人的活动。在终身教育的背景之下，教育已经成为贯穿人的一生的生活方式，传统教育模式下的"受教育者"也正在向终身教育背景中的"学习者"转变，学习不仅仅是生存需要，也成为个体一生中重要的生活内容，知、情、意、行，包括家庭生活、社会生活、公民社会、政治参与、自由发展等更为丰富的维度。因此，对于包括女性在内的所有个体而言，教育是"包括了一个人的整个一生（既指它的时间长度，也指它的各个方面），而且也包括全部的社会（既包括它的教育资源，也包括它的社会的和经济的资源）"的学习过程。

教育公平是教育的理想价值追求，也是现代教育制度的现实指向。一方面，教育公平是社会公平的重要组成部分，能有效反映社会公平包括性别平等的程度和进程；另一方面，教育公平也在促进社会公平中发挥着基础性作用，甚至直接影响着其他领域公平的实现。教育公平涉及教育活动的各个层面和维度，既涵盖价值层面、权利层面、制度层面和资源层面，也涵盖教育的起点、过程和结果。一般而言，教育公平可以从宏观和微观两个层面衡量。从宏观角度看，教育公平主要表现为权利、机会和资源层面的平等。在权利层面，教育公平表现为人人享有平等的受教育权利；在机会层面，人人享有均等的受教育机会，以及同等的取得学业成就和就业前景的机会；在资源层面，人人享有同等的公共教育资源服务。从微观角度看，在教育过程中，教育活动的参与者包括教育者和受教育者都应受到公平的对待，而不会因各种原因遭受任何歧视。

根据教育过程中各教育因素（主要包括教育者、受教育者、教育媒介）对性别的不同态度，可以将教育大体分为性别盲视的教育、性别中立的教育和性别平等的教育。性别盲视的教育指的是教育过程中（通常是教育者）缺乏性别敏感，不关注两性差异，未意识到或无视教育中可能或现实存在的两性不平等现象，也未对课程、教学、校园环境等各个层面可能存在的性别不平等进行反思。性别盲视的教育在客观上有可能促进性别平等，但更有可能维持现有的性别不平等甚至阻碍性别平等在教育中的传播和推进。性别中立的教育是指教育者意识到性别在教育中的客观存在，但认为性别不能成为教育的依据，不应区别对待男生和女生，而应一视同仁、不偏不倚地对他们实施相同的教育。而性别平等的教育注重将性别平等意识纳入教育教学的全过程，保证学生不因性别的原因在教育机会获得、教育资源享用以及教育成就实现等方面受到不平等待遇，学生的性别发展也不受特定性别规范的束缚，更有利于受教育者形成健康的性别观念。

二、妇女教育的重要意义

*教育是提升女性社会地位的重要途径。*育人功能是教育最本质的功能。在社会发展的不同阶段，教育对女性发展所起的作用并不完全相同。随着社会发展的进步与女性地位的提升，现代社会对女性的职业技能、主体意识和能力都提出了更高的要求。为适应这种要求，教育对女性发展的影响也更加全面和多元，既包括在社会化方面提高女性的劳动能力，使其更好地适应现代经济社会发展对劳动力的需求；也包括在个性化方面激发

女性的主体性和创造性，促进女性在兴趣、观念、气质和性格等各个方面个性化的发展，实现女性的主体价值。大量研究证明，教育对提高妇女的经济、政治参与水平，改善女性生活质量起着重要促进作用。女性的职业身份、收入、政治地位、婚姻状况乃至健康水平都受到自身受教育水平的影响，女性拥有更高的教育水平意味着较高的收入、较健康的身体、较强的工作能力、合理安排家庭活动的能力以及较大的职业能动性。

教育通过提升女性素质推动社会发展。女性是重要的人力资源，而女性素质的提升会直接推动社会的发展和进步。教育对社会发展的推动作用主要通过生产和传播新的科学知识、培养人的德智体美劳各方面能力，潜移默化影响受教育者的思想和观念，进而保障生产、科技、经济、政治和文化的延续与发展。具体而言，女性作为受教育者，通过学习知识、生产经验和劳动技能，达到优化人力资本、提高自身素质的目的，从而直接提高劳动生产效率，促进社会经济发展；女性除了通过接受教育实现自身素质的提升外，还能在家庭教育中发挥重要作用，为优秀文化保存和延续作出贡献，成为教育者、研究者的女性，还可以通过各类教育机构实现文化的传播和交流，在教学、研究等过程不断生成和创造新的文化内容，完成对文化的更新。

推动性别平等是教育公平的题中之义。性别平等是一个公平社会的重要价值共识，而教育是传播性别平等理念和先进性别文化的重要渠道，能够影响全社会的性别观念和态度，从这个角度而言，教育对性别平等理念的传播以及性别平等社会的建构都至关重要。缩小教育性别差距，保障每一个孩子都享有平等接受教育的权利是教育公平的集中体现。党的十八大以来，习近平总书记在关于教育的一系列重要论述中，多次谈到教育公平问题，党的十九大报告提出，要“推进教育公平”“努力让每个孩子都能享有公平而有质量的教育”。2020 年的《政府工作报告》也提出，“推动教育公平发展和质量提升”，从国家层面消除教育的性别不平等，保障男女两性平等接受教育的起点、过程和结果公平，为性别平等提供了坚实的制度基础。

第二节　促进妇女教育发展的政策与实践

党的十八大以来，国家不断加大教育投入，促进教育公平，从学前教育、义务教育、高中教育、高等教育、职业教育等各方面，切实保障妇女享有平等的受教育机会，并采取积极措施保护各级各类学校女生的安全和健康。

一、发展普惠性学前教育的举措

新中国成立后，在机关单位、工矿企业、街道、公社建立幼儿园。改革开放后，中国学前教育事业开始稳步发展。1979 年 6 月，五届人大二次会议通过的《政府工作报告》指出“要十分重视发展托儿所、幼儿园，加强学前教育”。同年，国务院召开全国托幼工作会议，讨论并通过了《全国托幼工作会议纪要》，首次确立了由政府牵头、各部门共同管理的学前教育管理体制。1989 年，《幼儿园工作规程（试行）》和《幼儿园管理条例》先后通过，这是政府加强对幼儿教育管理和指导的两个重要行政法规和部门规章，是举办、管理和评估幼儿园的基本依据，规定了国家对幼儿园的基本要求和管理的基本原则，有力推动了幼教事业的健康发展和管理工作的科学化。从 20 世纪 90 年代开始，随着中国政府陆续签署《儿童生存、保护和发展世界宣言》《执行九十年代儿童生存、保护和发展世界宣言行动计划》《儿童权利公约》，以及《中华人民共和国未成年人保护法》《中华人民共和国母婴保健法》《九十年代中国儿童发展规划纲要》等政策文件的颁布，包括女童在内的学龄前儿童的健康发展的法律保障更加坚实。2001 年，《中国儿童发展纲要（2001—2010 年）》《幼儿园教育指导纲要（试行）》先后颁布，2006 年出台《中小学幼儿园安全管理办法》，在这一系列政策出台后，我国学前教育快速发展，普及程度逐步提高。而与此同时，“入园难”“入园贵”的问题也逐步显现，学前教育公平问题引起关注。针对这一问题，为满足适龄儿童入园需求，解决“入园难”“入园贵”问题，2010 年颁布的《国家中长期教育改革与发展规划纲要》（简称《规划纲要》）提出到 2020 年，普及学前一年教育，毛入园率达到 95%；基本普及学前两年教育，有条件的地区普及学前三年教育，明确了“重点发展农村学前教育”的任务。同年，《国务院关于当前发展学前教育的若干意见》（简称《意见》）指出，努力构建覆盖城乡、布局合理的学前教育公共服务体系，保障适龄儿童接受基本的、有质量的学前教育，大力发展公办幼儿园，提供“广覆盖、保基本”的学前教育公共服务。此后，为落实《规划纲要》和《意见》的精神，国务院实施了 8 个国家学前教育重大项目，并要求各地政府以区县为单位制定并实施“学前教育三年行动计划”，让越来越多的学龄前儿童接受正规的学前教育。2011 年颁布的《中国儿童发展纲要（2011—2020 年）》提出，到 2020 年基本普及学前教育的目标，学前三年毛入园率达到 70%，学前一年毛入园率达到 95%。

党的十八大以来，为解决学前教育发展不平衡不充分的问题，着力破解“入园难”“入园贵”难题，政府连续颁布一系列政策。2012 年 12 月教育部颁布的《3—6 岁儿童学习与发展指南》，对科学的保教工作实施具有重要的指导意义。2015 年 12 月 31 日，《中共中央　国务院关于实施全面两孩政策　改革完善计划生育服务管理的决定》规定合理配置儿童照料、学前和中小学教育等资源，满足新增公共服务需求，引导和鼓励社会力量举办普惠性托儿所和幼儿园等服务机构。2018 年，中共中央、国务院发布的《中共中央　国务院关于学前教育深化改革规范发展的若干意见》明确了学前教育的普及和普惠目标，提出到 2020 年，全国学前三年毛入园率达到 85%，普惠性幼儿园覆盖率（公办园和普惠性民办园在园幼儿占比）达到 80%；到 2035 年，全面普及学前三年教育，建成覆盖城乡、布局合理的学前教育公共服务体系。在此基础上，2019 年《国务院办公厅关于开展城镇小区配套幼儿园治理工作的通知》对小区配套幼儿园规划、建设、移交、办园等情况进行治理作出部署。2020 年 9 月，教育部就《中华人民共和国学前教育法草案（征求意见稿）》广泛征求社会意见，通过立法进一步明确各级政府和有关部门发展学前教育的责任，依法保障学前教育健康可持续发展。学前教育走上了法制化、普及化和高质量的发展之路。

同时，国家财政对学前教育支持力度加大。自 2011 年以来，财政部与教育部等有关部门支持各地先后实施了三期学前教育行动计划，重点支持地方扩大普惠性学前教育资源。2020 年，中央财政下达转移支付资金 188.4 亿元，比 2019 年增加 19.9 亿元，增长 11.8%。在分配资金和规划幼儿园布局时，向“三区三州”等深度贫困地区倾斜，向积极推动普惠性民办园发展的地区倾斜。据统计，2011—2020 年中央财政累计安排支持学前教育发展资金 1520 亿元。经过不断扩大普惠性资源供给，提升保育教育质量，目前中国已经基本建成广覆盖、保基本、有质量的学前教育公共服务体系，包括女童在内的学龄前儿童接受普惠性学前教育的机会大幅增加。

二、推动女童接受义务教育的政策措施

1980 年 12 月，中共中央、国务院发布《关于普及小学教育若干问题的决定》，该决定对儿童受教育机会做出总体指示——平等接受教育，不分性别。在儿童入学率普遍偏低的年代，中国共产党有意识地强调男女平等接受教育，是矫正“剥夺妇女平等接受教育”社会陋习的体现。1982 年的中共十二大报告进一步明确“全国要在一九九〇年以前以多种形式基本实现初等教育的普及”。初等教育的普及本就包含着对女童受教育的支持，这是国家在教育匮乏年代发出男女平等接受教育的信号指示灯。1986 年义务教育法通过并施行，为女童平等接受义务教育提供了最坚实的法律保障。1992 年颁布的《九十年代中国儿童发展规划纲要》提出在全国普及初等义务教育，在城镇以及经济比较发达的农村基本普及初中阶段义务教育。《中国妇女发展纲要（1995—2000 年）》进一步明确了“女童失学、辍学率的范围控制在 2% 以下”的目标。国家注重深化农村义务教育经费保障机制改革，国务院于 2005 年 12 月印发并实施的《国务院关于深化农村义务教育经费保障机制改革的通知》规定“全部免除农村义务教育阶段学生学杂费，对贫困家庭学生免费提供教科书并补助寄宿生生活费”，随后

全国范围内陆续免除义务教育学杂费，大大促进了全国范围内女童平等接受教育。2007 年，教育部发布《国家教育事业发展“十一五”规划纲要》，将“教育公平”作为教育领域的指导思想，并提出“重视女童教育”。2011 年《国家中长期教育改革和发展规划纲要（2010—2020 年）》提出巩固提高九年义务教育水平，推进义务教育均衡发展。同年 7 月，国务院颁布《中国妇女发展纲要（2011—2020 年）》，提出“女童平等接受学前教育。九年义务教育巩固率达到 95%，女童平等接受九年义务教育，消除女童辍学现象”的目标。

党的十八大以来，党和国家大力推进义务教育均衡化，将均衡发展作为义务教育的战略性任务，努力缩小教育资源配置的城乡、区域、校际差距，促进教育公平。国家出台政策努力消除农村地区两性受教育不平等，促进城乡义务教育一体化发展。2012 年，教育部出台《国家教育事业发展第十二个五年规划》，提出了实现人的发展并特别强调两性协调的人的发展的目标要求。2015 年，中共中央、国务院出台《关于打赢脱贫攻坚战的决定》，要求在“着力加强教育脱贫”基础上，到 2020 年稳定实现农村贫困地区学生义务教育保障，尤其是解决农村女童受教育问题，保障农村地区女童受教育权利。2016，国务院印发《关于统筹推进县域内城乡义务教育一体化改革发展的若干意见》，推动消除义务教育城乡二元结构壁垒，关注随迁子女和留守女童就学入学。国务院出台《国家贫困地区儿童发展规划（2014—2020 年）》，在保障儿童教育方面，提出到 2020 年学前三年毛入园率达到 75%，义务教育巩固率达到 93%，教育总体质量、均衡发展水平显著提高。2021 年，《中国妇女发展纲要（2021—2030 年）》颁布，提出了九年义务教育巩固率提高到 96% 以上的新目标要求。2021 年 7 月，中共中央办公厅、国务院办公厅印发《关于进一步减轻义务教育阶段学生作业负担和校外培训负担的意见》，对全面规范校外培训机构进行了明确的规定，对减轻包括女童在内的义务教育阶段学生负担起到了十分重要的作用。

按照党中央、国务院决策部署，中央财政坚持“保基本、补短板、提质量”，完善政策措施，加大投入力度，优化支出结构，通过城乡义务教育补助经费，重点支持地方落实城乡义务教育经费保障机制，实施好农村义务教育教师特岗计划和学生营养改善计划，明确义务教育全面纳入财政保障范围。2012 年至 2020 年，财政性教育经费占国内生产总值比例持续保持在 4% 以上。2020 年，中央财政安排义务教育薄弱环节改善与能力提升补助资金 293.5 亿元，用于继续支持地方基本消除城镇“大班额”，基本补齐乡村小规模学校和乡镇寄宿制学校短板，实现农村义务教育学校网络教学环境全覆盖。“十三五”时期，中央财政累计安排补助经费达 7495 亿元，年均增长 5.97%，其中用于农村地区的资金占比一直保持在 90% 左右，用于中西部地区的资金占比保持在 80% 以上。

三、促进高校招生性别公平和女性后备人才培养的政策措施

党的十八大以来，为促进高校招生性别公平，教育部在每年印发的《普通高等学校招生工作规定》中都明确规定女大学生在招生环节享有公平权利，其中《2015 年普通高等学校招生工作规定》进一步规定“除军事、国防和公共安全等部分特殊院校（专业）外，高校不得规定男女生录取比例。高校不得对报考非外国语言文学类专业的考生作统考外语语种限制”。该项规定既沿袭之前的内容，确定了除特殊专业之外取消招生性别比例的原则，同时树立了此后高等学校招生工作规定范本，该项规定一直沿用并体现在《2021 年普通高等学校招生工作规定》中，为进一步促进高校招生性别公平，保障女性平等参与高等教育招生招考提供了政策和制度保障。

国家注重发挥女性人才重要作用，出台多项措施加强女性后备人才培养，促进女大学生成长成才。特别是国家先后出台文件推动女性科技人才队伍建设、加强女性科技人才后备力量培养。2011 年，科技部、全国妇联联合发布《关于加强女性科技人才队伍建设的意见》，提出要在高等学校开展女生职业生涯规划辅导，引导接受过高等教育的女性选择科研工作为终身职业；科研机构、高等学校等承担的政府科技计划项目要充分吸纳女

大学生和研究生参与，各类科技计划项目在立项评审中应充分考虑女大学生和研究生的参与情况；并规定要鼓励社会各界面向理工科女学生设立专门奖学金，支持其攻读理工科学士、硕士和博士学位。2011 年 12 月发布的《中国妇女发展纲要（2011—2020 年）》中明确要求加大女性技术技能人才培养力度，探索建立多层次、多渠道的女性科技人才培养体系；均衡中、高等教育学科领域学生的性别结构，鼓励学生全面发展，弱化性别因素对学生专业选择的影响；采取多种方式，鼓励更多女性参与高科技领域的学习和研究。2021 年，科技部、全国妇联、教育部、工业和信息化部、人力资源社会保障部、卫生健康委、国资委、中科院、工程院、社科院、全国总工会、中国科协、自然科学基金委 13 部门研究制定了《关于支持女性科技人才在科技创新中发挥更大作用的若干措施》，提出支持高等学校和科研院所设置理工科专业优秀女大学生奖学金，鼓励更多女大学生参与国际学术交流，加强对理工科女学生职业发展规划辅导，引导更多女学生选择科研作为终身职业等内容支持女性科技人才发展、加强女性后备科技人才培养。

地方相继出台支持女性科技人才发展的政策文件，并注重女性后备科技人才培养和发展。2022 年，吉林省科技厅、省妇联、省教育厅、省人社厅等 10 个部门和单位共同印发《关于支持女性科技人才在科技创新中发挥更大作用的具体落实措施》，对加强女性后备科技人才培养方面进行了明确的规定，提出要鼓励高中阶段教育进一步加强对女学生学科选择和职业发展的引导；支持高等学校设置理工科等优秀女大学生奖学金；鼓励高等学校加强对理工科女大学生职业发展规划辅导，鼓励支持更多女大学生投身科研事业。四川省妇联联合科技厅、省人才办、经济和信息化厅等 13 部门共同印发《四川省共同推进“科技创新巾帼行动”实施方案》，提出支持高等学校和科研院所设置理工科专业优秀女大学生奖学金等内容，支持女性科技领域后备力量的成长成才。

四、推动女子职业教育发展的举措

在新中国成立之初，我国便明确提出大力发展中等职业技术教育。1985年，《关于教育体制改革的决定》发布，提出在职业技术教育体系中增加高等与初等职业技术学校，推动了我国职业技术教育体系的建立。1991年，国家先后颁布了《关于大力发展职业技术教育的决定》《关于加强普通高等专科教育工作的意见》，为此后十年的职业技术教育改革和发展指明了方向。1996年职业教育法颁布，从法律层面保障了职业教育的地位，至此我国职业教育走上了制度化、法制化的道路。职业教育法第七条明确规定："国家采取措施，帮助妇女接受职业教育，组织失业人员接受各种形式的职业教育，扶持残疾人职业教育的发展。"2005年，国务院出台《关于大力发展职业教育的决定》，明确提出实施职业教育示范性院校建设计划。2008年，党的十七届三中全会提出了"健全县域职业教育培训网络，加强农民技能培训，广泛培养农村实用人才"的要求。2010年，《教育部、全国妇联关于做好农村妇女职业教育和技能培训工作的意见》中明确提出开展农村妇女中等职业教育，把大力开展妇女职业教育和技能培训作为一项重要任务，不断提高广大农村妇女综合素质，帮助农村妇女增收致富。

党的十八大以来，国家十分重视职业教育发展，职业教育发展迎来重大机遇，更多的妇女参与到职业教育中。2012年，国家规定将中等职业教育免学费政策范围扩大到所有农村学生，这是中国教育历史上除城乡免费九年义务教育之外的第二项免学费政策，是我国职业教育发展史上的一个里程碑，体现了职业教育支持农村发展、提高农村劳动者素质、促进教育公平的作用，同时大大提高了职业教育对女性的吸引力和女性的入学率。2014年，国务院发布《关于加快发展现代职业教育的决定》，要求加快发展现代职业教育，建设现代职业教育体系，服务实现全面建成小康社会目标。紧接着，教育部、国家发展改革委、财政部、人力资源社会保障部、农业部、国务院扶贫办组织编制了《现代职业教育体系建设规划（2014—2020年）》，重点加强农民工、农民工子女和城市转岗就业人员的职业教育和培训。2016年，国务院审议通过《教育脱贫攻坚行动计划（2016—2020

年)》，启动实施“职业教育东西协作行动计划”，东西部联合招生达30万人，为近年来我国年均减贫作出了重要贡献，更多贫困地区女性享受到优质职业教育。这一过程中，中等职业教育学校中女生人数不断增长，女子中等职业技术学校、高等院校发展也十分迅速。2019年，国务院出台《国家职业教育改革实施方案》，为推进高等职业教育高质量发展做出顶层设计。随后教育部、财政部发布《关于实施中国特色高水平高职学校和专业建设计划的意见》，明确指出“集中力量建设50所左右高水平高职学校和150个左右高水平专业群”。从示范校建设到优质校建设再到“双高计划”，我国高等职业教育内涵建设不断升级优化。

*国家加大支持职业教育财政支出。*截至2020年，中央财政拨付现代职业教育质量提升计划资金257.11亿元，比2019年增加19.9亿元，增长8.4%，国家引导地方建立健全职业教育财政支持机制。中央财政继续支持各地健全完善高职院校生均拨款制度、改善中职学校基本办学条件、加强“双师型”教师队伍建设，并由各地统筹用于推进“1+X”证书制度试点、中国特色高水平高职学校和专业建设计划等工作。“十三五”时期，中央财政已累计安排投入现代职业教育质量提升计划资金1292.68亿元，年均增长9.8%。截至2020年年底，各省均已建立起中、高职生均拨款制度，高职生均拨款水平均不低于1.2万元，职业教育服务经济社会发展能力和社会吸引力大大增强，促进了包括女性在内的高等教育参与率。

*为女性就学入学提供了资源支持。*依托“春蕾计划”，支持女童职业教育发展创新项目实践纷纷涌现。作为“春蕾计划”的重要组成部分，2019年中国儿童少年基金会开展“春蕾计划——梦想未来”行动，帮助贫困适龄女童提供免费的未来职业教育和职业规划，帮助她们平稳步入社会，实现个人和家庭脱贫。其中“如新春蕾学院”公益项目为职业院校贫困女生设立奖／助学金，为贫困家庭大龄女童开办短期职业技术培训班，计划首批将资助100名女童，帮助因家庭生活相对困难的女童重返校园接受职业教育。

五、创造安全平等校园环境的政策措施

1996年颁布的高等教育法中包括对高校教师职业道德方面的明确规定。2005年3月，教育部下发《关于进一步加强和改进师德建设的意见》，这是国家首次以师德建设作为文件名下发的正式文件，对于推动师德建设具有重要意义。2005年，妇女权益保障法进行了第一次修订，首次提出禁止对妇女实施性骚扰，并明确了受害妇女的相应权利以及违法行为人的法律责任。2011年，教育部联合中国教科文卫体工会全国委员会制定颁发《高等学校教师职业道德规范》，这是我国首部专门针对高校教师制定的职业道德规范，是我国高校师德建设迈向规范化的重要成果，为加强高校师德师风建设提供了具体标准。

党的十八大以来，习近平总书记从国家繁荣、民族振兴、教育发展的大局出发，深刻阐释了教育工作和教师工作的重要性，明确提出成为一名党和人民满意的好老师应具备“四有”（即有理想信念、有道德情操、有扎实知识、有仁爱之心），“四个引路人”（即做学生锻炼品格的引路人，做学生学习知识的引路人，做学生创新思维的引路人，做学生奉献祖国的引路人），“四个统一”（即坚持教书和育人相统一，坚持言传和身教相统一，坚持潜心问道和关注社会相统一，坚持学术自由和学术规范相统一）的标准要求。这些要求相互衔接、一脉相承，具有丰富的思想理论内涵，形成了对广大教师的思想、道德、学识、作风等方面的全方位系统要求，是新时代进一步加强教师队伍建设、师德建设的行动指南。

有关师德建设的政策文件相继出台。2013年，中组部、中宣部、教育部联合下发《关于加强和改进高校青年教师思想政治工作的若干意见》，呼吁建立师德考核档案。2014年，教育部颁布《关于建立健全高校师德建设长效机制的意见》，强调在高校师德建设过程中必须坚持以社会主义核心价值观为指导思想，遵循高校师德建设规律，从教育、宣传、考核、监督、激励、惩处六个方面建立健全高校师德建设长效机制，实施“师德一票否决”；特别是明确了高校教师的七条禁止行为，俗称“红七条”，引发社会广泛关注。2018年1月，中共中央、国务院出台了《关于全面深化新

时代教师队伍建设改革的意见》，把“突出师德”作为一项基本原则，提出建设高素质教师队伍。为进一步增强教师的责任感、使命感、荣誉感，规范职业行为，明确师德底线，引导广大教师努力成为有理想信念、有道德情操、有扎实学识、有仁爱之心的好老师，着力培养德智体美劳全面发展的社会主义建设者和接班人，2018 年 11 月，教育部印发《新时代高校教师职业行为十项准则》。关于加强师德的一系列文件对全方位加强各级各类师德建设具有重大意义和深远影响，标志着我国师德建设逐步走向规范化、制度化、法律化。2019 年，中共中央、国务院出台了《关于全面深化新时代教师队伍建设改革的意见》，这是党的十九大召开之后中央下发的第一个教育领域的改革文件，对新时代全面加强教师队伍建设作出了部署。文件把“突出师德”作为一项基本原则，指出要把提高教师思想政治素质和职业道德水平摆在首要位置，突出全员全方位全过程师德养成，推动教师成为先进思想文化的传播者、党执政的坚定支持者、学生健康成长的指导者；明确将加强教师党支部和党员队伍建设、提高思想政治素质和弘扬高尚师德作为教师队伍建设的重要举措。

采取积极措施预防校园性骚扰和性侵害，保护女学生安全。《新时代高校教师职业行为十项准则》要求教师不得与学生发生任何不正当关系，严禁任何形式的猥亵、性骚扰行为。2018 年 12 月，教育部办公厅印发《关于进一步加强中小学（幼儿园）预防性侵害学生工作的通知》，要求各地教育行政部门和学校进一步加强预防性侵安全教育、教职员工队伍管理、安全管理规定落实、预防性侵协同机制构建、学校安全督导检查等方面工作，切实维护学校安全和谐稳定，保障学生安全。2020 年 5 月通过的民法典第一千零一十条第一次在法律中明确规定学校有义务防治校园性骚扰，确立了防治校园性骚扰的行为主体，为高校开展防治性骚扰、强化师德师风建设工作提供了法律保障和规范，具有重要意义。2020 年 10 月新修订的未成年人保护法规定，学校、幼儿园应当建立预防性侵害、性骚扰未成年人工作制度等内容，将进一步成为学校防治校园性骚扰义务、加强师德师风建设的依据和保护未成年女生的有力法律保障。2021 年，国务院制定并颁布了《中国妇女发展纲要（2021—2030 年）》，明确提出要鼓励学校设

置防性骚扰的相关课程，提高学生的自我保护意识和能力；中小学校建立完善预防性侵未成年人工作机制，高校建立完善预防性侵和性骚扰工作机制。《国家人权行动计划（2021—2025年）》明确提出预防性侵害和性骚扰相关目标要求。一些省份通过出台地方立法，加强女性学生权益保障，促进了校园师德师风建设。例如，2018年《江苏省妇女权益保障条例》规定了学校开展防范性骚扰的安全教育，以及设置调查投诉程序的义务。2019年出台的《宁夏回族自治区妇女权益保障条例》对“教育机构应当对女性学生开展健康和安全防护等教育，采取有效措施防范和制止性侵害、性骚扰等行为”等内容作出具体规定。

在教育部相关政策的指引下，我国部分高校已建立起相应的师德失范行为处置机构和程序。例如，2019年北京航空航天大学公布并实施《北京航空航天大学教师师德失范行为预防和处理办法》，做出了学校内部设立师德建设工作领导小组及公正的校园性骚扰投诉处理程序，包括受理调查程序、认定处理程序、复议申诉程序。明确一旦教师与学生发生任何不正当关系、任何形式的猥亵、性骚扰行为，则实施一票否决制等具体措施，高校开始探索加强师德建设的制度化之路。

性别平等原则在教育工作中得到贯彻。《中国妇女发展纲要（2011—2020年）》提出在教育工作中全面贯彻性别平等原则，将性别平等原则和理念在各级各类教育课程标准及教学过程中得到充分体现的明确要求和目标任务。党的十八大以来，通过对道德与法治、语文、历史课标修订及三科教材的统编、统审、统用，宣传男女平等基本国策、妇女权益保障法、我国保障妇女权益的成就，展现中国女性的良好形象，引导学生树立男女平等观念，互相尊重，共同成长。国务院妇儿工委办公室统筹谋划，采用教育培训、试点先行、辐射带动、扩面提质等方式，持续推进性别平等教育向纵深发展。截至2020年，全国共有17个省（区、市）开展了中小学性别平等教育进课堂工作，探索将性别平等理念和男女平等基本国策精神融入教育教学全过程。

第三节　妇女教育发展的进展与挑战

新中国成立70多年来，在中国共产党领导下，我国教育事业取得了举世瞩目的成就，妇女受教育水平大幅提升，并极大地改善了妇女地位。尤其是党的十八大以来，在习近平新时代中国特色社会主义思想指引下，中国妇女教育事业取得了历史性成就，教育的性别差距和地区差距进一步缩小。根据第七次全国人口普查结果，2020年全国15岁及以上人口平均受教育年限为9.91年，其中男性10.22年、女性9.59年，性别差距由2010年的女性比男性少0.8年缩小为少0.6年。第四期中国妇女社会地位调查数据显示，2020年18—24岁女性的平均受教育年限为12.81年，比2010年增长1.85年，比55岁及以上女性高5.14年，比同年龄段男性高0.81年。西部农村女性平均受教育年限为7.44年，比2010年增长2.04年，与东部农村女性平均受教育年限的差距由2010年的0.9年缩短为0.61年。

一、女童平等接受学前教育的进展与挑战

党的十八大以来，党和国家对学前教育持续加大投入，学前教育发展迅速，规模显著扩大，包括女童在内的学龄前儿童受教育机会大幅提升。2020年，全国共有幼儿园29.2万所，是2010年的1.9倍。学前教育总教职工数为519.8万人，分别为2010年和1978年的2.8倍和11.9倍。学前教育入园幼儿1791.4万人，学前教育毛入园率为85.2%，分别比2010年和1978年提高28.6个和73.9个百分点。在园幼儿数为4818.26万人，分别为2010年和1978年的1.6倍和6.1倍。在园女童为2272.1万人，占在园幼儿总数的47.2%，比2010年增长919.5万人，提高1.7个百分点。

公办幼儿园比例和普惠性幼儿园比例持续提高，“入园难”“入园贵”

的问题得到一定程度解决。2020 年，所有幼儿园中公办幼儿园 12.4 万所，民办幼儿园 16.8 万所，占比分别为 42.4% 和 57.6%，公办幼儿园占比比 2010 年提高 10.4 个百分点。从总体上看，普惠性幼儿园已经占据主流。2020 年，普惠性幼儿园为 23.4 万所，在园幼儿 4082.8 万人，普惠性幼儿园覆盖率达到 84.7%，比 2016 年提高 17.5 个百分点。

学前教育专任教师及园长素质明显提升，办学条件显著改善。2020 年，专任教师及园长中大专及以上学历达到 93%，比 2010 年提高了 23 个百分点，专任教师中具有专科及以上学历占比达 85%，比 2010 年提高了 24 个百分点。学前教育办学条件得到明显改善，生均学校占地面积、生均校舍建筑面积、生均教学及辅助用房面积、生均图书册数等指标均有较大幅度提高。

学前教育经过十年的快速发展，虽然实现了普及普惠目标，但毛入园率总体上仍没有超过 90%，与义务教育阶段存在较大差距，而且普惠性资源的区域性、结构性短缺矛盾依然存在，教育主管部门办园的主体地位还需加强。早期集体承担了办园的主体责任，近些年则是民办承担了主体责任，教育部门办园及其他部门办园的公立园的办学主体责任在下降，民办园占比越来越大，尤其在城市地区表现更为明显。2010 年，城市公办、民办幼儿园分别为 4.81 万所、2.63 万所，县镇公办、民办幼儿园分别为 1.23 万所、3.07 万所，乡村公办、民办幼儿园分别为 2.63 万所、4.53 万所；2020 年，城市公办、民办幼儿园分别为 2.65 万所、6.85 万所，县镇公办、民办幼儿园分别为 3.47 万所、6.05 万所，乡村公办、民办幼儿园分别为 6.25 万所、3.89 万所。可以看出，随着城镇化的推进，城乡幼儿园虽然有更广的覆盖，但城镇的民办幼儿园数量增长迅猛，尤其是城市的公办幼儿园数量出现下降，民办幼儿园增长更为明显。上民办园的城市及县镇儿童越来越多，意味着越来越多的城镇家庭承担更高的学前教育成本。此外，由于教师待遇保障不到位、传统观念的长期影响等原因，我国教育总教职工中女教职工比例过高，长期超过 90%，其中女专任教师的占比更高，2020 年达到 97.8%。

二、女生接受义务教育的进展与挑战

义务教育阶段的公平是一个国家教育公平的最直接反映。党的十八大以来，大力推进城乡义务教育一体化发展，农村女童接受教育的机会更多。2020 年，小学学龄女童总体入学率达到 99.7%，与男童基本持平，几乎所有的学龄儿童都能进入学校接受义务教育。义务教育巩固率提升同样明显，2020 年九年义务教育巩固率为 95.2%，已经实现《中国妇女发展纲要（2011—2020 年）》“达到 95%”的目标。从在校生人数看，义务教育阶段女生人数持续增长，与男生人数逐步接近。2020 年，九年义务教育阶段在校生中女生为 7285.2 万人，比 2010 年增加 197.5 万人，增长 2.8%，占在校生的比重为 46.6%。中小学男女生比例与适龄儿童的人口数量比例基本一致。

随着我国高中阶段教育普及水平不断提升，女生平等接受高中阶段教育也进一步巩固加强。根据教育部统计数据，2020 年，全国高中阶段毛入学率达到 91.2%，比 2010 年提高 8.7 个百分点，实现《中国妇女发展纲要（2011—2020 年）》“达到 90%”的目标。高中阶段教育共有在校女生 1950.4 万人，占比 46.9%；其中，普通高中在校生中的女生为 1257.5 万人，占比 50.4%，连续 6 年保持在半数以上。根据《中国教育统计年鉴》数据，2005 年以前，女生升入普通高中的机会少于男生，2010 年后超过了男生，到 2015 年，女生升入普通高中的比例上升到 60.2%，高出男生 8.3 个百分点，说明女生普通高中入学率提升速度比男生快。

总体而言，在基础教育阶段女童的受教育机会与男童接近，但也要看到，在城镇和农村之间、不同地区之间，义务教育普及水平仍有差距。在偏远农村地区、少数民族地区，尤其是在受传统性别观念影响较为明显的地区，女童比男童更容易辍学。多年来，国家为推进义务教育均衡发展出台了一系列政策措施，中西部地区义务教育差距有所缩小，农村地区学校办学条件大幅改善，办学经费得到保障，统一城乡教师编制的政策效果逐步显现，但随着人口向城镇流动以及“撤点并校”政策的实施，农村生源也大规模向城镇流动，农村义务教育面临生源尤其是优质生源流失的困境，生源流动进一步带动了硬件投资和乡村优质师资向城镇集中，城乡义务教育差距有进一步增大的趋势。2001—2020 年，城镇普通小学在校生人数增长了 4336.2 万人，但学校数量却减少了 3181 所。20 年间，城镇普通初中增加了 14925 所，但在校生增加了 966.5 万人，城镇普通初中在校生的增长速度高于学校增长速度，而农村虽然义务教育阶段学校和在校生数量持续大幅下降，与此同时，乡村学校新增校舍面积却逐年增加，凸显了乡村教育布局上的短板，严重影响了教育的投资效率。伴随生源流动出现了数量庞大的“陪读妈妈”群体，额外的租房支出也在一定程度上加重了农村家庭教育负担。此外，大量研究证实，义务教育阶段课程尤其是语文和英语等教材中存在性别角色单一、对女性的排斥、对男女形象的刻板化呈现、对女性地位的降低和贬低等问题，反映出义务教育阶段性别教育缺乏、课程设置中存在不同程度的性别歧视，应引起教材编写和教材审定机构的重视。

三、女性接受高等教育的进展与差距

2019 年，我国高等教育毛入学率超过 50%，标志着我国已从高等教育大众化阶段正式进入普及化阶段，高等教育规模位居世界第一。在高等教育迅速发展的过程中，女性平等接受高等教育得到有力保障，女性接受高等教育机会不断增加。根据教育统计年鉴历史数据，1949 年，中国普通高校本专科人数为 117133 人，其中女生为 23157 人，所占比例为 19.8%。1978 年，中国普通高校本专科人数为 856322 人，其中女生为 206472 人，所占比例为 24.1%。1999 年，普通高等学校本专科人数为 4085874 人，其中女生为 1620554 人，所占比例为 39.7%。到 2010 年，男女生比例发生逆转，女生所占比例已经超过了男生；2015 年，女生已比男生高出 4.8 个百分点。教育部最新数据显示，2020 年，高等教育毛入学率为 54.4%，比 2010 年提高 27.9 个百分点。高等教育在校生中女研究生人数为 159.9 万人，占全部研究生的比重达到 50.9%，比 2010 年提高 3.1 个百分点；普通本专科、成人本专科在校生中女生分别为 1674.2 万人和 450.6 万人，占比分别为 51.0% 和 58.0%，分别比 2010 年提高 0.1 个和 4.9 个百分点。第四期中国妇女社会地位调查数据显示，年轻女性受教育程度提高十分明显，18—24 岁女性接受大学专科及以上教育的比例为 50.9%。

在高等教育发展大潮中，我国女子院校独树一帜，尤其是自 1995 年北京世界妇女大会召开以来，女子院校体系化建设加速，形成了四种形式的女子院校：一是独立设置的女子高校，如中华女子学院、山东女子学院、湖南女子学院、广东女子职业学院等；二是依托于普通高校的二级女子学院，如同济大学女子学院、南京师范大学金陵女子学院、大连大学女子学院、天津师范大学女子学院等；三是专修学院等民办性质学院，如浙江女子专修学院等；四是自学助考、成人教育形式，如宁波大学女子学院。自 1987 年郑州大学创办中国大陆高校第一个妇女学研究中心以来，女性学学科建设也不断取得进展，中国大陆开设“女性学”“性别与发展”等课程的高校超过 100 所，1998 年北京大学等综合性院校也相继在研究生教育中开辟与女性学相关的研究方向，目前女性学学位教育已分布于法学、文学、历史学、教育学、管理学、哲学和艺术学七大门类中。

虽然女子高等教育取得了巨大成就，接受高等教育的女性甚至在数量上已经超越男性，但高等教育的性别差距并未消失，只是性别差距由显性逐步转向隐性，教育不公平更多由起点不公平转向过程和结果不公平，主要表现在农村女性接受高等教育机会与城市女性相比仍有差距、学科中的性别隔离现象普遍存在、女性的教育回报低于男性。农村女性的入学机会大大低于城镇女性，而且农村女性入学机会的增多，往往表现在较低层级高校的入学率提升，在公办重点院校和民办本科中农村女大学生比例并不高。在所学专业的学科选择上，男生更多地选择理工科，而女生则较多地选择人文学科。但无论所学专业和学科如何，接受过高等教育的女性就业门槛高于男性，在就业市场更容易遭遇显性或隐性的歧视，就业层次、工作稳定性、工资薪酬则低于男性，也就是说，接受高等教育的女性个人回报低于男性，这不仅影响女性自身发展，也会削弱女性对教育公平和社会公平的信心，并且让家庭对女性高等教育投资更加保守。

四、女性接受职业教育的进展与问题

党的十八大以来，中国更加重视职业教育发展，高等职业教育招生规模不断扩大，女性接受职业教育发展迎来新机遇。2020年，全国共有中等职业教育学校在校女生人数为689.96万人，占全体在校生人数比例为41.5%。高等职业教育作为高等教育发展中的一个类型，包含本科和专科两个层次教育，从专科在校人数来看，2020年全国普通专科在校女生人数为693.71万人，占全体人数比例为47.5%，与男生比例接近。女子职业院校也是职业教育的重要组成部分，经过多年发展，形成了十多所高等职业院校和大量中等专业技术学校并存的女子职业教育体系，开设了社区管理、电子商务、国际经济与贸易等满足经济社会发展需要的热门专业，并形成了社会工作、学前教育、女性学等特色专业品牌。

尽管女性职业教育已经出现了快速发展，但高等职业院校中学习建筑、机械制造与设计、工程技术和信息技术的女性比例明显偏低，女性职业技能提升空间有限。在教育部公布的《职业教育专业目录（2021年）》包含的19个专业大类、97个专业类中，专业的性别区隔比高等教育中更明显。有研究表明，男生更倾向于选择加工制造类、土木水利类、石油化工类、交通运输类等专业，女生则倾向于医药卫生类、财经商贸类、旅游服务类、文化艺术类专业，而且在专业选择上，女生若选择男生主导的专业，所需跨越的专业壁垒远远高于男生。尤其在女子职业院校的专业设置中，许多职业学校的专业设置遵循市场的性别逻辑，迎合社会对女性劳动者的职业需求，将“女性特色”作为学校的办学特色，在课程和专业设置上，注重社会对女性的角色期待，从而限制女性职业生涯的多元发展，固化了传统性别角色功能。从教育部公布的中国特色高水平高职学校和专业建设计划的院校和专业中也能看出，女子高职院校几乎没有入选。而在就业方面，职业院校的女性在就业市场上面临重重困境，女生就读的专业在就业难度上往往更高，她们既无法与高等院校的毕业生竞争，而与偏重工程技术类专业的男生相比，就业稳定性、薪资水平也较低。

五、妇女参加终身教育的进展与问题

党的十八大以来，女性扫盲工作取得重大进展。与男性相比，女性参加扫盲班的积极性更强，文盲率下降也更快。教育部数据显示，2020年，参加扫盲班女性人数为83024人，占扫盲班总人数的61.7%，与2010年参加扫盲班女性人数相比，下降了85.3%，占扫盲班人数的比例则上升了9.4个百分点。根据2020年第七次人口普查数据，全国文盲率为2.7%，其中女性为4.1%，比2010年下降2.1个百分点，性别差距由2010年的女性比男性高4.1个百分点缩小为高2.8个百分点。

继续教育和成人教育得到长足发展，成为妇女获得知识、增长技能、提高素质的重要渠道，妇女参加各级学历继续教育的人数和比例逐年上升。2020年，全国成人本专科在校女生为450.6万人，比2010年增长165.9万人，占在校生总数比例为58.0%，比2010年提高4.86个百分点。网络本专科在校女生为371.6万人，比2010年增长153.2万人。2020年，全国成人高中女生占在校生总数比例为56.6%，比2010年提高8.9个百分点。此外，妇女还广泛参与各级各类非学历继续教育和培训。通过“阳光工程”和“新型农民科技培训工程”等政府培训计划，农村妇女素质和就业技能得到提升，对稳定就业和增加收入起到了重要作用。为适应妇女终身教育的需要，全面提升妇女素质，2001年，全国妇联成立人才开发培训中心，培训面覆盖全国31个省（区、市）、3100多个地县。党的十八大以来，在“乡村振兴”和“精准扶贫”战略的指导下，各级妇联组织加强培训力度，依托“创业创新巾帼行动”“乡村振兴巾帼行动”“巾帼脱贫行动”等项目，对农村妇女进行致富培训、技能培训、学历教育等多元化多层次的培训，有效促进了农村留守妇女创业就业，提升了农村妇女整体素质。

虽然大量女性通过继续教育和成人教育获得了职业和劳动技能的提升，但由于传统观念的影响以及劳动力市场的歧视仍然存在，部分女性认为即使参加继续教育和培训还是会被就业市场排斥，导致女性参加继续教育和培训的愿望和期待并不高。而各地开展针对女性的职业培训内容以家政服务、电子商务、手工技术为主，存在较为单一、脱离实际需要、技术含量较低等问题，且受限于资金投入、师资力量、教学设施，培训周期往往较短，加上对城镇女性兼顾家庭和工作的时间安排考虑不足，以及对农村女性生产生活节奏了解不够，女性参与培训容易面临时间冲突，这些都影响培训效果，也影响女性参与继续教育和培训的意愿。

第四节 总结与思考

新中国成立 70 多年来，党和国家通过出台各类法律政策，保障女性受教育权利，通过不断加大各级教育投入以及出台各类面向女性的定向资金和项目帮扶，从整体上大幅提升了女性受教育水平，极大地改善了妇女地位。党的十八大以来，以习近平同志为核心的党中央高度重视教育工作，将教育公平提到了新的高度。习近平总书记多次强调，不断促进教育发展成果更多、更公平惠及全体人民，以教育公平促进社会公平正义。在这一背景下，教育的性别公平得到前所未有的关注，中国妇女教育事业取得历史性成就，女性平均受教育年限大幅提高，与男性之间的差距明显缩小，义务教育阶段性别差距基本消除，女性的受教育层次明显提高，突出表现为受过高等教育的女性比例进一步上升，各类高等教育中女生占比均超过男生，女性参与职业教育和成人教育的人数和比例也逐年上升，继续教育在提高女性受教育程度上发挥着越来越重要的作用。虽然中国妇女教育事业取得了举世瞩目的成就，但女性教育发展不均衡不充分的问题在一定程度上仍然存在，尤其是农村特别是欠发达地区女性受教育状况不容乐观。从整体上看，教育的性别差距虽然大幅缩小，但这种缩小主要表现在教育机会上性别差距的缩小，而在教育过程和教育结果上性别差距仍然存在，女性在高等教育、职业教育学科和专业选择上与男性存在较大差异，在就业性别歧视等因素的影响下，教育作为赋权工具，在改善女性生活、增进女性社会参与的机会上起的作用容易遭到削弱。这些问题也应引起重视。

*教育公平是社会公平的基石。*大力发展教育事业，促进教育资源配置合理化，进一步缩小城乡、区域差距，是实现包括性别平等在内的教育公平公正的最根本途径。2020 年，党的十九届五中全会提出了“十四五”时期经济社会发展主要目标，其中就包括“全民受教育程度不断提升”的目标，“全民”两个字体现了党和政府解决教育发展不均衡不充分问题的决心，对保证弱势女性群体特别是农村妇女和女童的受教育权益有着重要意义。2021 年《中国妇女发展纲要（2021—2030 年）》颁布，其中提出在基础教育阶段应“加快城乡义务教育一体化发展，均衡配置教育资源，确保女童平等接受公平优质的义务教育。健全精准控辍保学长效机制，加强分类指导，督促法定监护人依法保障女童接受义务教育，切实解决义务教育女童失学辍学问题。保障欠发达地区女童、留守女童、农业转移人口随迁子女以及残疾女童的受教育权利和机会。支持学业困难女童完成义务教育，提高女童义务教育巩固率。……保障女性特别是欠发达地区和农村低收入家庭女性平等接受普通高中教育的权利和机会”，进一步从政策上扫除了处于弱势地位的女性群体受教育机会的障碍。随着教育公平理念日渐深入人心，面向失学、辍学女童，留守和流动女童以及中老年女性文盲等弱势群体特殊的激励和保护性教育政策的教育扶持政策和措施会更加有针对性和操作性，教育资源在城乡间的配置会更合理，教育的城乡和地域差距会得到根本性改变。

*教育中的性别平等是教育公平的重要体现。*自 1995 年男女平等确定为基本国策以来，男女平等接受教育得到了较好的保障，从受教育机会来看，性别差距已经不太明显，但教育过程和教育结果的差距仍然存在。为此，不仅要把性别平等纳入所有与教育相关的法律、政策中，增强政策、法律的可执行性，并保证促进性别平等的教育法规政策切实有效落实，还要严格按照《中国妇女发展纲要（2021—2030 年）》中提出的“教育工作全面贯彻男女平等基本国策”的目标，“将男女平等基本国策落实到教育

法规政策和规划制定、修订、执行和评估中，落实到各级各类教育内容、教学过程、学校管理中。加强对教材编制、课程设置、教学过程的性别平等评估。在师范类院校课程设置和教学、各级各类师资培训中加入性别平等内容”，推动各级各类性别中立教育向性别平等教育转变。而对职业教育和高等教育中学科与专业选择的性别差异以及女生就业中面临的性别隔离，政府和高校应制定专门政策，打破和消除性别歧视，增加对女性人数偏多专业的教育投入，加强观念引导，整合政府、院校、私营企业和民间组织各自的力量和优势，拓宽女性就业渠道。

实现教育性别平等需要家庭、学校、社会协同。党和政府制定并实施相关政策，保障女性平等享有接受教育的权利，享受教育起点的公平，但教育过程和教育结果中公平的实现往往需要家庭、学校和社会的密切配合。随着家庭教育促进法的颁布实施，家庭在教育中责任得到明确。家庭应承担起为子女提供教育资源的义务，尤其是承担起为女性提供教育资源的义务。而家庭的性别平等观念对子女的教育选择往往起着决定性作用，如果每个家庭都没有重男轻女的偏见，教育的性别平等实现起来就会容易很多。越来越多的中小学开始建立完善预防性侵未成年人工作机制，开设生命教育、心理健康教育、性教育和防性侵、防性骚扰的相关课程，相当一部分高校也在建立完善预防性侵和性骚扰工作机制，加强师德师风建设，加强日常管理、预防排查、投诉受理和调查处置，对于提高学生的自我保护意识和能力、树立正确的性别观念有正面作用，校园环境更加安全、和谐。在营造男女平等的社会文化氛围方面，党政机构和妇联组织发挥着重要作用，尤其是近年来妇联组织主动作为，不仅加大男女平等基本国策宣传力度，还通过组织各类宣传教育活动，积极组织动员引导广大妇女及家庭改变落后观念，在全社会传达先进的性别观念，提高全民性别意识，为促进教育的性别平等创设了良好的社会环境。

第五章

妇女与健康

妇女健康是全民健康的基石。党的十八大以来，妇幼健康事业迎来了新的历史时期。党和国家坚持以妇幼健康为中心的发展思想，树立和坚持“大妇幼、大健康”发展理念，推动“以治病为中心”向“以健康为中心”转变，妇幼健康工作由“保生存”向“促发展”转变，让改革发展成果更多惠及妇女群众。2021年5月21日，习近平主席以视频方式出席全球健康峰会并发表重要讲话，提出“携手共建人类卫生健康共同体”，强调“坚持人民至上、生命至上”，充分表达了党和国家尊重每个人的生命价值和尊严，为促进中国妇女健康更好融入全球妇女健康发展体系，深度参与妇幼健康全球治理提出了中国主张，指明了发展方向。在以习近平同志为核心的党中央高度重视下，在各相关部门、群团组织、社会组织和社会各界的共同努力下，新时代的妇女健康事业发展取得历史性成就，妇女健康水平显著提高。

第一节　妇女健康的相关概念与重要意义

推进健康中国建设，是全面建成小康社会、基本实现社会主义现代化的重要基础，是全面提升中华民族健康素质、实现人民健康与经济社会协调发展的国家战略，是积极参与全球健康治理、履行联合国《变革我们的世界：2030 年可持续发展议程》的重大举措。推进健康中国建设为促进妇女健康提供了制度保障，更新了理念建构。

一、大健康理念解析

2017 年，国家卫生和计划生育委员会编写、人民卫生出版社出版《〈“健康中国 2030”规划纲要〉辅导读本》，提出：“健康不仅是没有疾病和虚弱，而且是身体的、精神的、道德的和社会适应能力的良好状态。其宗旨是促进全民的健康长寿，实现‘健康生活少生病、有病早治早康复、健康服务全覆盖、优质公平可持续’的健康理念。”这一大健康理念，实现了妇女健康从“以治病为中心”向“以妇女健康为中心”的根本性转变。

身体疾病。通常情况下，身体疾病是指人体正常形态与功能发生了偏离。现代医学对人体的各种生物参数（包括智能）进行了测量，其数值大体上服从统计学中的常态分布规律，即可计算出一个均值和 95% 健康个体的所在范围。习惯上称这个范围为“正常”，超出这个范围，过高或过低，便是“不正常”，疾病便属于不正常的范围。

精神疾病。精神疾病主要是一组以表现在行为、心理活动上的紊乱为主的神经系统疾病。目前研究结果认为，精神疾病主要是由于家庭、社

会环境等外在原因和患者自身的生理遗传因素、神经生化因素等内在原因相互作用所导致的心理活动、行为及其神经系统功能紊乱为主要特征的病症。精神病人在各种生物学、心理学以及社会环境因素影响下，大脑功能失调，导致认知、情感、意志和行为等精神活动出现了不同程度的障碍。

道德规范约束能力。道德是社会意识形态之一，是人们共同生活及其行为的准则和规范。道德通过社会的或一定阶级的舆论对社会生活起约束作用。从大健康理念出发，一个人的道德规范约束能力是表现一个人是否健康的重要方面或重要因素。

社会适应能力。社会适应能力是指人为了在社会上更好生存而进行的心理上、生理上和行为上的各种适应性的改变，与社会达到和谐状态的一种适应能力。一般认为社会适应能力包括五个方面：一是个人生活自理能力，二是基本劳动能力，三是选择并从事某种职业的能力，四是社会交往能力，五是用道德规范约束自己的能力。在此，适应功能不良并不一定是疾病，如一个长期缺乏体力活动的脑力工作者不能适应常人能够胜任的体力活动，稍有劳累就腰酸背痛，这不是疾病，而是健康问题。

二、与大健康理念相关的重要概念

人均预期寿命与人均健康预期寿命。人均预期寿命是根据婴儿和各年龄段人口死亡情况计算得出，是指在现阶段每个人如果没有意外，应该活到的年龄。人均健康预期寿命估算是指一个人在完全健康状态下生存的平均年数，与预期寿命相比有很大差别。2016 年我国的人均健康预期寿命为 68.7 岁，高于美国的 68.5 岁，而 2015 年我国人均预期寿命为 76.3 岁，二者相差 7.8 岁。2019 年 11 月，国家卫健委新闻发布会指出，截至 2018 年年底，60 岁及以上老年人口达 2.5 亿；患有一种以上慢性病老年人比例高达 75%，失能和部分失能老年人超过 4000 万。由此可见，未来随着妇女健康水平的提升，健康预期寿命成为一个重要指标。目前该指标在国际上尚处于探索阶段，我国暂不具备全面测算平均健康预期寿命的条件。《中国妇女发展纲要（2021—2030 年）》的“妇女与健康”领域提出的主要目标是“妇女人均预期寿命延长，人均健康预期寿命提高”，体现了中国妇女发展纲要的前瞻性发展思路和目标要求。

全生命周期。全生命周期是指从胎儿到生命终点，可以划分为不同的生命阶段，各个生命阶段面临不同的主要健康问题和影响因素，应当有针对性地确定优先领域和干预措施。同时，各个生命阶段之间紧密相连，只有做好每一个时期的健康保健，才能实现每个人的终身健康。《中国妇女发展纲要（2021—2030年）》的“妇女与健康”领域不仅提出了“妇女全生命周期享有良好的卫生健康服务”的目标要求，而且提出建立完善妇女全生命周期健康管理模式的措施要求，力求提高妇女健康水平和人均健康预期寿命。

健康影响因素。世界卫生组织对健康影响因素的定义是指影响人群健康的所有因素的集合，主要包括社会经济环境、自然环境、个体特征和个人行为。其中，社会经济环境包括收入、社会地位、教育水平、医疗服务等，自然环境包括水、空气、工作场所、人居环境、交通等，个体特征包括遗传因素、性别等，个人行为包括膳食、运动、吸烟、饮酒、心理应对等。根据世界卫生组织的研究显示，影响健康的4大因素占比分别是：生物学因素（指遗传和心理，约占15%）、环境因素（自然环境和社会环境，约占17%）、卫生服务因素（约占8%）和行为与生活方式（约占60%）。2018年，国务院妇儿工委办公室会同中华医学会妇女保健分会开展的《新时期妇女健康需求调查报告》显示，不同年龄段妇女均存在较高比例的被动吸烟、不平衡膳食和运动不足等问题。

把健康融入所有政策。健康融入所有政策是指要重视健康的社会决定因素，将维护和促进健康的理念融入各部门公共政策制定实施的全过程，从而形成全社会的多方合力，提高全人群健康水平。2013年，第八届世界健康促进大会审议通过的《实施“把健康融入所有政策”的国家行动框架》，明确了把健康融入所有政策策略的具体要求。2016年，习近平总书记在全国卫生与健康大会上强调：“要坚持正确的卫生与健康工作方针，以基层为重点，以改革创新为动力，预防为主，中西医并重，将健康融入所有政策，人民共建共享。”近年来，伴随生活水平的进一步提高，我国卫生与健康政策开始关注不良生活方式对健康的影响，政策目标主要聚焦于如何改善和改变这些不良生活方式，但对社会和环境因素的关注仍然不够。而我国在经济快速发展的同时，日益严峻的生态环境问题等因素带来的健康问题，仅靠个人生活方式的改变还远远不够，因此确定健康优先战略领域和评估影响健康的主要因素是推动健康融入所有政策的关键。

健康公平。健康公平是社会公平的重要方面。健康公平要求努力消除人群在健康状况、卫生服务和卫生筹资方面存在的可避免的不公正，减少不应有的健康差异，力求每个社会成员均达到基本生存标准。健康状况的公平是指不同社会人群应具有相同的健康状况或健康差别尽可能缩小。卫生服务的公平性是指公正、平等地分配卫生资源，使不同人群都有相同的机会并从中受益。卫生服务筹资的公平性是指在卫生服务筹资过程中，不同人群间的经济负担应该公平，包括水平公平和垂直公平。水平公平是指具有相同支付能力的人应支付相同的费用，垂直公平是指具有不同支付能力的人支付的卫生费用不同，支付能力高的人应该支付更多的费用，支付能力低的人则可以负担较少的费用。筹资公平性的核心在于避免因病致贫和因病返贫。

健康国家。健康国家是指预期寿命、婴儿死亡率、5 岁以下儿童死亡率、孕产妇死亡率等主要健康指标达到或优于经济社会发展同等阶段国家的平均水平，实现国民健康与经济社会的协调发展。同时，国民健康素养水平和生活行为方式、自然和社会环境以及医疗卫生服务质量、可及性和公平性等也是评估健康国家的重要内容。对此，《中国妇女发展纲要（2021—2030 年）》的“妇女与健康”领域提出了相关目标，如妇女人均预期寿命延长，人均健康预期寿命提高；孕产妇死亡率下降到 12/10 万以下，城乡、区域差距缩小；妇女心理健康素养水平不断提升，妇女焦虑障碍、抑郁症患病率上升趋势减缓；普及健康知识，提高妇女健康素养水平；提高妇女经常参加体育锻炼的人数比例；提高妇女体质测定标准合格比例；健全妇幼健康服务体系，提升妇幼健康服务能力等，既是妇女自身健康的需要，也是国家健康的要求。

三、新时代促进妇女健康发展的重要意义

习近平总书记指出，健康是促进人的全面发展的必然要求，是经济社会发展的基础条件，是民族昌盛和国家富强的重要标志，也是广大人民群众的共同追求。妇女占全国总人口的一半，妇女健康水平的高低是衡量社会文明进步的标尺，是人类可持续发展的基础和前提。

*促进妇女健康发展对妇女自身及人类可持续发展具有重要意义。*妇女健康不仅是妇女劳动力能够充分就业、积极发挥创造力的基本条件，而且是妇女参与经济社会高质量发展、享有高质量生活、体现生命价值的重要保证。改善妇女健康状况，提高妇女健康水平，不仅可以降低社会发展成本，增加人力资源的健康存量，还可以充分发挥妇女在经济社会发展中的“半边天”作用。妇女健康状况的改善更大程度上减少和避免了儿童出生缺陷、残疾和伤害导致的不良后果，让出生的儿童更健康，直接降低了社会发展成本，减少了补偿性生育，增加了人力资源的健康存量，也间接为社会经济发展创造了财富。《健康中国 2020 战略研究》表明，1990—2005 年，我国人均预期寿命从 68.6 岁提高到 73 岁，其中 48% 归因于 5 岁以下儿童死亡率下降；在 20 个人口年龄组中，对 0—4 岁年龄组的健康投资回报最大，5 岁以下儿童死亡率每减少 1 个千分点，直接和间接受益人口达到数十万。

*促进妇女健康发展为推进健康中国建设奠定坚实基础。*衡量健康国家的主要指标，如预期寿命、婴儿死亡率、5 岁以下儿童死亡率、孕产妇死亡率等，均与妇女健康密切相关。《“健康中国 2030”规划纲要》提出，“共建共享、全民健康”是建设健康中国的战略主题，其核心是以人民健康为中心，当然包括妇女健康。全民健康是建设健康中国的根本目的，立足全人群和全生命周期两个着力点，提供公平可及、系统连续的健康服务，实现更高水平的包括妇女在内的全民健康，使妇女享有所需要的、有质量的、可负担的预防治疗、康复、健康促进等健康服务。《“健康中国 2030”规划纲要》提出，到 2030 年，促进全民健康的制度体系更加完善，健康领域发展更加协调，这就包括妇幼健康的制度体系要更加完善，妇幼

健康领域的发展要更加协调，直接关系到妇女健康发展的制度机制建设和目标任务落实，妇女健康水平高低将成为健康中国建设的重要内容和目标任务。《“健康中国2030”规划纲要》提出的5项健康水平指标，有3项都涉及妇女健康，5项健康生活指标，有3项关联妇女健康；在加强重点人群健康服务章节中，第一节就是提高妇幼健康水平。

促进妇女健康是落实联合国《变革我们的世界：2030年可持续发展议程》的必然要求。议程强调，“我们承诺加快迄今在减少新生儿、儿童和孕产妇死亡率方面的进展，到2030年时将所有可以预防的死亡减至零。我们承诺让所有人获得性保健和生殖保健服务，包括计划生育服务，提供信息和教育”。议程提出的17项可持续发展目标，特别是健康目标和性别平等目标都直接关联到妇女健康状况改善、健康水平提高。促进妇女健康成为国家履行2030年可持续发展议程的重要任务之一。与联合国千年发展目标相比，2030年可持续发展议程的目标和标准更高，更加强调健康的决定因素。当前世界，健康同政治、经济、文化、社会等各项领域发展的关系日益密切，对国际关系和外交政策的影响不断上升。妇女健康水平的提高意味着国家拥有更强大的综合国力和可持续发展能力。我国履行2030年可持续发展议程，需要持续提升妇女健康水平，实现对妇女全方位全生命周期健康保障，让妇女健康成为实现联合国《变革我们的世界：2030年可持续发展议程》的早期收获。

第二节　促进妇女健康的法律政策与工作实践

党的十八大以来，妇女健康权利的实现走上了快车道。党的十八届五中全会首次提出推进健康中国建设，将改善妇幼保健服务、提高妇女健康水平作为健康中国建设的重要目标之一。党的十九大作出实施健康中国战略的重大决策部署，对完善国民健康政策，为人民群众提供全方位全周期健康服务，促进生育政策和相关经济社会政策配套衔接等进行战略安排。党和国家通过将促进妇女健康纳入国家法律政策、国家总体规划和专项规划，召开卫生与健康大会，制定促进妇幼健康的行动计划，实施促进妇幼健康的专门行动等，坚持以妇女健康为中心的发展思想，坚持完善保障妇女健康的制度机制，建立完善妇女全生命周期的健康管理模式，加强妇幼健康服务体系建设，为促进新时代妇女健康发展提供了坚实的制度保障。

一、有关妇女健康的法律法规

2019 年 12 月，全国人大常委会审议通过《中华人民共和国基本医疗卫生与健康促进法》，这是卫生与健康领域第一部基础性、综合性法律。它以法律形式激活了宪法公民基本权利中的健康权，提出健康是人的基本权益。该法第六条规定“将公民主要健康指标改善情况纳入政府目标责任考核”，主要健康指标包括与妇幼健康密切相关的人均预期寿命、孕产妇死亡率、婴儿死亡率、5 岁以下儿童死亡率等。该法第二十四条还明确规定：“国家发展妇幼保健事业，建立健全妇幼健康服务体系，为妇女、儿童提供保健及常见病防治服务，保障妇女、儿童健康。”第七十六条还规定：“国家制定并实施未成年人、妇女、老年人、残疾人等的健康工作计划，加强重点人群健康服务。”

党的十八大以来，单独两孩、全面两孩和三孩生育政策相继落地，在调整完善生育政策过程中，全国人大常委会对《中华人民共和国人口与计划生育法》进行了修正，地方人大也相继出台配套法规，为妇女生殖健康权利的实现提供了法治保障。2021 年修正的人口与计划生育法提出“开展人口与计划生育工作，应当与增加妇女受教育和就业机会、增进妇女健康、提高妇女地位相结合”的原则。同时该法第三十七条规定：“医疗卫生机构应当针对育龄人群开展优生优育知识宣传教育，对育龄妇女开展围孕期、孕产期保健服务，承担计划生育、优生优育、生殖保健的咨询、指导和技术服务，规范开展不孕不育症诊疗。”

另外，党的十八大以来制定修订的老年人权益保障法、劳动法、未成年人保护法、反家庭暴力法、刑法修正案（九）、女职工劳动保护特别规定等相关法律法规，也共同为保护妇女儿童身心健康提供法治保障。

二、有关妇幼健康的政策与规划

*妇幼健康政策措施持续制定出台。*2013年，国家人口计生委出台的《关于推进国家免费孕前优生健康检查项目全覆盖的通知》提出：建立免费孕前优生健康检查制度，让每一对计划怀孕夫妇都能享受到免费孕前优生健康检查服务。《国家卫生计生委关于实施妇幼健康优质服务示范工程的通知》，决定从2014年起在全国实施妇幼健康优质服务示范工程，通过引导、示范和推广，全面提升妇幼健康服务水平。2015年，国家卫生计生委印发了关于妇幼健康服务机构标准化建设与规范化管理的指导意见和各级妇幼健康服务机构业务部门设置指南等部门政策，进一步规范妇幼保健机构建设和规范化管理。2015年中共中央、国务院《关于打赢脱贫攻坚战的决定》等文件，明确提出将妇幼健康核心指标和重点政策措施纳入各级政府目标考核。2016年国家卫生计生委印发《关于切实做好高龄孕产妇管理服务和临床救治的意见》，要求将保障母婴安全摆在卫生计生工作的突出位置，确保各项措施落实到位。2018年国务院办公厅《关于印发医疗卫生领域中央与地方财政事权和支出责任划分改革方案的通知》，明确将孕前优生健康检查、增补叶酸预防神经管缺陷项目划入基本公共卫生服务。国家卫生健康委2018年印发的《母婴安全行动计划》和《产后避孕的服务规范》等规范性文件提出，大力开展妊娠风险防范、危急重症救治、质量安全提升、专科能力建设、便民优质服务五大行动，持续提升生殖保健服务水平。2020年国家卫健委印发《妇幼保健机构绩效考核办法》，全面部署妇幼机构绩效考核工作。2020年12月印发《国家卫健委办公厅关于统筹推进婚前孕前保健工作的通知》，要求全面加强婚前孕前保健和出生缺陷一级预防，不断提高出生人口素质和妇女儿童健康水平，统筹推进健康教育、婚前医学检查、孕前优生健康检查、增补叶酸等婚前孕前保健服

务，提高服务可及性、促进服务均等化。2021 年国家卫健委制定的《推进妇幼健康领域中医药工作实施方案（2021—2025 年）》提出，到 2022 年妇幼健康领域中医药服务网络基本建立，到 2025 年中医药服务覆盖妇女儿童全生命周期。为落实 2021 年新修订的《母婴保健专项技术服务许可及人员资格管理办法》，国家卫生健康委办公厅印发了《关于进一步加强母婴保健专项技术服务管理的通知》，从提高思想认识、认真组织实施，完善管理制度、强化服务监管，确保服务可及、提升服务质量，把握重点问题、优化审批服务四方面强调要进一步加强母婴保健专项技术服务管理。

*国家经济社会发展规划纲要中的妇幼健康目标任务更加突出。*从国家“十一五”规划纲要开始，国家就把妇女健康指标纳入主要考核指标，把妇幼保健作为国家基本公共服务的重点内容，把“两癌”医治纳入重大疾病医疗保障和医疗救助体系。国家“十三五”规划纲要第六十章“推进健康中国建设”专设第四节“加强妇幼卫生保健及生育服务”，提出“全面推行住院分娩补助制度，向孕产妇免费提供生育全过程的基本医疗保健服务”。“全面提高妇幼保健服务能力，加大妇女儿童重点疾病防治力度，提高妇女常见病筛查率和早诊早治率”。“孕产妇死亡率降为 18/10 万”。在“专栏 21　健康中国行动计划”中，提出“免费建立母婴健康手册，全面实施免费孕前优生健康检查”，“免费提供孕产期保健和儿童保健服务”。“扩大妇女‘两癌’检查项目覆盖范围。强化孕产妇和新生儿危急重症救治能力建设，实施妇幼健康和计划生育服务保障工程，新增产床 8.9 万张，力争增加产科医生和助产士 14 万名”。《中华人民共和国国民经济和社会发展第十四个五年规划和 2035 年远景目标纲要》立足新发展阶段、贯彻新发展理念、构建新发展格局，系统谋划“十四五”时期和到 2035 年的经济社会发展，着力推进基本公共服务均等化。在指标设定上充分体现民生福祉要求，20 个主要指标中，包括妇幼健康在内的民生福祉类指标有 7 个，占比超过 1/3。在第四十五章第一节“推动实现适度生育水平”中提出“增强生育政策包容性，推动生育政策与经济社会政策衔接”和“改善优生优育全程服务，加强孕产期健康服务”等内容。在第五十章第一节“促进男女平等和妇女全面发展”中提出“保障妇女享有卫生健康

服务，完善宫颈癌、乳腺癌综合防治体系和救助政策”。

《“健康中国2030”规划纲要》和《健康中国行动》中的妇幼健康目标任务占比提高。2016年，国家颁布《“健康中国2030”规划纲要》，提出到2030年实现5方面目标中设定的13项主要指标，包括2030年孕产妇死亡率12.0/10万，婴儿死亡率5.0‰，5岁以下儿童死亡率6.0‰，人均预期寿命79.0岁。《“健康中国2030”规划纲要》第十章“加强重点人群健康服务”，在第一节“提高妇幼健康水平”中提出“实施母婴安全计划，倡导优生优育，继续实施住院分娩补助制度，向孕产妇免费提供生育全过程的基本医疗保健服务。加强出生缺陷综合防治，构建覆盖城乡居民，涵盖孕前、孕期、新生儿各阶段的出生缺陷防治体系。实施健康儿童计划，加强儿童早期发展，加强儿科建设，加大儿童重点疾病防治力度，扩大新生儿疾病筛查，继续开展重点地区儿童营养改善等项目。提高妇女常见病筛查率和早诊早治率。实施妇幼健康和计划生育服务保障工程，提升孕产妇和新生儿危急重症救治能力”。第六章“提高全民身体素质”第四节“促进重点人群体育活动”、第七章“强化覆盖全民的公共卫生服务”第二节“完善计划生育服务管理”都涉及妇幼健康内容。2019年，《国务院关于实施健康中国行动的意见》在主要任务“维护全生命周期健康”中，将“妇幼健康促进行动”作为第一行动。同年7月，《健康中国行动（2019—2030年）》发布，提出15项行动，其中“妇幼健康促进行动”目标提出：到2022年和2030年，孕产妇死亡率分别下降到18/10万及以下和12/10万及以下；产前筛查率分别达到70%及以上和80%及以上；农村适龄妇女“两癌”筛查覆盖率分别达到80%及以上和90%及以上。将孕产妇死亡率、婴儿死亡率、5岁以下儿童死亡率列为结果性指标，将产前筛查率、新生儿遗传代谢性疾病筛查率、新生儿听力筛查率、农村适龄妇女宫颈癌和乳腺癌筛查覆盖率列为政府工作指标，将主动学习掌握出生缺陷防治和儿童早期发展知识、主动接受婚前医学检查和孕前优生健康检查、倡导0—6个月婴儿纯母乳喂养和为6个月以上婴儿适时合理添加辅食列为倡导性指标，形成妇幼健康促进行动的评估指标体系。

中国妇女发展纲要将妇女健康作为促进妇女全面发展的优先领域强

化目标任务落实。从 1995 年起，国务院连续制定实施《中国妇女发展纲要（1995—2000 年）》《中国妇女发展纲要（2001—2010 年）》和《中国妇女发展纲要（2011—2020 年）》，结合不同发展阶段妇女的健康需求，设定健康领域的主要目标和策略措施。2021 年 9 月，国务院颁布实施的《中国妇女发展纲要（2021—2030 年）》，继续将健康作为妇女发展的第一优先领域，主要内容与《"健康中国 2030"规划纲要》内容相衔接，将新时代"大妇幼、大健康"发展理念贯穿始终，积极回应新时代妇女健康诉求，围绕健康中国战略以及世界卫生组织《加速消除宫颈癌全球战略》等相关目标任务，以提高妇女健康水平为核心，从妇女全方位全生命周期享有良好健康服务、延长妇女人均预期寿命和健康预期寿命、降低孕产妇死亡率、预防和控制危害妇女健康的主要疾病、提升妇女健康素养和营养水平等方面提出 10 项主要目标和 12 项策略措施，努力实现对妇女全方位全周期的服务和保障。

2016 年发布的《"十三五"卫生与健康规划》提出，实施免费的计划生育技术服务基本项目，面向妇女和家庭普及避孕节育、优生优育和生殖健康知识，努力提高药具服务的可及性、便捷性，提供再生育技术指导服务。国家卫健委制定实施《母婴安全行动计划（2018—2020 年）》和《健康儿童行动计划（2018—2020 年）》。2021 年在总结 2018—2020 年母婴安全行动计划和健康儿童行动计划实施情况和地方有效经验做法的基础上，又制订了《母婴安全行动提升计划（2021—2025 年）》和《健康儿童行动提升计划（2021—2025 年）》，指导地方进一步加强母婴安全保障工作，切实保障孕产妇和新生儿生命安全和健康。2021 年 7 月，国家卫健委首次制定了《推进妇幼健康文化建设工作方案（2021—2025 年）》，提出的工作目标是：积极践行社会主义核心价值观，坚持党建引领，为树立妇幼健康行业良好形象、推进妇幼健康事业高质量发展、促进妇女儿童全面发展提供坚实的思想基础和精神支撑，并提出具体工作目标和相应的 7 项工作措施。

三、促进妇幼健康的积极实践

将妇幼健康融入所有政策，特别是疫情防控措施，全面保障妇女儿童健康。针对妇幼健康工作点多、线长、面广的特点，坚持政府主导、部门合作、社会参与、发动群众的工作策略，围绕健康中国建设，以落实中国妇女儿童发展纲要为主要抓手，将妇幼健康权益体现在各项政策中。一是将妇幼健康发展融入国家“十三五”和“十四五”规划纲要，融入健康中国建设目标，融入教育、民政、体育、扶贫、中医药和妇联等发展事业规划和部门工作，推动各级政府落实责任，纳入政府重点工作和考核评估，推动大健康理念在妇幼健康事业中进一步落实。如2015年《中共中央国务院关于打赢脱贫攻坚战的决定》明确提出，全面实施农村妇女免费“两癌”筛查。“两癌”筛查项目将受益妇女年龄由35—59岁扩展到35—64岁。宫颈癌筛查项目地区由200个县（区、市）扩大至1700多个，改善了农村妇女健康状况，降低了“两癌”的发病率和死亡率。二是根据新冠肺炎疫情防控要求和妇女儿童健康需求，统筹部署落实各项防控措施，印发了《关于做好儿童和孕产妇新型冠状病毒感染的肺炎疫情防控工作的通知》等文件，及时召开会议部署落实。密切关注妇女儿童需求，形成全国“一盘棋”防控格局，消除妇女群众顾虑，引导有序防控。动态监测和及时收集孕产妇和儿童有关疫情完善诊疗的意见建议，纳入国家《新型冠状病毒肺炎诊疗方案》。加强孕产妇和儿童疫情防护宣传，开发核心知识多形式、多渠道开展健康教育，提升妇女儿童自我防护意识和能力。三是推广各地广泛开展线上咨询、智慧服务、远程医疗、健康管理、探索应用新技术和新设备的有效做法，坚持抗击疫情和妇幼健康服务两手抓、两不误，积极利用互联网手段提升能力、优化服务，保障母婴安全。四是积极参与国际交流分享中国妇幼抗疫经验，编写了中英文《孕产妇新型冠状病毒肺炎防控问答》，通过视频会议分享给100多个国家和国际组织，为全球抗疫提供中国经验与智慧。

加强妇幼健康服务体系建设，整合有效资源，筑牢妇女儿童健康发展基础。进入新时代，国家为妇女和女童提供从出生到老年覆盖全生命周期的、全方位的医疗保健服务。一是加大妇幼保健机构建设投入。2016—2020年，国家财政下达预算内投资110.8亿元，支持617家妇幼保健机构建设，项目地区妇幼保健机构基础设施明显改善，服务能力提升。各级政府加强资金配套，妇幼保健机构基础设施建设得到明显改善。到2020年，新增174个妇幼保健机构机制创新试点，提升了妇幼保障机构的管理运行水平。到2019年，全国共有妇幼保健机构3071家，妇产医院809家，2018年乡镇／社区卫生院达到71586个，提升了妇幼健康服务的可及性和公平性。二是推进技术服务资源优化整合。加强妇幼保健和计划生育技术服务资源整合，构建形成了资源共享、优势互补、运转高效、群众满意的妇幼健康服务体系。三是加强妇幼保健机构标准化建设与规范化管理。按照保健与临床相结合原则、全生命周期和三级预防的理念，以一级和二级预防为重点，优化服务流程，整合服务内容，鼓励各级妇幼保健机构体现以人群健康为中心，设立孕产保健部、儿童保健部、妇女保健部和计划生育技术服务部，为妇女儿童提供生命全周期、健康全过程服务和管理。开展妇幼保健院评审，激活机构活力，提高服务效能。四是积极推进妇幼健康优质资源下沉。通过组建妇幼健康服务联合体、远程医疗、对口支援等方式，促进优质妇幼健康服务资源下沉，提高基层医疗卫生机构服务能力。鼓励各级医疗机构间纵向联合，形成分工协作、上下联动的工作机制，提高优质医疗资源可及性。

持续加强中国特色妇幼健康服务水平，改善妇女就诊条件。加强网络建设，提升“互联网＋妇幼健康”服务水平。进入新时代，国家不断加强城乡妇幼健康服务网络建设，逐步形成以妇幼保健机构为核心、以基层医疗卫生机构为基础、以大中型综合医院专科医院和相关科研教学机构为支撑的保健与临床相结合、具有中国特色的妇幼健康服务网络。一是妇幼健康信息化建设不断加强，妇幼保健网络逐步嵌入覆盖14亿人口的全国医疗保障网和全国城乡三级医疗保健网。二是推进“互联网＋妇幼健康”服务，积极应用互联网技术和大数据平台，提升信息采集、分析和应用能力。完善自助服务设备和便民服务设施，广泛提供在线预约诊疗、候诊提醒、缴费支付、诊疗报告查询等便捷服务，全面开展预约诊疗服务，推广预约住院分娩，引导妇女群众有序就诊，切实改善妇女就诊体验。

*通过扩展全民医疗覆盖或公共健康服务，增加妇女获取健康服务的机会。*政府通过对妇幼保健机构建设的财政补助、提供基本公共卫生服务和实施重大公共卫生服务项目等公共健康服务，增加妇女和女童获取健康服务的机会。一是建立基本公共卫生服务制度，人均基本公共卫生服务经费由最初的 15 元提高到 2020 年的 74 元，免费向包括妇女在内的全体居民提供健康教育、孕产妇健康管理等基本公共卫生服务。二是设立妇幼重大公共卫生项目，加大干预力度。农村孕产妇住院分娩补助项目、预防艾滋病梅毒乙肝母婴传播项目、农村妇女“两癌”筛查项目、增补叶酸预防神经管缺陷项目、免费孕前优生健康检查项目等重大项目，对于降低孕产妇死亡率，防治妇女儿童重大疾病，提高出生人口素质发挥了重要作用。2009 年实施的农村妇女“两癌”筛查项目，从 2012 年起成为妇幼重大公共卫生服务项目，覆盖范围不断扩大，到 2019 年“两癌”筛查项目覆盖了国家 832 个贫困县。从 2019 年开始，农村妇女“两癌”筛查项目纳入基本公共卫生服务。2020 年，宫颈癌检查扩展到 2599 个县（市、区），乳腺癌检查扩展到 2515 个县（市、区）。同时，北京、天津等 21 个省（区、市）通过地方财政开展“两癌”筛查实现了农村地区全覆盖；辽宁等 13 个省（区、市）通过地方财政开展“两癌”筛查实现了城乡全覆盖。从 2011 年开始，财政部每年从中央彩票公益金拿出 5000 万元，支持全国妇联设立“贫困母亲两癌救助专项基金”，加之全国妇联争取的其他社会救助资金，用于对贫困患病妇女的救治。湖南、重庆等 10 个省（区）将“两癌”救助纳入政府民生实事；江西、河南等 8 省（市）探索实施城镇贫困“两癌”患病妇女救助工作。三是为妇幼健康事业发展提供科技支撑。组织实施“重大新药创制”、“艾滋病和病毒性肝炎等重大传染病防治”科技重大专项，中央财政投入约 20 亿元，进行阻断艾滋病母婴传播技术、儿童重大传染病防治方案等研发。2016 年启动实施“生殖健康及重大出生缺陷防控研究”重点专项，聚焦我国生殖健康领域突出问题，对生殖健康相关疾病、出生缺陷防治和辅助生殖技术进行重点支持，目前共启动 50 个项目，中央财政支持约 11 亿元。

*加强制度保障，提高服务质量，守护母婴安全。*随着生育政策调整完善，再生育的高龄产妇面临妊娠并发症和剖宫产后的瘢痕子宫再妊娠子宫破裂等危及生命的严重问题。为全方位确保母婴生命安全和健康，国家卫生健康委在全国推行妊娠风险筛查与评估、高危孕产妇专案管理、危急重症救治、孕产妇死亡个案报告和约谈通报的母婴安全五项制度，从源头上严防各种风险，全面开展妊娠风险筛查与评估，按照风险严重程度分级标识，加强分类管理。紧盯重点人群，对妊娠风险进行严格的高危专案管理，制订个性化管理方案、诊疗方案和应急预案。严守安全底线，加强危急重症救治，建立协调工作机制，组建区域急救专家组，畅通危急重症转诊救治绿色通道。严密监控分析，建立孕产妇死亡个案直报机制。层层压实责任，对任务措施不落实、工作严重滑坡地区分级落实约谈通报机制。截至2018年4月，全国97%以上的市（地、州）和县（市、区）开展了妊娠风险筛查与评估，98%以上的市（地、州）和县（市、区）开展了高危孕产妇专案管理，全国建立了3364个危重孕产妇救治中心和3055个危重新生儿救治中心。为保障母婴生命安全，不断加强产前保健、分娩服务、产后保健、产后访视、儿童保健／儿童计划免疫服务等“一条龙”服务和部门协作。一是加强监测评估，密切监测和动态掌握全国各地母婴安全形势，强化重点指导督促。二是加强母婴安全行动落地落实，总结各地有效做法，强调以妊娠风险防范、危急重症救治、质量安全提升、专科能力建设、便民优质服务作为行动落地的核心内容。三是加强查漏洞、补短板，举办国家级孕产妇和新生儿死亡评审会，遴选典型病例示范评审，并督促整改落实。四是加强约谈通报制度，层层压实主体责任，确保孕产妇死亡率和婴儿死亡率不反弹。五是开展精细化管理和分类指导，持续推动危重孕产妇和新生儿救治中心能力建设，发挥医疗救治兜底作用。

*助力健康脱贫攻坚，促进贫困地区妇女健康发展。*一是推进妇幼重大公共卫生服务项目优先保障贫困地区妇女儿童。不断加强经费投入和人才培训，实现了新生儿疾病筛查项目、农村妇女“两癌”筛查项目覆盖所有贫困地区。加强贫困地区出生缺陷防治，启动实施遗传代谢病救助项目和先天性结构畸形救助项目，截至2018年年底，累计救助出生缺陷患儿1.3

万名，拨付救助金超过1.5亿元。二是加强对患病贫困妇女儿童的救治保障。对患有慢性疾病的农村贫困人口实行家庭医生签约服务，加强健康管理和指导。对患有重病的农村贫困人口提高医疗保障水平，实行倾斜性保障政策，提高报销比例，有效防止因病致贫返贫。三是加大贫困地区妇幼健康服务有效供给。加强县域医共体建设，提升乡镇卫生院和村卫生服务能力。加强乡村医疗卫生机构标准化建设，基本实现每个行政村设置1所村卫生室，优先保障乡镇卫生院、村卫生室基本医疗设备，筑牢妇幼健康服务网底。2003年以来，全国妇联开展了“母亲健康快车”公益项目，为偏远贫困地区孕产妇就医提供了便捷、贴心的服务。四是加强贫困地区妇幼健康教育。开展健康教育进乡村、进家庭、进学校行动，在贫困地区建设健康教育阵地，培养基层健康教育骨干，不断提高贫困地区妇女儿童健康素养，阻断贫困代际传递。

*加强健康宣传教育，提升妇女健康素养水平。*2019年7月，全国妇联向广大母亲发出《开展“健康中国——母亲行动”守护家人健康》的倡议，号召广大母亲学习健康知识、注重合理膳食、养成健康习惯，当好家庭健康的指导员、管理员和监督员。2020年5月，全国妇联与国家卫健委和国家体育总局联合下发《关于开展“健康中国　母亲行动”实施意见》，决定联合开展“健康中国　母亲行动”，提出通过多种形式的宣传，普及健康知识，到2022年推动妇女健康素养水平稳步提高，健康生活方式加快推广，到2030年推动妇女的健康素养水平大幅度提升，健康生活方式基本普及。全国妇联积极行动，通过推出健康讲堂短视频和《女性健康》电子杂志、开展网络健康知识竞赛等线上活动，截至2021年8月，共吸引全国各地妇女近40万人次积极参与，在全社会营造了关爱女性健康的良好氛围。全国妇联还开展“关爱女性健康中国行”活动，走进云南怒江、四川凉山、西藏拉萨、甘肃临夏和新疆和田等贫困地区，通过举办健康大讲堂、发放健康知识宣传品和现场互动等形式，着力提升贫困地区妇女健康素养。

第三节　妇女健康发展状况

党的十八大以来，具有鲜明中国特色的保障妇女生命安全和健康的制度安排，为妇女群众带来了极大的健康福祉。

一、妇女健康水平显著提高

*妇女平均预期寿命持续延长。*平均预期寿命是公民健康水平、国家经济社会发展水平和医疗服务水平的综合反映，是国际社会衡量一个国家或地区经济社会发展的重要指标。2020 年，我国女性平均预期寿命 80.88 岁，比新中国成立时提高了 44.2 岁，比 2010 年提高了 3.51 岁；在 184 个国家中位列第 62 位，比世界女性平均水平高 4 岁。

*全国孕产妇死亡率稳步下降。*孕产妇死亡率的高低不仅反映一个国家或地区的经济社会发展水平，而且反映妇女获取卫生资源和保健服务的优劣，还反映一个国家或地区生育文化和妇女地位对生殖健康的直接影响。党的十八大以来，孕产妇死亡率持续降低，提前实现了联合国千年发展目标。2020 年全国孕产妇死亡率为 16.9/10 万，与新中国成立时的 1500/10 万相比，下降了 98.9%；较改革开放初期 1990 年的 88.8/10 万，下降了 80.9%；与 2011 年的 26.1/10 万相比，下降了 35.2%。2020 年城市孕产妇死亡率为 14.1/10 万，与 2011 年的 25.2/10 万相比，下降了 44.0%。2020 年农村孕产妇死亡率为 18.5/10 万，与 2011 年的 26.5/10 万相比，下降了 30.2%。

*女性总体健康状况良好。*2020 年第四期中国妇女社会地位调查显示，没有慢性病的女性比例为 77.2%，没有妇科疾病的女性为 81.6%，社会适应良好的女性为 93.3%。

二、妇女获得全生命周期的健康服务

党的十八大以来，妇幼健康工作坚持以人民为中心，努力为妇女提供公平可及和系统连续的妇幼健康服务，不断完善政策制度和服务链条，逐步实现从胎儿到生命终点的全程健康服务和保障。

*全方位孕期保健服务让妇女广泛受益。*普及产前检查，丰富服务内涵。开设孕前咨询门诊，提供生育力评估和备孕指导。开设孕妇学校，加强孕妇及家属健康教育与健康促进，普及孕育健康知识，提升孕妇健康素养和相关技能。通过落实《母子健康手册》，为孕妇提供 5 次产前免费检查，深入推广生育全程医疗保健服务。全面推行妊娠风险分级管理和高危孕产妇专案管理，实现孕产妇风险管理防线前移。全国产前检查率稳步提高，由 2011 年的 93.7% 上升到 2019 年的 96.8%。探索开展孕产期营养、心理等专科服务，加强妊娠糖尿病、妊娠期高血压疾病等专病管理，全方位保障孕产妇身心健康。

*有效预防艾滋病、梅毒、乙肝母婴传播。*妇幼机构为全国孕产妇免费提供艾滋病、梅毒、乙肝筛查，为所有发现感染的孕产妇及所生儿童提供预防母婴传播综合干预服务。近年来，孕产妇艾滋病、梅毒和乙肝的检测率稳定在 99% 以上，艾滋病母婴传播率从干预前的 34.8% 下降到 2018 年的 4.5%，先天梅毒报告病例数下降幅度超过 70%，乙肝感染孕产妇所生儿童的乙肝免疫球蛋白注射率达到 99.7%，有效避免和减少了儿童新发感染。

*住院分娩全面普及。*持续提高住院分娩率，全面实施农村孕产妇住院分娩补助项目，对农村孕产妇住院分娩进行定额补助，部分地区实现免费住院分娩。全国住院分娩率从 2012 年起一直保持在 99% 以上的水平，2020 年住院分娩率为 99.9%，农村住院分娩率由 2011 年的 98.1% 升高到 2020 年的 99.9%，与城市 100% 相比，城乡差距明显缩小。同时，产科服务能力不断提高，产妇分娩体验持续改善。2018 年全国共有助产机构 2.6 万家，助产士 18 万人，产科医师近 21 万人。大力促进自然分娩，鼓励助产机构开展导乐分娩、分娩陪伴等服务，积极推广分娩镇痛服务。

产后保健服务不断加强。国家免费向所有产妇提供产后1周访视和产后42天检查服务，开展产妇产后保健指导和健康检查，进行母乳喂养和产后避孕指导。积极推进产后康复，各级医疗机构努力探索开展产后乳腺保健、盆底功能康复等医疗保健服务。支持和鼓励社会办医，规范开展个性化产后康复服务，不断满足妇女群众多样化的健康服务需求。

孕产妇系统管理持续加强。逐步建立起系统、规范的孕产妇管理制度和服务模式，有效保障了孕产妇和新生儿健康。孕产妇系统管理率持续提高，从2011年的85.2%上升到2019年的90.3%。其中，孕产妇产前检查率从2011年的93.7%上升到2020年的97.4%，产后访视率从2011年的91.0%上升到2020年的95.5%。

国家免费孕前优生检查项目使生育妇女受益。全国所有县（市、区）普遍开展了免费孕前优生健康检查，为农村计划怀孕夫妇免费提供健康教育、健康检查、风险评估和咨询指导等孕前优生服务。2020年全国共为867万名计划怀孕夫妇提供免费检查，目标人群覆盖率平均达96.4%。筛查出的风险人群全部获得针对性的咨询指导和治疗转诊等服务，落实了孕前预防措施。

妇女常见病定期筛查率明显提高。2020年，全国妇女常见病筛查率达到86.6%，比2011年提高21.2个百分点。截至2020年，“两癌”检查项目累计开展免费宫颈癌检查1.4亿人次，乳腺癌检查超过6500万人次。农村贫困母亲“两癌”救助项目，2016年至2020年共救助15万名贫困“两癌”患病妇女。

妇女健康意识提升。2020年第四期中国妇女社会地位调查显示，女性就医行为更为积极，近3年身体有病拖着不去看医生的女性比例为15.7%，其中城镇女性这一比例为14.1%，比2010年下降4.1个百分点。近3年内做过健康体检的女性比例为66.4%，男性为62.8%；城镇女性为71.7%，农村女性为56.9%，分别比2010年提高18个和27个百分点。西部地区近3年内做过健康体检的女性比例为67.0%，比2010年提高30.1个百分点；东部和中部地区分别为68.6%和61.1%，京津沪为81.8%。

三、妇女健康发展中的突出问题

我国是世界上最大的发展中国家，妇女人数占全球妇女总数的五分之一。新时代，人口老龄化人群中妇女占比高，疾病谱变化中妇女健康需求的多元化和个性化，以及生态环境及生活方式变化等时代特征，都给新时代全面保障妇女健康带来了诸多问题与挑战。

实现健康中国提出的健康公平，对促进妇女健康提出新的更高要求。当前，妇幼健康服务资源不足，优质服务资源难以满足需求，基层服务人员和能力不足，保健与临床结合不够紧密，妇幼公共卫生应急体系不够健全，重大公共卫生服务覆盖面仍需扩展，生育政策调整带来的孕产期健康和母婴安全挑战风险加大，这些都使不平衡不充分的健康服务供给与妇女健康需求之间的矛盾日益突出，造成了城乡和区域妇女健康发展水平的不平衡，妇幼健康服务的公平性、可及性和普惠性需要进一步提升，妇幼健康服务体系建设需要进一步加强，妇幼健康信息管理需要进一步提升，男女平等理念还需要进一步贯彻落实。我国妇女健康发展水平依然存在发展不均衡、不充分问题，导致妇女群体在享受健康服务方面存在着区域差距、城乡差距和贫富差距。

妇女身体健康问题依然突出。当前，慢性非传染性疾病已成为影响包括妇女在内人民健康的最大威胁。2019 年《新时期妇女健康需求调查报告》显示：育龄妇女和更年期、老年期妇女的生殖道感染普遍；年轻未育女性的人工流产率增加且重复流产比例较高；各年龄段妇女中约 1/5 有不同程度的心理健康问题，孕产妇心理健康问题最为突出；营养性疾病是妇女全生命周期面临的健康问题，各年龄段女性超重和肥胖人数比例均有不同程度的增高；妇女宫颈癌发病率逐年升高，严重危害妇女生命健康；孕期贫血、妊娠期糖尿病和妊娠期高血压综合征等威胁妇女健康；生育政策调整使高龄高危孕产妇明显增加，保障母婴安全面临巨大压力；高血压、糖尿病、骨关节痛、骨质疏松和尿失禁等慢性疾病严重困扰更年期和老年期妇女；等等。

人口老龄化对妇女健康预期寿命提高带来挑战。虽然我国妇女人均预期寿命持续延长，但健康预期寿命偏低，让妇女群众特别是老年妇女健康生活的任务依然艰巨。我国老年人口中女性比例较高，老年人对健康服务的需求非常迫切，老年健康服务体系不健全、有效供给不足、发展不平衡不充分的问题需要进一步解决。

第四节　对妇女健康发展的总结与展望

党的十八大以来，中国妇女健康发展取得了历史性成就，积累了宝贵经验，为在新的历史起点上促进妇女健康高质量发展奠定了坚实基础。新征程上促进妇女健康发展，要继续坚持目标导向和结果导向，落实妇女健康发展的既定目标任务，使得广大妇女获得更加公平、可及、优质的健康服务。

一、促进妇女健康发展的基本经验

*中国共产党的坚强领导，为妇女健康权利实现提供了根本政治保证。*从中国特色社会主义进入新时代到全面建成小康社会和开启全面建设社会主义现代化新征程，中国共产党始终把促进妇女健康作为自己奋斗的目标，从法律制度、政策规定、规划编制、工作部署等方面持续深入推进妇幼健康事业发展，将妇幼健康事业纳入经济社会发展全局统筹推进。坚持党建引领政府主导共建共享发展思路，形成政府主导、部门合作和全社会参与工作机制，将妇幼健康融入所有政策实行共建共享。新时代中国妇女健康发展取得历史性成就，离不开中国共产党的坚强领导。

*法律政策的不断完善，为促进妇女健康发展提供了坚实制度基础。*2012 年和 2017 年“坚持男女平等基本国策，保障妇女儿童合法权益”被

写入党的十八大、十九大报告，成为党的施政纲领和治国理政的重要内容。男女平等基本国策的贯彻落实，促进了妇女健康领域性别平等理念的社会认知和基本普及，促进了全社会对妇女健康问题认识的不断深化，促进了妇女健康由生殖健康向全生命周期享有良好健康服务转变。基本医疗卫生与健康促进法、人口与计划生育法等一系列法律法规的制定修订，为促进妇女健康发展提供了法治保障。《"健康中国 2030"规划纲要》和《健康中国行动》的发布实施，《中国妇女发展纲要（2021—2030 年）》，坚持以妇女健康为中心的发展思想，坚持完善保障妇女健康的制度机制，不断提高妇女健康水平。

加强资金投入实施重点项目干预，推动新时代妇女健康发展问题的有效解决。党的十八大以来，党和国家统筹考虑经济社会发展状况与妇女健康发展的实际需求，坚持"预防为主、防治结合"方针，坚持妇幼健康服务的公益性原则，不断加大妇幼健康事业的投入，适时设立促进妇女儿童健康需求的妇幼重大公共卫生项目，大力推动基本公共卫生服务项目、重大公共卫生服务项目、基本医疗保险、生育保险等相关政策措施有效合理衔接，解决了不同时期妇女健康发展的重点和难点问题，有力保障妇女的生命健康。

二、对未来促进妇女健康发展的展望

进入新发展阶段，贯彻新发展理念，构建新发展格局，推进高质量发展，为中国妇幼健康事业发展提供了难得的重要历史机遇，党中央和国务院的高度重视为妇幼健康事业发展提供政治保障，全面小康社会的建成为妇幼健康事业发展提供物质保障，全面深化改革为妇幼健康事业发展提供新的动力，履行联合国《变革我们的世界：2030 年可持续发展议程》为妇幼健康事业发展提供新的全球坐标，实施《中国妇女发展纲要（2021—2030 年）》为全面保障妇女全方位、全生命周期享有良好健康服务明确了新的奋斗目标。要继续坚持目标导向和结果导向，落实既定妇女健康发展的目标任务，结合落实联合国《变革我们的世界：2030 年可持续发展议程》妇幼健康目标，按照《"健康中国2030"规划纲要》妇幼健康战略要求和指标设定，积极推动实施《中国妇女发展纲要（2021—2030年）》妇女健康领域的各项主要目标的落实。

进一步提高妇女健康理论研究与实务研究水平。一方面，注重借鉴国际妇女健康研究的最新理论成果；另一方面，重视充分吸收本土妇女健康促进和干预行动经验，全面建构具有性别平等意识的中国化妇女健康理论体系，提高妇女健康理论与性别平等理论研究的融合性、现实性、实践性和可行性，推动将妇幼健康融入所有政策理念的全方位贯彻落实。

进一步加强妇女健康领域的制度机制建设。为促进大健康理念在妇女健康领域的全面落实，要继续完善提高妇女健康水平的制度机制，加强妇幼健康服务体系的全面建设。进一步健全完善以妇幼保健机构为核心、以基层医疗卫生机构为基础、以大中型医院和教学科研机构为支撑的妇幼健康服务网络体系，大幅提升妇幼健康服务的有效供给能力和服务水平。

建立完善妇女全生命周期的健康服务管理模式。针对当前影响妇女健康发展的突出问题和主要影响因素，有效精准施策，有效补齐短板，有效预防、控制和减少妇女疾病的发生。注重提高妇女全生命周期的营养水平，针对性开展青春期性健康教育，继续加强保障孕产妇安全分娩，加强对更（老）年期妇女健康需求的卫生保健服务。在应对人口老龄化进程中，积极推广全国示范性老年友好型社区的典型经验，提高老年妇女综合服务水平。提高妇女心理健康水平和妇女心理健康素养，重点关注青春期、孕产期和更（老）年期妇女的心理健康。

进一步强化妇女健康服务的科技支撑和数据开发。在优化生育政策、促进人口长期均衡发展的背景下，妇幼健康服务资源紧缺与群众日益增长的健康需求矛盾更加突出。要积极打造"互联网＋妇幼健康"管理新模式，更好地方便妇女群众就医，提升服务效率。推进"互联网＋妇幼健康"创新发展，加强分性别数据的开发利用。

进一步加强对影响妇女生命健康重大疾病的防治。系统完善妇女宫颈癌和乳腺癌综合防治体系和救助政策，有效推动《中国妇女发展纲要（2021—2030年）》妇女健康领域主要目标和策略措施的落实。提高艾滋病、梅毒、乙肝母婴传播防治水平，加强宣传教育，强化综合干预措施，对感染孕产妇及其所生儿童提供规范性治疗、安全助产及儿童喂养指导等综合措施，提高孕产妇感染者治疗率。

进一步提高妇女生殖健康水平。将生殖健康服务融入妇女健康管理全过程，保障妇女享有避孕节育知情自主选择权。加强产后和流产后避孕节育服务，提高服务可及性，预防非意愿妊娠，推进婚前医学检查、孕前优生健康检查、增补叶酸等婚前孕前保健服务更加公平可及。

进一步提高妇女健康素养和体育健身水平。加强健康科学知识宣传，利用新媒体拓展健康教育，引导妇女树立科学的健康理念、学习健康知识，使不同年龄阶段的妇女都能掌握性与生殖健康、身心健康、预防疾病、科学就医的知识技能。提高妇女参与疫情防控、应急避险的意识和能力。通过面向妇女群体普及大健康理念和知识，提高妇女体育活动意识和兴趣，培养妇女的运动习惯和能力。

进一步缩小城乡妇女健康服务差距。持续加大妇幼保健机构建设投资力度，着力改善基层妇幼健康服务基础设施条件，优化整合基层妇幼保健和计划生育服务资源，不断提高妇幼健康服务的区域和不同群体的可及性、便捷性服务水平，大力实施基本公共卫生服务项目，保障农村和边远地区、贫困地区妇女享有公平可持续的健康服务。

第六章

妇女与社会保障

党的十八大以来，中国加快建设覆盖全民、城乡统筹、权责清晰、保障适度、可持续的多层次社会保障体系，实施全民参保计划。我国的社会保障从改善人民生活的重要措施到和谐社会中社会建设的核心内容，制度更加公平可持续，实现了在发展中保障和改善民生，使人民群众在病有所医、老有所养、弱有所扶上不断取得新进展。妇女的社会保障水平不断提高，广大妇女在共建共享发展中的获得感、幸福感、安全感显著提升。

第一节　妇女与社会保障概述

社会保障是保障人民生活、调节社会分配的一项基本制度，一般由政府发起，有法律法规政策保障。我国的社会保障包括社会保险、社会救助、社会福利、优抚安置等，以社会保险为主，由社会救助兜底，为全民织密社会保障之网。本部分主要介绍各项社会保障制度建立的目的、基本内容，以及对男女平等和妇女发展的影响。

一、社会保险

社会保险是我国社会保障的主体，主要包括生育保险、医疗保险、养老保险、失业保险和工伤保险。

生育保险是国家和社会为生育子女的妇女提供暂时经济保障的制度，既是对女性繁衍生命所作的社会贡献的补偿，体现生育的社会价值，保障女性享有与男性同等劳动就业权利以及企业间的公平竞争，解除妇女包括家庭养育孩子的后顾之忧，也可以较好地保障妇女生育期间的生活水平，保障孩子良好的成长环境，保障和提高人口素质。城镇职工生育保险主要覆盖城镇企业及参加职工基本医疗保险的在职职工、有生育保险的男职工的未就业配偶，为在业的生育责任承担者提供基本的生活保障和物质帮助，通过向为因生育暂时中断劳动的女性提供生育津贴、医疗服务和产假等方面的待遇，帮助她们安全度过生育期，并使婴儿得到必要的照顾和哺育；通过向男性提供陪护假或者育儿假，为男性履行育儿责任和实现父亲权利提供基本保障；另外，职工未就业配偶按规定享受生育医疗费用待遇，所需资金从生育保险基金中支付。城乡未就业妇女一直没有纳入生育保险，她们的生育医疗费用可以在城乡居民医疗保险中进行部分报销，获得基本的医疗服务，相对于城镇女职工来说，她们的生育保障待遇要低很多。

我国的医疗保险，是为了补偿劳动者因疾病风险造成的经济损失，减轻患者的医疗费用负担，保障患者不因贫穷而无法进行治疗、不因患病陷入贫困而建立的一项社会保险制度，包括社会基本医疗保险、重大疾病医疗保险等，基本医疗保险又包括城镇职工基本医疗保险和城乡居民医疗保险。参保人员患病就诊发生医疗费用后，由医疗保险基金按规定、按比例支付。城镇职工基本医疗保险由个人与单位共同缴费，城乡居民医疗保险由个人缴费，政府给予补贴。医疗保险的报销比例、额度与参保类型密切相关，与缴费基数、收入水平和工作年限没有直接关系，所以医疗保险水平的待遇差距主要是城乡之间的差异，男女之间的待遇差距主要是参加不同保险类型之间的待遇差异。城乡居民医疗保险因政策统一，又有财政补贴，在很大程度上缩小了医疗保险的性别差距。重大疾病卫生支出是造成家庭贫困的重要原因之一，为从制度上防止因病致贫、因病返贫，我国建立了重大疾病医疗保险，在基本医疗保险报销之后，对个人负担较重的被保险人给予更加优惠的报销，避免大病患者发生灾难性卫生支出。中国的城乡居民大病保险资金来源是从城乡居民基本医保基金中划出一定比例或额度作为大病保险资金。因此，群众在参加基本医保的基础上自动享受大病保险待遇，没有额外增加缴费负担，可以得到更好的保障。

养老保险是国家和社会为解决劳动者在达到国家规定的解除劳动义务的劳动年龄界限、或因年老丧失劳动能力退出劳动岗位后的基本生活而建立的一种社会保险制度，目的是通过为老年人提供稳定可靠的生活来源，保障他们的基本生活需求。我国的养老保险主要包括城镇职工基本养老保险、城乡居民基本养老保险。养老保险本身的性别问题不明显，但由于城镇职工基本养老保险与职业收入密切相关，女性更多地集中于收入较低的职业，退休年龄早，工作时间短，缴费年限短，个人账户储存额低，基础养老金和个人账户养老金都会低，导致养老保险待遇享受存在一定的性别差距，女性养老金整体水平低于男性养老金水平。但由于女性平均预期寿命高于男性，而且退休年龄比男性早，领取时间长，领取总额度高于男性，出现双向的性别差距。城乡居民基本养老保险与职业和劳动收入无关，打破了收入造成的待遇差别，缩小了养老待遇的性别差距。

失业保险是对因失业而暂时中断生活来源的劳动者提供物质帮助以保障其基本生活，并通过专业训练、职业介绍等手段为其再就业创造条件的制度。失业保险仅为已有过就业经历且按规定缴纳失业保险的劳动者提供保障，但领取条件较高，其中一个条件是非因本人意愿中断就业，这就使得很多因生育而中断职业的女性无法享受失业保险待遇，甚至失业期间不能享受生育保险待遇，导致她们权益受损，生育期间经济困难。

工伤保险又叫职业伤害保险，是对劳动者在生产经营活动中遭受意外伤害或职业病，并由此造成死亡、暂时或永久丧失劳动能力时，给予劳动者医疗救治以及必要的经济补偿的一种社会保险制度，所以是面向在业者的保险制度。工伤保险待遇不仅包括医疗、康复所需费用，也包括保障基本生活的费用，在一定程度上解除了职工和家属的后顾之忧，体现出国家和社会对职工的尊重。工伤保险由用人单位负担保险全部费用，个人不缴费。

二、社会救助

社会救助是指国家和社会对于遭受自然灾害、失去劳动能力或者其他原因而陷入生存困境的公民给予财物接济和生活扶助或精神救助，以维持其基本生活需求，保障其最低生活水平的各种措施。社会救助的目标是缓解救助对象的生活困难，对于减少绝对贫困人口、降低贫困程度有非常明显的作用，是最为有效的减贫措施，也是实现社会保障兜底线的主要方式，对于保障居民生存权、调整资源配置、实现社会公平、维护社会稳定有非常重要的作用。

社会救助主要包括城乡居民最低生活保障、灾害救助、医疗救助、农村特困户救助、五保供养、失业救助、教育救助、法律援助等内容。社会救助的对象主要是城乡困难群体，包括城乡低保对象、农村五保户、特困户、因遭受自然灾害需要给予救济的灾民等；救助方式是直接面向社会弱势群体和贫困人群，只要符合条件，不需要承担任何义务；救助具有临时性的特点，比如享受最低生活保障的人口或家庭，如果收入有所增加，超过规定的救济标准，则不再享受最低生活保障救济。

三、社会福利

社会福利是国家和社会通过社会化的福利设施和有关福利津贴，满足社会成员的生活服务需要，并促使其生活质量不断得到改善的社会政策。福利的供给主要采取提供服务的方式，与其他社会服务相比，主要体现在经济福利性上，比如公共卫生服务，目标不仅是保障社会成员的基本生活，或者解除他们的后顾之忧，还要不断提高他们的生活质量，满足教育、文化方面的需求等，比如九年义务教育、社区公园等的健身器材等。

四、优抚安置

优抚安置指国家和社会对为人民利益作出牺牲或有特殊贡献者予以优待、抚恤、安置的一项社会保障制度。在我国，优抚安置的对象主要是烈军属、复员退伍军人、残疾军人及其家属；优抚安置的内容主要包括提供抚恤金、优待金、补助金，举办军人疗养院、光荣院安置复员退伍军人，以及随军家属的工作安置，退伍军人的工作安置或者经济补偿等。优抚安置兼有社会救助和社会福利的性质，为军人及家属提供了较好的保障。军人中女性比例远远低于男性，女性大多作为军属享受优抚安置待遇。

第二节　妇女社会保障的政策与实践

增进民生福祉是社会发展的根本目的所在，为多谋民生之利、多解民生之忧，在发展中增进人民生活福祉，党的十八大确定了社会保障全民覆盖的目标，并提出要不断改革、发展和完善社会保障制度政策，扩大社会保障覆盖面、提高社会保障待遇水平。党的十九大报告进一步明确提出，要全面建成多层次社会保障体系。新时代各项社会保障实现了制度性覆盖，并在发展基本社会保险基础上，推进更多关照妇女儿童等弱势人群的保障，持续提升妇女的获得感、幸福感、安全感。

一、生育保障制度稳步发展

为保障女性劳动者的生育权益，我国积极推进生育保障制度建设，从1949年到1992年，相继出台劳动保险条例、公费医疗以及女工产假等政策规定，保障生育女性享有产假及生育津贴、生育补助和医疗服务费用报销等待遇。1994年出台《企业职工生育保险试行办法》，对生育保险的筹资、待遇等作出规定，标志着城镇职工生育保险制度的全面推行。2010年颁布的《中华人民共和国社会保险法》设生育保险专章，将部门规章上升为国家法律，为保障妇女生育权益提供法律依据。

党的十八大以来，生育保障制度不断完善。2017年国务院办公厅印发《生育保险和职工基本医疗保险合并实施试点方案》，在全国12地试点生育保险和职工基本医疗保险合并实施，试点遵循保留险种、保障待遇、统一管理、降低管理成本的原则。2019年3月，国务院办公厅印发《关于全面推进生育保险和职工基本医疗保险合并实施的意见》，要求在年底前全面开展两项保险合并实施。参加职工基本医疗保险的在职职工同步参加生育保险，生育保险待遇包括《中华人民共和国社会保险法》规定的生育医疗费用和生育津贴，所需资金从职工基本医疗保险基金中支付，确保制度可持续。生育津贴支付期限按照《女职工劳动保护特别规定》等法律法规规定的产假期限执行。原有生育保险医疗费用结算平台可暂时保留，待条件成熟后并入医疗保险结算平台。简单说就是，生育保险作为一个险种依然存在，只是保险基金及管理资源的合并，职工生育期间的待遇不变，费用由医疗保险基金单列支出。

两险合并实施为生育保险发展提供了前所未有的机遇。一是生育保险覆盖范围明显扩大，使更多生育妇女受益。一方面，两险合并实施后，两险必须同时参保，杜绝了合并前部分参保单位选择性地只参加职工医保而不参加生育保险的现象，真正实现了职工医保和生育保险的协同推进、融合发展。另一方面，大部分试点地区将原政策参加职工医保却不享受生育保险待遇的灵活就业人员，直接纳入生育保险保障范围，且不用额外缴纳生育保险费，有部分地区将失业人员纳入生育保险保障范围，还有地区将退休人员纳入医疗保险，享受生育待遇。山西省晋中市将政府购买服务和公益岗位人员（主要是国企解除劳动关系的“4050”人员）全部纳入生育保险参保范围，费用由财政负担。安徽省合肥市通过两险合并实施，将参加基本医疗保险的灵活就业人员和失业人员纳入生育保险保障范围。二是经办流程优化，制度运行成本降低，服务水平提高。医疗保险和生育保险实现“一体化”管理，业务经办实行“一条龙服务、一个窗口对外”，经办流程进一步优化。晋中市依托“互联网＋人社”建设，完成了全市生育保险信息化建设，生育医疗待遇报销结算模式由过去的手工事后审核报销提升为在定点医疗机构出院直接结算，报销周期最长缩短了 8 个月。合并前参保人如果有因生育引起并发症的，除了需要到生育保险经办机构报销外，还要到医保经办机构报销并发症的医疗费用，两险合并后在医保经办机构即可统一办理，管理成本降低，服务水平提高。三是基金共济能力增强，生育保险基金透支问题得到解决。随着参保覆盖面大幅扩大，基金风险被进一步分散，基金共济能力增强。

机关事业单位女职工的生育医疗费用，按相关规定由公费医疗支付，产假期间的收入由单位以工资形式照发，大部分地区女性产假期间收入与产前收入一样，部分地区只发放基本工资。随着城镇职工生育保险的改革与完善，尤其是一些地区将灵活就业人员等逐渐纳入城镇职工生育保险，机关事业单位的生育待遇也逐渐改革，向职工生育保险并轨。2010 年 12 月，广西制定的《百色市城镇职工生育保险市级统筹暂行办法》规定，所有参加城镇职工基本医疗保险的用人单位，必须为其所有在职职工缴纳生育保险费，参加城镇职工生育保险，财政供养的机关事业单位，其生育保险的缴费率为 0.3%，由用人单位缴纳。2019 年两险合并实施全面展开后，大部分机关事业单位参加了城镇职工生育保险。

未就业的城镇居民和农村居民的生育保障很长一段时间内处于空白状态。在城镇职工生育保险不断扩大覆盖面的基础上，政府也开始日益重视城乡居民的生育保障。2009 年《关于妥善处理城镇居民生育医疗费用的通知》将城镇居民的住院分娩费用以及部分产前检查费用纳入城镇居民医保基金支付范围，城镇居民纳入生育保障体系。2010 年开始城镇职工未就业配偶可以享受生育医疗待遇，2016 年城镇居民基本医疗保险和新型农村合作医疗整合统一为城乡居民医疗保险，2017 年农村孕产妇符合条件的住院分娩医疗费用纳入城乡居民基本医疗保险报销范围。目前，参加城乡居民基本医疗保险的女性可以享受生育医疗费用报销待遇，未就业女性的生育权益得到一定程度保障。

二、妇女医疗保障实现制度全覆盖

党和国家高度重视人民健康，建立了覆盖全民的基本医疗保障制度。改革开放 40 多年来，中国逐步建立健全职工基本医疗保险制度、新型农村合作医疗和城镇居民基本医疗保险制度，城乡妇女基本医疗保障实现制度全覆盖。党的十八大以来，全民医疗保障制度改革持续推进，在破解看病难、看病贵问题上取得了突破性进展，广大妇女也从中受益。

2016 年 1 月，国务院发布《关于整合城乡居民基本医疗保险制度的意见》，将城镇居民基本医疗保险和新型农村合作医疗整合为统一的城乡居民基本医疗保险制度，覆盖除职工基本医疗保险应参保人员以外的其他所有城乡居民，并均衡城乡保障待遇，统一覆盖范围、筹资政策，统一医保目录和基金管理，逐步统一保障范围和支付标准，为参保人员提供公平的基本医疗保障。政策范围内城乡居民住院费用支付比例保持在 75% 左右，并逐步提高门诊保障水平，逐步缩小政策范围内支付比例与实际支付比例间的差距。城乡居民医疗保险成为实现城乡男女居民公平享有基本医疗保险权益、促进社会公平正义、增进人民福祉的重大举措。

党的十八届三中全会决定加快健全重特大疾病医疗保险和救助制度建设。2013 年 11 月 13 日，国务院总理李克强主持召开国务院常务会议，部署深入贯彻党的十八届三中全会精神，实现城乡居民大病保险全覆盖；2014 年 8 月，确定向全国推行城乡居民大病保险制度。为加快推进实施城乡居民大病保险，2015 年 8 月，国务院办公厅印发《关于全面实施城乡居民大病保险的意见》，提出了 2017 年城乡居民大病保险制度的目标：城乡居民大病保险全面实施，大病保险制度比较完善，与医疗救助紧密衔接、共同托底，有效地避免发生家庭灾难性卫生支出。2016 年 6 月，李克强总理主持召开国务院常务会议，将农村贫困人口全部纳入重特大疾病医疗救助范围，减轻农村贫困人口医疗负担。2016 年，中央财政安排城乡医疗救助补助资金 160 亿元，增长 9.6%。整合城乡居民基本医保制度，财政补助由每人每年 380 元提高到 420 元，让更多大病患者减轻负担。（《2016 年国务院政府工作报告》）

2020 年 2 月 25 日，中共中央、国务院印发的《关于深化医疗保障制度改革的意见》提出，增强医疗救助托底保障，通过提高年度医疗救助限额、合理控制政策范围内自付费用比例等硬措施，进一步减轻贫困群众医疗负担。这些都在一定程度上增强了医疗保障水平较低的女性的保障。新冠肺炎疫情发生以来，我国的基本医疗保险、重大疾病医疗保险和医疗救助发挥了重要作用，尤其是基本医疗保险支付了治疗费用的 60% 以上。2021 年 4 月，国务院办公厅印发《关于建立健全职工基本医疗保险门诊共济保障机制的指导意见》，将职工个人账户医保报销的范围从参保人本人扩大到职工本人及其配偶、父母、子女，在更好地发挥个人账户共济功能的同时，也可以为劳动力市场处于相对弱势职工的配偶（以女性为主）、父母和子女提供更好的保障。

三、养老保障不断完善，惠及城乡未就业妇女

党的十八大以来，我国老年服务不断完善，养老保障待遇持续提高。党的十九大提出，“完善城镇职工基本养老保险和城乡居民基本养老保险制度，尽快实现养老保险全国统筹”。《中华人民共和国国民经济和社会发展第十四个五年规划和2035年远景目标纲要》（以下简称规划纲要）提出，要完善城镇职工基本养老金合理调整机制，逐步提高城乡居民基础养老金标准。这将为城乡居民养老保险参加比例较高的女性尤其是未就业女性提供更好的保障。

1. 城镇职工基本养老保险

城镇职工基本养老保险是职工退休后的主要保障。保险基金由企业按职工缴费工资总额的20%缴纳，职工按个人缴费基数的8%缴纳，职工应缴部分由企业代扣代缴。按本人缴费工资8%的数额建立基本养老保险个人账户，全部由个人缴费形成。个人工资超过当地上年度在岗职工平均工资300%以上的部分，不计入个人缴费工资基数；低于当地上年度在岗职工平均工资60%的，按当地在岗职工平均工资的60%计算个人缴费工资基数。个体劳动者包括个体工商户和自由职业者按缴费基数的18%缴纳，全部由自己负担。达到国家法定退休年龄，缴纳社保年限满15年，办理了相关退休手续的职工，可以按月领取养老金。目前，我国男性的法定退休年龄为60岁，女干部为55岁，女工人为50岁。

职工退休养老金由两部分组成：基础养老金和个人账户养老金。基础养老金标准以当地上年度在岗职工月平均工资和本人指数化月平均缴费工资的平均值为基数，缴费每满一年发给1%。基础养老金＝全省上年度在岗职工月平均工资（1+本人平均缴费指数）÷2×缴费年限×1%。个人账户养老金的计算方式比较简单，月标准为个人账户储存额除以计发月数，个人账户养老金＝个人账户储存额÷个人账户养老金计发月数。个人账户养老金计发月数的计算方法，按照我国人民目前的平均寿命减去退休年龄，就是领取养老金的年数，个人账户养老金计发月数在此基础上乘以12。为更好地实现共建共享，让老年人共享发展成果，城镇职工基本养

老保险制度创新建立了离退休人员基本养老金正常调整机制，占比较高的老年女性得到更好的保障。

党的十八大以来，我国推动实施了机关事业单位养老保障的改革，机关事业单位职工纳入城镇职工基本养老保险覆盖范围，离退休待遇逐渐退出历史舞台。机关事业单位工作人员缴费标准和领取条件与企业职工基本养老保险一致。机关事业单位在参加基本养老保险的基础上，为其工作人员建立职业年金，单位按本单位工资总额的8%缴纳，个人按本人缴费工资的4%缴纳，退休后，按月领取职业年金待遇。2014年10月1日前退休的人员，继续按照国家规定的原待遇标准发放基本养老金。

2. 城乡居民养老保险

党的十八大以来，我国按照全覆盖、保基本、有弹性、可持续的方针，增强公平性、适应流动性、保证可持续性，全面推进和不断完善覆盖城乡居民的基本养老保险制度，充分发挥社会保险对保障人民基本生活、调节社会收入分配、促进城乡经济社会协调发展的重要作用。2014年，在新型农村社会养老保险和城镇居民养老保险试点经验基础上，合并两项制度，建立统一的城乡居民基本养老保险制度。城乡居民养老保险基金由个人缴费、集体补助、政府补贴构成。缴费标准从100元到2000元有12个档次，参保人自主选择档次缴费，多缴多得。最高缴费档次标准原则上不超过当地灵活就业人员参加城镇职工基本养老保险的年缴费额。政府对符合领取城乡居民养老保险待遇条件的参保人全额支付基础养老金，其中，中央财政对中西部地区按中央确定的基础养老金标准给予全额补助，对东部地区给予50%的补助。地方政府根据参保人缴费档次给予补贴，对于选择最低档次缴费的补贴标准不低于每人每年30元；对选择较高档次标准缴费的，适当增加补贴金额；对选择500元及以上档次标准缴费的，补贴标准不低于每人每年60元。城乡居民养老保险金也是由基础养老金和个人账户养老金构成，支付终身。基础养老金由中央确定最低标准，根据经济发展和物价变动调整全国基础养老金标准，地方政府可以根据实际情况适当提高基础养老金标准，对长期缴费的，可适当增发基础养老金，提高和加发部分的资金由地方政府支出。个人账户由个人缴费、集体补助、政府补贴等组成。个人账户养老金的月计发标准是个人账户全部储存额除以139（与现行职工基本养老保险个人账户养老金计发系数相同）。参保人死亡，个人账户资金余额可以依法继承。城乡居民养老保险领取条件是年满60岁、累计缴费满15年，且未领取国家规定的基本养老保障待遇的，按月领取城乡居民养老保险待遇。2014年7月1日起实施的《城乡养老保险制度衔接暂行办法》，首次明确在参保人达到法定退休年龄后进行，城乡居民养老保险和城镇职工养老保险之间可以转移衔接，这对参加城乡居民养老保险比例较高的女性无疑是个利好。

3. 养老保障二三支柱的发展

党的十九大报告提出，建立多层次社会保障体系的重点是不断建立和完善养老保障的三大支柱。包括城镇职工基本养老保险、城乡居民基本养老保险以及机关事业单位离退休待遇的社会基本养老保险作为第一支柱已经基本建立；包括企业年金、职业年金等的补充养老保险，作为社会养老保障的第二支柱正在逐步建立，并且发挥着越来越重要的作用；作为第三支柱的个人储蓄型养老保险和商业养老保险也在逐渐发展。

我国自1991年开始发展补充养老保险，作为国家法定基本养老保险体系外的重要制度安排，补充养老保险是我国构建社会养老保障体系的重要组成部分。补充养老保险可以一定程度上提升养老保障水平，属于职工工资收入的延期支付，为未来退休养老准备，避免基本养老保险不足时带来的生活水平的下降。企业补充养老保险是企业对国家为企业职工实行基本养老保险的补充和完善，一般效益较好的企业才会提供。企业年金属于企业补充养老保险，是企业在国家统一制定的基本养老保险之外，根据自身的经济实力，在履行了缴纳基本养老保险费义务之后，专门为本企业职工建立的附加保险。职业年金是机关事业单位及其工作人员在参加单位基本养老保险的基础上建立的补充养老保险制度，属于单位福利制度。由于女性在就业中的弱势地位，总体来看，补充养老保险女性的参保比例低于男性。这也是女性养老保障水平低于男性的一个因素。

商业养老保险有别于其他金融产品的独特特征是“收益保障、长期锁定、终身领取，互助共济”，尤其发挥了“终身领取”和“互助共济”的功能，与社会保障的社会功能越来越接近。商业养老保险已经从社会保险的补充上升到社会保障的重要内容，引起越来越多的重视，在养老保障中的作用也明显增加。商业养老保险是缴费型，家庭资源的性别分配不平等，使得女性商业养老保险的参保率低于男性，成为女性养老保障水平低于男性的又一个影响因素。

四、失业保险和工伤保险发展较慢

中国一直重视劳动者的就业和保险权益，保障职工的就业、安全与健康，先后实行失业救济制度、国有企业待业保险制度、下岗职工基本生活保障制度以及现行的失业保险制度，使就业领域处于相对弱势的妇女得到基本保障。但是相对于养老和医疗保险来说，失业保险和工伤保险发展比较缓慢，男女之间也存在较大的性别差距。

失业保险基金由用人单位、职工个人缴费及国家财政补贴等渠道筹集资金建立。参保人缴费满 1 年后，非因本人意愿中断就业，已办理失业登记，并有求职要求的，可以按月领取失业保险金，还可以领取失业保险金期间的医疗补助金，以及职业培训等再就业支持等，失业期间死亡可以领取丧葬补助金和供养其配偶直系亲属的抚恤金。失业保险本来可以较好地保障暂时退出劳动力市场的劳动者的基本权益，但女性因生育中断就业的比例越来越高，却不能享受相应的失业保险待遇，尤其那些因为怀孕而辞职的女性不仅享受不到失业保险待遇，生育保险待遇也无法享受，权益无法得到保障。

工伤保险享受条件，除了在工作时遇到的意外伤害，也包括职业病的报销、急性病猝死保险金、丧葬补助（工伤身故）。待遇包括停工留薪、伤残待遇、身故待遇的经济补偿，身故者有一次性工亡补助金、丧葬补助金、亲属供养补助金等。职工在接受工伤医疗期间无法上班的，由用人单位发放原工资，时间可达 12 个月，生活不能自理的工伤职工在停工留薪期需要护理的，由用人单位负责。2015 年 7 月底，人社部和财政部联合印发《关于调整工伤保险费率的通知》，虽然降低了工伤保险费率，工伤职工的工伤待遇水平未受到任何影响。工伤保险的待遇相对比较高，能很好地保障因公伤亡的职工及家庭基本生活，但工伤保险的认定相对较难、标准较高，女性参保率和享有率都低于男性。

五、社会救助覆盖更多困境妇女

社会救助是国家和社会面向社会脆弱群体提供款物接济和扶助的一种生活保障政策，主要目的是帮助社会脆弱群体摆脱生存危机，以维护社会稳定。比如，国家对家庭人均收入低于当地政府公告的最低生活标准的人口给予一定现金资助，以保证该家庭成员基本生活所需的最低生活保障。国务院于1994年发布《农村五保供养工作条例》，并于2006年进行修订；1999年10月在全国施行《城市居民生活最低保障条例》是我国社会救助工作发展的一个重要标志。党的十九大提出“统筹城乡社会救助体系，完善最低生活保障制度”，为农村的社会救助发展指明了方向。

近年来，为更好地保障人们的基本生活，提高社会保障水平，在原来的临时性救助和贫困救助基础上，增加了对社会保险的补充救助，比如，针对重大疾病的临时救助、医疗救助等。医疗救助是指国家和社会针对那些因为贫困而没有经济能力进行治病的公民实施专门的帮助和支持，目的是使经济困难群体的基本医疗服务得到保障，包括“三无人员”“五保对象”等特困群体，也包括基本医疗保险和重大疾病保险报销完后个人负担医疗费用依然有困难的群体。医疗救助一般通过医疗机构提供医疗服务的方式提供，为他们提供恢复健康、维持基本生存能力的救治，比如，“五保对象”在乡镇医院就医医疗费用全免。

六、优抚安置的长期保障功能增强

优抚安置最主要的是退役军人安置。长期以来，我国政府民政部门设置复员退伍军人安置机构，负责办理退役士兵接收和安置的日常工作。党的十八大以来，为推动构建人类命运共同体的需要，也为国家和平稳定发展的需要，党和国家更加重视军人的作用，出台了系列军人安置政策。2018 年 3 月，十三届全国人大一次会议表决通过了关于国务院机构改革方案的决定，批准成立中华人民共和国退役军人事务部。十三届全国人大二次会议上，国务院总理李克强作政府工作报告，指出落实退役军人待遇保障，完善退役士兵基本养老、基本医疗保险接续政策。2019 年，中共中央办公厅、国务院办公厅印发《关于解决部分退役士兵社会保险问题的意见》，明确符合政策保障范畴人员入伍时未参加城镇职工基本养老、基本医疗保险的，入伍时间视为首次参保时间。2021 年中央军委办公厅印发的《军人及军队相关人员医疗待遇保障暂行规定》，自 2022 年 1 月 1 日起军人配偶免费医疗、军官军士父母和配偶父母优惠医疗，继续实行军人、军人未成年子女免费医疗。

国家为更好地保障退伍军人的晚年生活，设置了退役军人优待养老金。退役军人达到领取养老金年龄后，除了城乡居民养老保障待遇外，有单独的退役军人养老金，有的地方比城乡居民养老金还高。比如，河北农村居民养老金只有 108 元／月，而退役军人的优待养老金为 240 元／月。

随军家属就业安置既解决了随军女性家属的就业，也更好地保障了军人家庭的和谐稳定。为保障国家和社会对军人随军家属就业安置的优待，实现随军家属充分就业，促进军队战斗力建设与社会和谐发展，2013 年 10 月，国务院、中央军委批转人力资源社会保障部、总参谋部、总政治部《军人随军家属就业安置办法》，按照属地管理、专业对口、就地就近原则，为随军家属进行就业安置，与随军前职业相一致，随军前是公务员或者事业单位的，尽量安排在相应的公务员和事业编制岗位。烈士遗属、因公牺牲军人遗属和战时荣立二等功以上奖励军人的随军家属需要安置就业的，当地人民政府应当优先安置，对于就业困难的随军家属纳入政府就业扶持范围，帮助她们就业；对于自主择业、自主创业的随军家属给予鼓励和扶持；对于从事个体经营的随军家属，给予优惠政策进行支持等。随军家属以女性为主，国家通过就业安置、就业创业支持，较好地解决了她们的就业问题，保障了她们的经济收入和社会保险待遇。

七、女性特殊保障得到更多关注

女性与男性有不同的生理特点，尤其是与生育相关的人口再生产保障，受到国家重视。与此相关的，女性因特殊的生理特点更容易罹患某些疾病。为更好地保护女性，相关部门探索建立了针对女性生理特点的特殊保障，主要针对女性易患的"两癌"。比如，2009 年开始实施农村妇女"两癌"筛查项目，利用中央财政专项补助经费，在全国范围内开展农村妇女"两癌"筛查。2011 年，为解决在项目实施中出现的患病贫困妇女的治疗难题，全国妇联在财政部中央专项彩票公益金的支持下，设立"贫困母亲两癌救助专项基金"，对试点地区确诊患病贫困妇女按每人一次性给予 1 万元人民币标准进行救助。2018 年 11 月，财政部、全国妇联联合印发《"十三五"期间中央专项彩票公益金支持农村贫困母亲"两癌"救助项目管理办法》，对加强项目管理、规范操作程序、提高资金使用效益作出安排。2021 年 12 月，财政部、全国妇联联合印发《中央专项彩票公益金支持低收入妇女"两癌"救助项目管理办法》，明确救助对象为民政、乡村振兴等部门认定的低保对象、特困人员、易返贫致贫人口、因病因灾因意外事故等刚性支出较大或收入大幅缩减导致基本生活出现严重困难人口。到 2019 年年底，"两癌"免费检查覆盖所有贫困县，累计为 19.22 万名贫困患病妇女提供救助。2020 年，实现建档立卡贫困患病妇女以及 52 个未摘帽贫困县、277 个深度贫困县患病妇女救助全覆盖。2018 年 1 月，全国妇联发展部与中国人寿保险公司签署《关爱女性健康保险合作协议》，合作开展关爱女性健康保险，对患有宫颈癌、乳腺癌、子宫内膜癌、卵巢癌的妇女予以 5 万元理赔，防止妇女因病致贫、因病返贫。

第三节　妇女社会保障发展现状

党的十八大以来，随着中国覆盖全民的多层次社会保障体系建设加快，妇女各项社会保障实现快速发展，取得历史性成就。不过，由于女性就业和职业发展处于弱势等原因，妇女社会保障仍然与男性存在一定差距，面临一定挑战。

一、妇女社会保障发展的主要成就

近 10 年来，我国的社会保障制度快速发展、保障水平大幅提升。在城镇职工社会保险覆盖范围不断扩大的同时，建立了城乡居民基本医疗保险和城乡居民养老保险，实现了制度全覆盖；医疗保障的性别差异缩小，在养老保障水平提高的同时性别差距缩小。生育保障的职业保障增强，城乡居民生育时可以通过城乡居民医疗保险报销部分医疗费用，生育保障也实现了制度全覆盖，最大程度地惠及了城乡未就业妇女。城乡最低生活保障水平持续提高，在待遇享受人数增加的同时，性别差距缩小。

*一是妇女生育保障实现制度全覆盖，待遇水平大幅提高。*党的十八大以来，生育保障制度不断完善，生育保险覆盖范围逐渐扩大，参加保险的人数增加，待遇水平不断提高。2012 年，参加生育保险的人数 1.5 亿，其中女性 6700 万。随着两险合并实施，生育保险基金收入大幅增长，参保人数显著增加，待遇水平提高。2019 年，参加生育保险人数 2.1 亿，其中女性 9343 万；全国享受各项生育保险待遇 1136.4 万人次，比上年增加 47.8 万人次，比上年增长 4.4%；人均生育待遇支出为 20311 元，比上年增长 2.7%。地方也进行了各种探索，最大程度地保障妇女权益。例如，安徽合肥市 2017 年 5 月开始两险合并实施后的 8 个月内，共为 820 名灵活就业人员提供了生育医疗保障；到 2018 年 5 月底，合肥市灵活就业人员参保 18.3 万人。

二是妇女医疗保险参保率保持高水平。党的十八大以来，多层次医疗保障体系进一步完善，2016年整合城乡居民医疗保险，增强了制度的公平性，城乡医疗救助和补充医疗保险制度不断完善，使更多妇女享有更公平的医疗保障。2018年，我国医疗保险覆盖率达到95%以上，覆盖面超过13亿人口，实现了全民医保。城镇职工医疗保险和城乡居民医疗保险女性参保人数均大幅提升。据统计，2013年，城镇职工基本医疗保险参保人数27443万人，女性12657万人，占46.1%；2018年，参保人数31681万人，其中女性14945万人，占47.2%。2013年，城镇居民基本医疗保险参保人数29629万人，其中女性12174万人，占41.1%；2018年，城乡居民医疗保险参保人数102778万人，女性39345万人，占38.3%。

三是妇女养老保险参保率提高，保障水平显著提升。党的十八大以来，养老保障制度更加完善，2014年新型农村养老保险和城镇居民社会养老保险合并为城乡居民基本养老保险，使城乡未就业妇女公平享有基本养老保障。从参保人数看，2017年，全国近3.8亿妇女参加了基本养老保险。其中，城镇职工基本养老保险参保人数2010年为25707万人，其中女性11202万人，占43.6%；2018年为41902万人，其中女性18667万人，占比44.6%。从养老保险的第二支柱来看，到2017年年底，全国已有8万多户企业建立了企业年金，参加职工人数达到2300多万人，企业年金基金也达到约1.3万亿元，同比增长16.3%。从养老金待遇享受标准来看，从2005年开始，我国基本养老金连续15年调整，逐步提高了企业离退休人员基本养老金水平，从原来人均每月560元提高到2600元，有效保障了企业离退休人员基本生活，离退休人员生活质量大为改善，从以前的生活保障型到现在的消费享受型，缩小了企业退休职工与机关事业单位退休职工的养老待遇差距，促进了和谐社会进程，使广大企业离退休人员不仅在社区老有所养，而且老有所乐、老有所学。

四是社会救助制度惠及困难妇女。党的十八大以来，社会救助体系逐步完善，有效帮助困难妇女共享改革发展成果。2018年，全国城市居民最低生活保障人数1007.0万人，其中女性451.6万人（占44.8%）；农村居民最低生活保障人数3519.1万人，其中女性1476.5万人（占42.0%）。

农村居民最低生活保障标准不断提高，城乡居民最低生活保障平均标准差距逐年缩小。2012 年，最低生活保障标准城市为每月 330.1 元，农村为每月 172.3 元；2018 年，这一标准分别提高到 579.7 元和 402.8 元，城乡差距大幅缩小。截至 2019 年 12 月底，全国城市特困人员基本生活标准为每年 10304 元，农村为每年 7639 元。经过多年的减贫、扶贫工作，尤其是 2013 年实施“精准扶贫”以来，女性特困人员人数明显降低。2010 年，农村特困人员（农村五保人员）556.3 万人，其中女性 120.7 万人；2018 年，农村特困人员 455.0 万人，其中女性 57.0 万人。2019 年城乡特困人员救助供养 468.7 万人，其中女性 51.7 万人，占 11.0%。城市特困人员救助供养 29.4 万人，其中女性 4.6 万人，占 15.7%；农村特困人员救助供养 439.3 万人，其中女性 47.1 万人，占 10.7%。

*五是社会福利增强了妇女保障。*公共服务增强了对弱势妇女的保障，尤其医疗卫生公共服务、面向农村老年人的健康检查、社区等举办的免费医疗健康讲座等，为老年妇女健康、防病治病提供了更多支持。2018 年年底，我国各省均已建立高龄津贴制度，30 个省份建立了老年人服务补贴制度，29 个省份建立了老年人护理补贴制度，为老年妇女提供了更加完备的养老条件和生活保障，高龄老年妇女权益得到较好的保障。军人家属以女性为主，随军家属的就业安置，保障了她们的经济收入和社会及家庭地位，因为安置的就业以体制内岗位为主，也保证了她们能获得较好的社会保障；随军家属由部队安排保障性住房，军人家属实行免费医疗，无工作、无收入的随军家属每月享受基本生活补贴，并由部队统一办理基本养老保险，不仅保障了她们的基本生活，也为她们将来提供了基本的社会保障，真正实现了住有所居、病有所医、老有所养。

二、妇女社会保障存在的问题

我国的社会保险与就业密切相关，制度设计也存在明显的城乡二元分化，影响了女性从社会保障制度中平等受益。性别、年龄、户籍、受教育程度、收入、职业特征、工作单位、劳动合同签订情况等因素不同程度地影响着妇女社会保障的享受，其中城乡、性别和职业状况是影响社会保障水平的重要因素。我国城镇职工的社会保障依然与就业密切相关，劳动力市场的性别隔离不仅导致了男女在劳动力市场的性别差距及女性就业的弱势，也进一步强化了女性在社会保障方面的弱势。城镇非农就业妇女的社会保障受劳动力市场的影响明显，体制外的劳动妇女处于社会保障制度保护的边缘。妇女在平等分享改革发展成果方面依然面临挑战。

一是生育保险制度不够完善，无法适应新形势的要求。我国生育保障体系存在“碎片化”，不同身份的社会成员适用不同的生育保障制度，享受不同的保障待遇，不同地区、不同制度下的生育待遇差异较大。生育保险缴费以用人单位为主体，没有缴纳生育保险的女职工以及广大农村妇女可能会因为生育风险和负担陷入生活困境。从待遇享受范围和标准来看，相对于城镇企业职工和机关事业单位公职人员，城乡居民的生育待遇水平较低，仅能获得基本的生育医疗费用报销，没有生育津贴；生育医疗费用个人自付比例较高，现有产检基本是定额或者限额报销，不能满足现在医院规定的十几次产检所需的费用。具体到城镇职工生育保险，虽然覆盖面和待遇水平都有了很大提高，但也存在一些问题：仍然没有实现应保尽保，大部分地区灵活就业人员、失业人员等依然不能参加生育保险，不能享受职工生育保险待遇；生育津贴没有全国统一标准，各地生育假期时间不一致，地方奖励假时间偏长，导致生育津贴所占比重偏大，增加了基金压力。

二是其他各项社会保险的性别差距依然存在。医疗待遇水平的性别差距主要是不同保险类型的差异，城镇职工基本医疗保险的待遇水平较高，城乡居民医疗保险待遇水平较低，有些企业还有保障待遇更高的补充型医疗保险，给员工提供更好的医疗保障，而女性连续性就业、全日制就业比例较低，所以享受高待遇水平医疗保险比例低于男性，导致女性整体的医疗保险水平低于男性。养老金待遇水平存在较大的城乡差距、区域差距和性别差距，女性不仅缴费基数比男性低，而且因退休年龄较男性早导致工龄短，双重挤压使得女性养老金月标准明显低于男性。女性参加失业保险和工伤保险的人数虽然不断增加，但整体保障情况发展较慢，保障效果也不甚乐观，2018 年，全国参加失业保险的女性 8341 万，参加工伤保险的女性 9313 万，参保比例均低于男性。

*三是社会救助女性享受人数少。*虽然贫困人口的数量并无明显性别差异，但从城乡最低生活保障人数来看，男女享受比例存在一定差距，女性占比为 40% 左右；2019 年享受城乡特困人员救助供养的比例，女性仅为 11%。医疗救助的不足也影响了女性健康权益的保障。调查显示，女性更容易有病拖着不去看。有些患病妇女因支付不了医疗费用而放弃治疗，这些妇女因无法进入医疗救助范围获得救助，而错过最佳治疗期，甚至陷入困境。

*四是社会福利覆盖面和待遇水平较低影响妇女发展。*整体来看，社会福利覆盖面较窄，享受人群少。目前，我国的社会福利主要面向特殊人群，包括弱势困境中的儿童、老人、残疾人等，还有为国家和社会作出特殊贡献享受优抚安置的军人及家属等。弱势人群的福利属于补缺型，水平相对较低。一个残疾儿童有可能压垮一个城市中产家庭。残疾儿童需要的不仅仅是治疗费用，消耗更大的是家庭照顾精力，如果孩子需要全面照顾，辞职在家的基本都是妇女，她们失去了经济收入，家庭地位和社会地位都会受到影响，甚至很多家庭为此离婚，由母亲一个人抚育孩子。单亲母亲照顾残疾儿童，尤其是精神残障儿童，不仅面临着巨大的经济压力，而且 24 小时的全面照料以及社会压力让妇女陷入生活和精神的双重困境。

第四节　总结与展望

党的十八大以来，我国社会保障体系建设成效显著，在城镇职工社会保险覆盖范围不断扩大的同时，建立了城乡居民基本医疗保险和城乡居民养老保险，实现了制度全覆盖；生育保障也实现了制度全覆盖，城乡居民生育时可以从城乡居民医疗保险报销部分医疗费用，最大程度地惠及了城乡未就业妇女。新型社会救助体系基本形成，城乡最低生活保障制度水平持续提高，在待遇享受人数增加的同时，性别差距缩小。妇女社会保障覆盖面大幅提高，待遇水平不断提高，城乡居民养老保险和医疗保险的建立与完善，社会救助对脆弱群体的扶助等，缩小了性别差距，推动了社会保障领域的性别平等。新时代，更好地满足妇女群众对美好生活的期待，进一步提升获得感、幸福感、安全感，需要进一步完善社会保障制度，扩大妇女参保覆盖面、提高待遇享受标准，使得人人都能过上体面的生活。

一、实现生育保障全民覆盖，逐步提高生育保障待遇

一方面，推进全民生育保障的制度建设。建立国家、单位、个人三者相结合的缴费和责任分担机制，强化政府主体责任，加大财政投入，减轻用人单位负担，减少生育保险基金的压力，将生育保障作为社会公共服务，使符合规定条件的生育女性能够及时获得相应的保障。例如，提高城乡居民生育保障水平，将产前检查纳入医疗保险，逐步实现二级以下医院生育个人无自付，同时发放一次性生育津贴，缩小城乡未就业女性与城镇女职工生育待遇的差距。另一方面，重视男性在生育中的责任和权利。增加男性职工的育儿假，既保障男性的带薪休假权利，更好地分担妻子的育儿压力，又能降低女性因休假给用人单位带来的时间成本，使用人单位在招聘时不再过多考虑女职工休产假对企业造成的影响，更愿意招用女职工。同时，需要在完善生育保险制度基础上，尽快建立健全家庭政策，以减轻家庭养育负担，为男女共担家庭和社会责任创造条件。

二、提高养老金基础账户水平，缩小养老金的性别差距与城乡差距

缩小养老待遇的性别差距，需要增强社会保障再分配功能，减少劳动力市场带来的性别差距。一是要提高女性法定退休年龄，推进法定退休年

龄的性别平等。二是向承担家庭照护责任的女性提供养老金缴费减免，以弥补女性因为生育照顾婴幼儿或者照料老人而无法全职就业导致的收入和养老金账户余额偏低问题。三是逐步提高城乡居民养老保险的待遇水平，提高中央或地方各级政府的缴费补贴标准，引导和激励城乡居民早参保。四是建立遗属养老保险制度，保障老年丧偶女性基本生活。女性老龄人口寿命长，丧偶的比例高于男性，按照现有的保险规定，遗属仅能获得配偶个人账户的养老金，标准和总额都较低，难以满足遗属的日常生活需要。同时，我国没有离婚者养老保险的分享机制，那些为了家庭和丈夫而放弃就业没有社会保险的女性，一旦离婚可能一无所有，应该将养老金作为家庭财产进行分配。

三、提高居民健康意识和健康水平，建立以患者健康为宗旨的医疗服务体系

要不断提高医疗保险待遇水平，防止因病致贫、因病返贫，降低有病拖着不去看的比例，更重要的是宣传健康理念，防重于治，实现医药资源效用最大化。一方面，确立以患者为核心的医疗服务理念。作为具有明显社会公益性和经营性的医院，其所提供的医疗服务不仅要保障人民的健康，还要积极构建以患者为中心的医疗服务体系，不断优化医疗资源配置，拓展完善医疗服务，降低运营管理成本，提高服务质量和效率，为患者提供更好的服务，满足患者的全面需求。另一方面，建立重在预防的医疗服务模式。现代医学认为，“预防为主”是适宜现代医学模式的最佳服务模式，国际上关于慢性病预防的经验也表明，建立一套高效经济的重大慢性病预防体系可避免 80% 的心脏病、糖尿病以及 40% 的癌症的发生，可减轻患者近一半的医疗负担及社会成本。要保障妇女享有卫生健康服务，完善宫颈癌、乳腺癌综合防治体系和救助政策，给妇女提供更好的医疗服务和健康保障。

四、推动社会福利建设，提高全民保障水平

要不断拓展完善社会福利内容和覆盖面，使得享受社会福利成为人们的基本权益，保障妇女都可过上体面的生活。做好社会救助、社会保险与社会福利的衔接，更好发挥社会保障社会再分配功能，提高妇女生活质量。2020年，我国实现全面脱贫以后，要逐步将社会福利发展为全民福利，并不断提高待遇水平，使劳动力市场处于相对弱势的女性成为更大的受益者。比如，建立一次性生育补贴制度，没有生育保险的女性生育时可以获得不低于当地最低工资3个月的补贴；失业保险改为就业促进基金，推动劳动力市场的妇女发展和男女平等，同时，不论何种原因退出劳动力市场的人群都可以享受一定的生活补贴，因生育中断职业的女性也可以获得基本的生活保障。

第七章

妇女与婚姻家庭

婚姻是家庭形成的主要机制，家庭是社会生活的基本单位，家庭的发展状况影响着个人福祉，家庭幸福也是实现中国梦的重要组成部分。2016年12月，习近平总书记在会见第一届全国文明家庭代表时指出，中华民族历来重视家庭，“天下之本在家”，“无论时代如何变化，无论经济社会如何发展，对一个社会来说，家庭的生活依托都不可替代，家庭的社会功能都不可替代，家庭的文明作用都不可替代”。党的十八大以来，以习近平同志为核心的党中央秉持以人民为中心的发展思想，把改善人民生活、增进人民福祉作为一切工作的出发点和落脚点，高度重视家庭建设，面对我国社会主要矛盾发生重大变化，家庭结构和生活方式发生新变化，以及人民群众对高质量家庭生活和精神追求的热切期盼，进一步完善相关法律政策，保障妇女在婚姻家庭中的权利，采取积极措施，发挥妇女在家庭家教家风建设中的独特作用，婚姻家庭领域妇女发展状况有了明显改善。

第一节 概 述

随着我国改革开放的不断深入、经济社会发展的不断推进和人民生活水平的不断提高，城乡家庭的结构和生活方式、婚育和家庭观念、婚姻家庭关系都发生了许多新的变化。一方面，当前我国婚姻状况总体保持稳定，家庭规模小型化、家庭类型多样化和代际结构简化，婚姻与家庭关系的现代化特征日趋显著，以家庭幸福和家庭成员自我实现为目标，以平等、民主为特征的家庭关系新模式已成为主导的家庭关系。另一方面，家庭养老育幼功能弱化，维系婚姻关系的家庭责任伦理和经济纽带相对松弛，功利主义文化和个人本位价值观给传统的婚姻家庭观念带来一定冲击。身处婚姻关系和家庭关系中的女性面临的挑战和风险更加多元化、多样化和复杂化。

党的十八大以来，习近平总书记围绕注重家庭、注重家教、注重家风建设发表了一系列重要论述，对妇女和妇女组织如何在家庭家教家风建设中发挥作用也提出了明确要求。他指出，做好家庭工作，发挥妇女在社会生活和家庭生活中的独特作用，是妇联组织服务大局、服务妇女的重要着力点。要注重家庭、注重家教、注重家风，认真研究家庭领域出现的新情况新问题，把推进家庭工作作为一项长期任务抓实抓好。要注重发挥妇女在弘扬中华民族家庭美德、树立良好家风方面的独特作用。要坚持以社会主义核心价值观为统领，引导妇女既要爱小家，也要爱国家，带领家庭成员共同升华爱国爱家的家国情怀、建设相亲相爱的家庭关系、弘扬向上向善的家庭美德、体现共建共享的家庭追求，在促进家庭和睦、亲人相爱、下一代健康成长、老年人老有所养等方面发挥优势、担起责任。要引导妇女带动家庭成员，发扬尊老爱幼、男女平等、夫妻和睦、勤俭持家、邻里团结等中华民族传统美德，抵制歪风邪气，弘扬清风正气，以好的家风支撑起好的社会风气。要帮助妇女处理好家庭和工作的关系，做对社会有责任、对家庭有贡献的新时代女性。广大妇女要自觉肩负起尊老爱幼、教育子女的责任，在家庭美德建设中发挥作用，帮助孩子形成美好心灵，促使他们健康成长。

结合国家、社会和家庭发展需要，以及妇女自身发展要求，“妇女与婚姻家庭”的内容既涉及婚姻家庭制度机制的发展与完善，又涉及妇女／妇女组织作为主体在婚姻家庭建设中所发挥的作用，以及婚姻家庭中妇女自身状况的发展变化。具体来说，包括以下三个方面的主要内容。

一是外部制度环境对家庭领域妇女发展的影响，即婚姻家庭制度机制如何为妇女发展创造条件，涉及四个层面：国家如何进一步完善相关法律制度，保障妇女在婚姻家庭中的合法权益；国家如何将妇女和家庭发展纳入经济社会宏观发展规划；与妇女发展相关的各种社会政策如何相互衔接，支持妇女和家庭发展；以及如何在完善社会服务中促进妇女和家庭发展。

二是妇女／妇女组织在家庭建设中的独特作用，包括三个层面：在家庭文明建设中的积极作用，在家庭教育中的立德树人重要作用，以及在基层社会治理中以家庭为载体和手段发挥的独特作用。

三是婚姻家庭领域妇女发展状况，包括六个层面：妇女的婚育状况、妇女与婚姻家庭权利、妇女与家庭事务决策、妇女与家庭责任、妇女与婚姻家庭观念、妇女与工作—家庭平衡。

第二节　支持婚姻家庭领域妇女发展的制度环境

婚姻家庭领域的法律政策规划等制度会影响到两性在家庭中的资源、

权利分配、家庭分工以及家庭责任分担。因此，这些法律政策规划必须兼顾家庭成员的共同需求和不同需求，才能使家庭成为男女两性共建共享、实现梦想的地方。进入新时代，党和国家在推进全面依法治国进程中不断完善保障家庭成员合法权益和支持家庭发展的各项制度，通过在出台法律、制定政策、编制规划、完善服务中支持家庭发展、提升家庭整体福利，为建立和维护平等、文明、和谐的婚姻家庭关系，促进夫妻共同承担家庭责任，改善妇女在婚姻家庭中的状况提供了制度保障。

一、保障妇女婚姻家庭权益的法律制度不断完善

党的十八大以来，我国保障妇女婚姻家庭权益和促进家庭发展的立法不断取得新突破。国家出台和修订了多部涉及妇女婚姻家庭权益的法律法规，为维护包括妇女在内的家庭成员合法权益、支持家庭和妇女发展提供有力支持。

为积极应对人口老龄化，进一步完善老年人权益的法治保障，2012 年 12 月，第十一届全国人民代表大会常务委员会第三十次会议修订《中华人民共和国老年人权益保障法》，在家庭赡养与抚养方面，第十三条明确规定家庭成员应当尊重、关心和照料老年人；第十四条规定赡养人对老年人具有经济供养、生活照料和精神慰藉的义务；针对老年人精神赡养需求增多的实际，第十八条规定家庭成员不得忽视、冷落老年人，与老年人分开居住的家庭成员，应当经常看望或者问候老年人；第二十一条明确老年人有婚姻自由权利，子女或其他亲属不得干涉老年人离婚、再婚及婚后生活；第二十二条规定老年人依法享有占有、使用、收益和处分个人财产的权利，以及继承或者接受赠予财产的权利；此外，还增加了禁止对老年人实施家庭暴力的规定。2015 年和 2018 年，全国人大对老年人权益保障法进行修订，在家庭赡养和抚养方面基本延续了 2012 年的法律规定。这些内容对保障包括老年妇女在内的老年人婚姻家庭权利具有重要意义，发挥了重要作用。

为加大预防和制止家庭暴力的力度，保护家庭成员的合法权益，维护

平等、和睦、文明的家庭关系，2015年12月27日，第十二届全国人民代表大会常务委员会第十八次会议审议通过《中华人民共和国反家庭暴力法》，2016年3月1日起正式施行。反家庭暴力法在总则中明确了家庭暴力的法律界定，规定家庭暴力是“家庭成员之间以殴打、捆绑、残害、限制人身自由以及经常性谩骂、恐吓等方式实施的身体、精神等侵害行为”，同时在附则中规定“家庭成员以外共同生活的人之间实施的暴力行为，参照本法规定执行”，把同居关系中的受害人也纳入保护范围；第三条和第五条明确了预防和制止家庭暴力工作应当遵循的五项原则，包括对家庭暴力零容忍，反家庭暴力是国家、社会和每个家庭的共同责任，预防为主，教育、矫治与惩处相结合，尊重受害人真实意愿，保护当事人隐私，对未成年人、老年人、残疾人、孕期和哺乳期的妇女、重病患者等给予特殊保护。第二章至第五章规定了人身安全保护令、强制报告、紧急庇护、家庭暴力告诫等制度，通过行政手段强化了对家暴受害人的保护和对加害人的警示告诫。反家庭暴力法是我国第一部预防和制止家庭暴力的专门法律，该法的颁布实施对于保护家庭成员特别是妇女儿童合法权益，维护平等、和睦、文明的家庭关系具有重要意义，彰显了中国特色社会主义的制度优势。

2020年5月28日，第十三届全国人大三次会议审议通过《中华人民共和国民法典》，自2021年1月1日起施行。此次民法典编纂将婚姻法和收养法吸纳入典，成为民法典婚姻家庭编，对结婚制度、离婚制度、家庭关系、收养关系等进行了调整优化，在重视家庭文明建设、突出夫妻平等决策、明确夫妻共同债务“共债共签”原则、新增家事代理制度、规定家务劳动补偿、加大对婚姻无过错方的保护等方面具有诸多亮点和突破。第一千零四十三条增设“家庭应当树立优良家风，弘扬家庭美德，重视家庭文明建设”的规定，强化社会主义核心价值观在婚姻家庭中的引领导向作用。第一千零六十四条规定“夫妻双方共同签名或者夫妻一方事后追认等共同意思表示所负的债务，以及夫妻一方在婚姻关系存续期间以个人名义为家庭日常生活需要所负的债务，属于夫妻共同债务”，“夫妻一方在婚姻关系存续期间以个人名义超出家庭日常生活需要所负的债务，不属于夫妻共同债务”，这些规定在很大程度上保障了婚姻当事人对共同债务的决定权和同意权。设置“离婚冷静期”，第一千零七十七条规定“自婚姻登记机关收到离婚登记申请之日起三十日内，任何一方不愿意离婚的，可以向婚姻登记机关撤回离婚登记申请”，这一规定旨在既保障离婚自由，又减少冲动离婚、草率离婚的发生。取消家务劳动经济补偿制度的适用前提，不再以夫妻约定适用分别财产制度为前提条件，并扩大家务劳动补偿的适用范围，第一千零八十八条规定“夫妻一方因抚育子女、照料老年人、协助另一方工作等负担较多义务的，离婚时有权向另一方请求补偿，另一方应当给予补偿”，保障离婚时夫妻一方均可因承担较多家务劳动而获得经济补偿。

人民法院践行司法为民宗旨，完善婚姻法司法解释，出台对家事审判改革工作的指导意见，妇女婚姻家庭权益的司法保护取得进展。2017 年 2 月，最高人民法院公布《最高人民法院关于适用〈中华人民共和国婚姻法〉若干问题的解释（二）的补充规定》，下发《最高人民法院关于依法妥善审理涉及夫妻债务案件有关问题的通知》，强调虚假债务、非法债务不受法律保护；2018 年 1 月，最高人民法院发布《关于审理涉及夫妻债务纠纷案件适用法律有关问题的解释》，进一步细化和完善夫妻共同债务认定标准，将“共债共签”确立为夫妻共同债务认定原则，破解夫妻共同债务司法保护难题。民法典婚姻家庭编吸纳了这一司法实践成果。2020 年 12 月，最高人民法院公布的《最高人民法院关于适用〈中华人民共和国民法典〉婚姻家庭编的解释（一）》，基本上继承了原婚姻法的相关司法解释，体现促进婚姻家庭和谐稳定的价值导向，注重保护妇女、未成年人、老年人和残疾人的合法权益，援引反家庭暴力法的定义，将持续性、经常性的家庭暴力认定为虐待。在家事审判改革中促进妇女婚姻家庭权益保护。2018 年 7 月，最高人民法院印发《关于进一步深化家事审判方式和工作机制改革的意见（试行）》，完善家事调解、家事调查、心理疏导等制度规则，明确家事案件的审理规程，以充分发挥家事审判对婚姻关系的诊断、修复和治疗作用，弘扬文明进步的婚姻家庭伦理观念，推进家风建设和家庭美德建设。2019 年 8 月，最高人民法院和全国妇联联合印发《关于进一步加强合作建立健全妇女儿童权益保护工作机制的通知》，进一步明确各地人民法院、妇联组织在深化家事审判改革中，切实加强协同配合，用好家事调解、家事调查、亲职教育、法制宣传等工作手段，维护平等、和睦、文明的婚姻家庭关系。

围绕生育政策调整，2015 年和 2021 年，全国人大常委会先后两次对《中华人民共和国人口与计划生育法》进行修订，特别强调减轻家庭养育负担和保护妇女就业合法权益。修订后的人口与计划生育法新增“国家采取财政、税收、保险、教育、住房、就业等支持措施，减轻家庭生育、养育、教育负担”“公共场所和女职工比较多的用人单位应当配置母婴设施，为婴幼儿照护、哺乳提供便利条件”“国家支持有条件的地方设立父母育儿假”“国家保障妇女就业合法权益，为因生育影响就业的妇女提供就业服务”等内容，从多个方面保障妇女作为生育主体的合法权益，并为国家支持家庭生育养育提供法律依据。

二、将促进婚姻家庭领域妇女发展纳入国家发展规划

国家在宏观规划的层面逐步纳入妇女和家庭发展的需求，发挥家庭在支撑社会发展中的重要作用，确保全面建成小康社会的路上，每个家庭、每一个妇女都能平等分享社会发展成果。

家庭建设纳入国家经济社会发展总体规划。2016 年 3 月十二届全国人大四次会议通过的《中华人民共和国国民经济和社会发展第十三个五年规划纲要》提出，要提增家庭养老扶幼功能，注重家庭发展。2021 年 3 月十三届全国人大四次会议审议通过的《中华人民共和国国民经济和社会发展第十四个五年规划和 2035 年远景目标纲要》增设“加强家庭建设”专节，提出要以建设文明家庭、实施科学家教、传承优良家风为重点，深入实施“家家幸福安康工程”；构建支持家庭发展的法律政策体系，推进家庭教育立法进程，加大反家庭暴力法实施力度，加强婚姻家庭辅导服务，预防和化解婚姻家庭矛盾纠纷；构建覆盖城乡的家庭教育指导服务体系，健全家庭学校社会协同育人机制；促进家庭服务多元化发展；充分发

挥家庭家教家风在基层社会治理中的作用。“十四五”规划纲要同时提出，要增强生育政策的包容性，推动生育政策与经济社会政策配套衔接，减轻家庭生育、养育、教育负担；完善幼儿养育、青少年发展、老人赡养、病残照料等政策和产假制度，探索实施父母育儿假；发展普惠托育服务体系等。把家庭建设纳入国民经济和社会发展总体规划，对统筹各地各部门出台支持家庭生育养育教育、帮助家庭成员平衡工作与家庭的法规政策具有指导性意义。

*妇女与家庭建设目标任务被纳入妇女发展纲要。*2021 年 9 月，国务院印发《中国妇女发展纲要（2021—2030 年）》，增设“妇女与家庭建设”领域，提出建立完善促进男女平等和妇女全面发展的家庭政策体系，拓展支持家庭与妇女全面发展的公共服务，注重发挥家庭家教家风在基层社会治理中的重要作用，充分发挥妇女在家庭生活中的独特作用，倡导构建男女平等、和睦、文明的婚姻家庭关系，降低婚姻家庭纠纷对妇女发展的不利影响，倡导和支持男女共担家务，缩小两性家务劳动时间差距，支持家庭承担赡养老人责任，不断提升老年妇女家庭生活质量，促进夫妻共同承担未成年子女的抚养、教育、保护责任，为未成年子女身心发展创造良好家庭环境等目标，以及制定出台促进男女平等和妇女全面发展的家庭政策，大力发展家庭公共服务等策略措施。纲要突出家庭领域新情况新问题和广大妇女对家庭建设的新需求新期盼，明确了未来十年婚姻家庭建设和妇女发展的新方向和重点任务。

*家庭发展目标任务持续纳入其他专项规划。*2016 年 12 月，国务院发布了《国家人口发展规划（2016—2030 年）》，提出完善家庭发展支持体系的措施，包括完善税收、抚育、教育、社会保障、住房等政策，减轻生养子女家庭负担；深入开展关爱女孩行动，改善女孩生存环境，建立健全有利于女孩家庭发展的帮扶支持政策体系等。2021 年 9 月，国务院新闻办公室发布《国家人权行动计划（2021—2025 年）》，在“特定群体权益保障”部分专门提出妇女权益保障的目标，提出缓解妇女的家庭育儿负担等具体措施。

三、生育政策配套措施促进工作与家庭平衡

党的十八大以来，我国逐步调整完善生育政策，先后实施了单独两孩、全面两孩和三孩生育政策，并出台积极的生育支持措施，以缓解家庭生育养育教育负担，促进男女两性更好地平衡工作与家庭。

2015 年 10 月 29 日，党的十八届五中全会决定，全面实施一对夫妇可生育两个孩子政策。12 月，中共中央、国务院印发《关于实施全面两孩政策　改革完善计划生育服务管理的决定》，提出构建家庭发展支持体系，建立完善包括生育支持、幼儿养育、老人赡养等在内的家庭发展政策。2021 年 5 月，中共中央决定进一步优化生育政策，实施一对夫妻可以生育三个子女政策及配套支持措施；6 月，中共中央、国务院印发《关于优化生育政策促进人口长期均衡发展的决定》，将婚嫁、生育、养育、教育一体考虑，部署了 40 余项配套支持措施，包括开展托幼、养老家庭服务，支持女性生育后重返工作岗位，鼓励用人单位制定有利于职工平衡工作与家庭关系的措施等。

为落实新的生育政策，2021 年下半年，各省（区、市）先后修订了人口与计划生育条例，在原有产假和生育奖励假的基础上，继续增加生育奖励假，天数为 30 天至 60 天不等，普遍达到 158 天至 188 天，并设置 15 天至 30 天的配偶护理假；部分省（区、市）增设了父母育儿假，规定子女 3 岁以下夫妻每年可分别享有 5 天至 15 天的育儿假。虽然男性陪产假至今还没有国家层面的法律规定，但各省通过地方性法规的方式确立了男性护理假的主体地位。此外，各地的条例还规定了保障妇女就业合法权益、发放育儿补贴、优先分配政策房、建立普惠托育服务体系等内容。为缓解独生子女照顾和护理父母的压力，福建、河南等省还推出独生子女护理假制度，加大对在职独生子女承担父母照料责任的政策支持力度。这些政策措施在一定程度上有助于减轻家庭生育养育负担，对于保障女性合法权益、推动两性共同承担家庭责任具有一定的积极意义。

四、完善支持婚姻家庭领域妇女发展的社会服务

为做好家庭纠纷预防化解工作，相关部门多次联合出台指导文件。完善矛盾纠纷多元化解机制，政府部门和妇联组织多次联合出台指导文件。2017 年 3 月，全国妇联、中央综治办、司法部等六部门联合出台《关于做好婚姻家庭纠纷预防化解工作的意见》，提出为群众化解婚姻家庭矛盾纠纷提供多元和便捷服务，引导社会公众建立和维护平等、和睦、文明的婚姻家庭关系。2019 年 12 月，司法部会同全国妇联组织编印《婚姻家庭纠纷调解工作指南（试行）》，明确婚调委规范化建设要求，引导基层婚调工作落实促进男女平等、儿童优先和照顾弱势的理念。2020 年 8 月，民政部会同全国妇联印发了《关于加强新时代婚姻家庭辅导教育工作的指导意见》，探索开展婚前辅导、深化婚姻关系调适和离婚辅导、持续推进婚姻家庭文化建设等；在全国 54.3% 的县级婚姻登记机关设置婚姻家庭辅导室，为当事人提供情感辅导、心理辅导、危机处理等服务。2021 年 8 月，全国妇联出台的《“十四五”时期妇联事业发展规划》，提出推动将婚姻家庭纠纷调解纳入政府购买服务指导性目录，鼓励有条件的地方建立社区婚姻家庭纠纷调解工作室，为群众提供就近就便的专业调解服务等。

发展家政服务既能够服务家庭的民生需要，又有利于促进妇女就业。2014 年 1 月，全国妇联下发《关于贯彻落实习近平总书记重要指示精神　促进巾帼家政服务加快发展的意见》，提出争取政策支持、加强职业技能培训、推进诚信建设等内容；2016 年联合人社部共同实施巾帼家政服务专项培训工程。2017 年 7 月，发改委、人社部等 17 部门联合发布《家政服务提质扩容行动方案（2017 年）》，促进家政服务业提质扩容和家政企业专业化、规模化、网络化、规范化发展。2019 年 6 月，国务院办公厅印发《关于促进家政服务业提质扩容的意见》，提出增加家政服务有效供给、推动家政进社区等 10 个方面重点任务，促进家政服务业高质量发展；随后，财政部、发改委等六部门联合推出养老、托育、家政等社区家庭服务业税费优惠政策。全国妇联大力推动巾帼家政服务业创新发展，截至 2020 年年底，建立全国巾帼家政培训、转移就业培训基地 196 个；20 个省

(区、市)建立了统一的巾帼家政品牌;全国31个省(区、市)建立了省、市、县、社区家政服务机构,形成了“纵向联动、横向联合”的立体化巾帼家政服务网络,共创办各级各类家政服务实体2249个,年安置妇女就业78万人次,年服务家庭287万户。

完善公共托育服务体系是保障女性生育和就业权益、减轻家庭养育负担的重要配套措施。2017年,党的十九大报告中首次提出,要在“幼有所育”上不断取得新进展。党的十九届四中全会进一步提出,必须健全幼有所育、学有所教等方面国家基本公共服务制度体系,注重加强普惠性、基础性、兜底性民生建设。2019年5月,国务院办公厅下发《关于促进3岁以下婴幼儿照护服务发展的指导意见》,提出完善婴幼儿照护服务设施,规范发展多种形式的婴幼儿照护服务机构,全面落实产假政策,支持脱产照护婴幼儿的父母重返工作岗位等,促进解决“幼有所育”问题。2019年10月,国家发改委、国家卫生健康委发布《支持社会力量发展普惠托育服务专项行动实施方案(试行)》,着力增加3岁以下婴幼儿普惠性托育服务有效供给。2020年12月,国务院办公厅印发《关于促进养老托育服务健康发展的意见》,科学谋划“十四五”时期养老托育服务体系,促进服务能力提质扩容和区域均衡布局,积极支持普惠性托育服务发展,增强家庭照护能力,优化居家社区服务,建立家庭托育点登记备案制度,鼓励开展互助式服务等。2021年6月,国家发改委、民政部、国家卫生健康委联合发布《“十四五”积极应对人口老龄化工程和托育建设实施方案》,探索发展家庭育儿共享平台、互联网直播互动式家庭育儿服务等托育服务新模式新业态。各省(区、市)积极落实《关于促进3岁以下婴幼儿照护服务发展的指导意见》,普遍提出要科学规划婴幼儿照护服务设施建设,探索多种发展模式的婴幼儿照护服务,包括托幼一体化,鼓励社会力量兴办婴幼儿照护服务机构,盘活社区公共资源发展普惠性婴幼儿照护服务,鼓励用人单位为员工提供福利性质的婴幼儿照护服务等。

第三节 发挥妇女在家庭建设中独特作用的政策与实践

党的十八大以来，党和国家更加重视家庭建设，把家庭作为国家治理的重要载体，强调注重家庭注重家教注重家风，重视发挥家庭在传承美德、涵养家风、立德树人等方面的重要作用。妇联组织创新工作载体，积极开展寻找“最美家庭”、评选文明家庭等活动，发挥妇女在弘扬中华民族家庭美德、树立良好家风中的独特作用，示范引领带动身边的更多人、更多家庭见贤思齐、崇德向善，推动社会主义核心价值观在家庭落地生根，以好的家风支撑起好的社会风气。启动实施“家家幸福安康工程”，以推进家庭文明、家庭教育、家庭服务、家庭研究为重点，夯实家庭在国家发展、民族进步、社会和谐中的重要基础作用，促进形成爱国爱家、相亲相爱、向上向善、共建共享的社会主义家庭文明新风尚。

一、在家庭文明建设中践行社会主义核心价值观

党的十八大以来，党和国家更加重视家庭文明建设，重视发挥妇女在家庭文明建设中的作用，并赋予妇联组织做好新时代家庭工作新的职责与使命。2013 年 8 月，习近平总书记在全国宣传思想工作会议上提出要深入开展中国特色社会主义宣传教育，加强社会主义核心价值体系建设，积极培育和践行社会主义核心价值观。全国妇联把家庭作为培育和践行社会主义核心价值观的落脚点，9 月下发《关于在家庭文明建设工作中充分发挥妇联组织作用的意见》，要求妇联组织充分发挥在家庭文明建设工作中的优势和妇女群众的独特作用，引导妇女和家庭践行社会主义核心价值观，以家庭文明促进社区和善、环境和美、社会和谐。10 月 31 日，习近平总书记同全国妇联第十一届领导班子成员集体谈话时，要求妇联组织“要注重发挥妇女在社会生活和家庭生活中的独特作用，发挥妇女在弘扬中华民

族家庭美德、树立良好家风方面的独特作用”。12 月，中共中央办公厅印发《关于培育和践行社会主义核心价值观的意见》，要求文明城市、文明单位、文明家庭等群众性精神文明创建活动要突出社会主义核心价值观的思想内涵，工会、共青团、妇联等人民团体要加强沟通、密切配合，共同推进社会主义核心价值观培育和践行。

为贯彻党中央对妇联做好家庭工作的新要求，落实中共中央《关于培育和践行社会主义核心价值观的意见》，创新妇联家庭道德文明建设工作，2014 年 3 月，全国妇联下发《关于大力推动在广大妇女和家庭中培育和践行社会主义核心价值观的意见》，号召广大家庭成员以孝敬亲情和睦家庭，以明礼贤德教化子女，以诚信友善融洽邻里，以良好家风沁润社会。

全国妇联把寻找“最美家庭”作为家庭文明建设的创新实践和重要抓手。2014 年 2 月至 5 月，依托全国城乡社区 70 多万个“妇女之家”，集中开展寻找“最美家庭”活动。这项活动不预设群众参与门槛，不设定“最美”标准，也不求“高大全”，而是注重群众的参与率和参与过程，将寻找的主动权和决定权交给群众。2015—2016 年，寻找“最美家庭”活动扩展到党政机关、企业和部队，用好的家风塑造好的党风、政风。同时在重要节点推出“最美教师家庭”“最美公务员家庭”等具有不同内涵的“最美家庭”，弘扬家庭美德，传播良好家风。2017 年，全国妇联开展“梦想启航——中国好家庭好家风巡讲活动”，组织全国“最美家庭”和五好家庭典型通过视频、访谈、演讲等多种形式讲述家庭故事。广大妇女和家庭踊跃参加寻找“最美家庭”活动，截至 2020 年年底，全国累计共有 5.87 亿群众参与寻找“最美家庭”活动，推选出 488.4 万户各级各类“最美家庭”。寻找“最美家庭”的过程既是妇女及其家庭自觉接受家庭道德教育、提升家庭文明程度的实践过程，也是培育和践行社会主义核心价值观的过程。

为充分展示家庭文明建设丰硕成果，进一步激发文明家庭创建活力，2016 年，中共中央决定由中央文明委开展全国文明家庭评选表彰活动。全国妇联将“五好文明家庭”更名为“五好家庭”，使全国五好家庭与全国“最美家庭”成为全国文明家庭评选的蓄水池。2016 年和 2020 年，中央文明委累计评选出两届全国文明家庭799户。2017年和2020年，全国妇联两次修订全国五好家庭评选表彰办法，确立了新的“五好”标准，即爱国守法、遵德守礼，敬业诚信、热心公益，平等和谐、孝老爱亲，家风优良、科学教子，移风易俗、绿色节俭。截至2020年年底，累计表彰脱贫攻坚、勤劳致富、家庭和睦等类型的全国五好家庭9912户。

2019年国际家庭日，全国妇联启动实施“家家幸福安康工程”，积极回应广大妇女和亿万家庭新时代的新需求，开展家庭文明建设、家庭教育指导、家庭服务提升、家庭研究深化四大行动，成为妇联组织促进社会主义核心价值观在家庭落地生根的新载体。其中，在实施家庭文明创建方面进一步深化拓展寻找“最美家庭”活动，吸引更多家庭参与家庭文明创建；启动实施“绿色家庭”创建行动；首次将每年5月至6月设立为家风家教主题宣传月，打造家风家教宣传展示活动品牌，推出系列展现好家风的文化产品，命名一批家教家风实践基地。

二、在家庭教育中培养担当民族复兴大任时代新人

党和国家始终把家庭教育作为未成年人思想道德建设的重要内容，要求妇联组织和教育部门承担指导和推进家庭教育的责任。党的十八大以来，国家不断制定并完善家庭教育指导服务规划纲要和政策。《中国儿童发展纲要（2011—2020年）》将“适应城乡发展的家庭教育指导服务体系基本建成”作为儿童与社会环境领域的主要目标之一，提出将家庭教育指导服务纳入城乡公共服务体系；《中国儿童发展纲要（2021—2030年）》进一步提出基本建成覆盖城乡的家庭教育指导服务体系，提升指导服务能力。全国妇联与教育部等部门联合制定实施2016—2020年和2021—2025年“关于指导推进家庭教育的五年规划”，基本建成适应城乡发展、满足家长和儿童需求的家庭教育指导服务体系。2019年5月，全国妇联、教育部等九部门共同出台《全国家庭教育指导大纲（修订）》，突出立德树人的家庭教育核心理念，成为新时期开展家庭教育指导的重要依据。2021年5月，最高人民检察院、全国妇联、中国关心下一代工作委员会共同印发

《关于在办理涉未成年人案件中全面开展家庭教育指导工作的意见》，要求各地要结合案件办理和地区实际，对涉案、失管未成年人家长开展家庭教育指导，同时要面向重点地区做好预防性家庭教育指导工作。2021 年 10 月，我国出台了《中华人民共和国家庭教育促进法》。这部法律规范了家庭教育的概念，明确未成年人的父母或其他监护人负责实施监护责任，国家和社会为家庭教育提供指导、支持和服务等内容；以立德树人为主线，体现了培养德智体美劳全面发展的社会主义建设者和接班人的立法目的，有助于调动全社会力量共同做好家庭教育工作，促进未成年人健康成长。

依托多元化的家庭教育指导服务阵地和平台，提供家庭教育公共服务。2014 年，家庭教育指导服务体系试点城市开始建立家长学校、家庭教育指导中心／基地、家庭教育指导服务站等阵地；妇联、教育、卫生、工信等部门联合实施推广“心系妇儿——家庭教育空中课堂”和“伴随成长”公益项目，依托微信、微课堂、手机短信等向家长免费提供家庭教育科学知识和方法；全国妇联开通“好妈好爸好孩子”微信公众平台，向家长提供“好习惯”“读小孩”“妈妈说”等家庭教育内容。截至 2020 年 10 月，全国社区家长学校和家庭教育指导服务站点共 37.3 万所，“儿童之家”32.1 万多个，短信、微信服务平台 2.2 万个，家庭教育指导服务人员 49.6 万名。2020 年 6 月，全国妇联、教育部联合命名了 297 个全国家庭教育创新实践基地，推动基层阵地实践探索家校社协同育人的有效模式。

开展丰富多彩的家庭教育主题实践活动。为促进家长与孩子践行良好家风以及精神上的共同成长，2014—2015 年，全国妇联与文化部连续两年联合开展家庭情景剧展示活动。自 2016 年开始，全国妇联以“书香飘万家”为主题开展系列亲子阅读活动，引导广大家庭既要爱小家，也要爱国家，进一步深化家庭文明建设；同时每年以不同的主题，持续开展全国青少年爱国主义读书教育活动。2019 年 6—9 月，教育部和全国妇联以“家校协同，让孩子健康成长”为主题，宣传正确的家庭教育理念和科学方法，防止对儿童的暴力行为，培养孩子好思想、好品行、好习惯。自 2019 年起，全国妇联与教育部、民政部、共青团中央等部门联合，常态化开展寒暑假家庭教育服务和关爱儿童行动，通过“守护童年”大学生暑期牵手共同成长行动、“把爱带回家”双百万结对寒假特别行动等教育引导和各级各类志愿服务活动，帮助家长切实履行监护责任，促进留守儿童、困境儿童健康成长。

三、在基层社会治理中发挥家庭家教家风作用

党的十九届四中全会提出要“注重发挥家庭家教家风在基层社会治理中的重要作用”，十九届五中全会将加强家庭家教家风建设作为提升社会文明程度的重要举措。2021 年 3 月，“充分发挥家庭家教家风在基层社会治理中的作用”被写入国家“十四五”规划纲要。妇联组织以“家家幸福安康工程”为总抓手，发挥家庭家教家风在基层社会治理中的重要作用。2021 年 7 月，中央宣传部、中央文明办、全国妇联等部门联合印发《关于进一步加强家庭家教家风建设的实施意见》，明确要注重发挥家庭家教家风建设在基层社会治理中的重要作用，吸引群众走出“小”家、融入“大”家，积极参与和谐社区、美丽乡村等建设。8 月，全国妇联印发的《“十四五”时期妇联事业发展规划》进一步明确推动家庭家教家风建设与基层社会治理深度融合的目标任务。

各地妇联和基层妇女群众充分发挥积极性、能动性，创新家庭家教家风融入基层社会治理的作用机制，将“好家风”建设、寻找“最美家庭”活动与乡村振兴、基层治理、清廉建设、创业创新深度融合，建立家庭典型服务激励机制，大力弘扬“德者有得”的价值导向，将家庭家教家风建设融入基层社会治理。2016 年 9 月，浙江金华市浦江县妇联联合县文明办、浦江农商银行共同推出“好家风信用贷”专项贷款，为“文明家庭”提供免担保信用贷款。2017 年 6 月，金华市妇联联合人民银行、文明办等，将贷款对象拓展到全市各级别获“文明家庭”荣誉的家庭成员和县（市、区）级及以上文明办评选的道德模范、身边好人等各类先进人物，贷款额度最高可达 50 万元。之后，浙江省妇联联合省建行推出“好家庭信用贷”项目，发行“好家庭”专属联名卡，向五好家庭、最美家庭、文明家庭等各类好家庭提供金融优惠服务。全国多个省（区、市）借鉴该经验，

因地制宜推出各种激励措施。甘肃省妇联筹资在全省村（社区）普遍建立“巾帼家美积分超市”，以积分管理的形式动员妇女群众参与基层社会治理。“超市”日常主要由村（社区）妇联主席负责管理，妇联执委、驻村干部以及威信高的群众共同组成积分评比小组，把“巾帼脱贫行动”“乡村振兴巾帼行动”、寻找“最美家庭”、创建“美丽庭院”等活动纳入评分范围，通过月评定、季评定和半年考核评定，定期打分并发放积分卡，凭积分卡可到“超市”兑换日常用品，用积分激发广大妇女在乡村治理中的新活力。

第四节　婚姻家庭领域妇女发展状况

近10年来，我国婚姻家庭领域发生了很大变化，家庭规模减小，婚姻的不稳定性有所增强。2020年第七次全国人口普查数据显示，中国平均每个家庭户的人口为2.62人，比10年前减少0.48人。我国总和生育率已由2011年的1.63降至2020年的1.3。我国的结婚率持续下降，从2011年的9.67‰降至2020年的5.8‰，依法办理结婚登记的对数由1302.4万对减少到814.3万对；离婚率连年攀升，从2011年的2.13‰升至2020年的3.1‰，依法办理离婚手续的从287.4万对增加至433.9万对。伴随婚姻家庭领域的新变化，中国女性在婚姻家庭中的发展状况，包括婚育状况、家庭权利、家庭责任、婚姻家庭观念等也呈现出多样而复杂的变化。

一、女性的婚育状况

受经济社会发展、婚姻家庭观念转变、人口受教育水平提高、人口流动等多重因素的影响，女性平均初婚、初育年龄推迟，农村女性初婚、初育年龄明显低于城镇妇女。数据显示，女性平均初婚年龄从2010年的23.9岁提高到2017年的25.7岁，并呈现继续走高的趋势；平均初育年龄从2010年的25.9岁提高到2017年的26.8岁。

育龄妇女高孩次生育明显下降，从1982年到2017年，三孩及以上孩次占比从30.3%下降到6.7%。2017年数据显示，育龄妇女的生育高峰在25—29岁年龄段，生育率达到109.7‰；在20—24岁年龄段，城乡育龄妇女生育率存在明显的差异，农村比城镇高出40.2个千分点；一孩生育率最高的年龄组，农村在20—24岁，城镇在25—29岁；三孩以上生育率农村高出城镇1倍以上。多年来，计划生育政策实施和经济社会发展，使人们的生育观念发生了很大变化，“少生优生”成为多数人的自愿选择。

二、女性的婚姻家庭权益状况

近10年来，人们的法律意识越来越强，对男女平等法律政策的知晓度较高，保障女性婚姻家庭权利的社会环境得到改善。2020年第四期中国妇女社会地位调查显示，八成左右被访者知晓妇女权益保障法、反家庭暴力法、婚姻法、继承法，85.3%的人知道有男女平等基本国策。

女性户主占比有所提升。目前，我国的家庭户规模以2—4人为主，家庭结构仍以核心家庭为主要形式。2015年数据显示，在全部户主中，女性占18%，比2005年提高了4.2个百分点；年轻户主中女性所占比重相对较高。这在一定程度上反映出女性独立性增加，传统的男性为主的家庭观念发生了积极变化。

女性家庭财产权利得到有效保障。2020年第四期中国妇女社会地位调查显示，与10年前相比，女性拥有房产、宅基地等家庭财产情况有所改善。已婚女性自己名下有房产的占18.8%，与配偶联名拥有房产的占39.9%，分别比10年前高5.6个和11.9个百分点。未婚女性中10.3%拥有自己名下的房产，比10年前提高3.4个百分点。

针对女性的家庭暴力现象有所减少。针对女性的家庭暴力侵害女性生命安全、身体健康、心理健康等方面的权利。2020 年第四期中国妇女社会地位调查显示，8.6% 的女性在婚姻生活中遭受过配偶“殴打、捆绑、残害”“限制人身自由”“经常性谩骂、恐吓”等形式的家庭暴力，与 10 年前相比，这一比例下降了 5.2 个百分点。这说明，反家庭暴力法颁布实施以来，经过各方面共同努力，在预防和制止家庭暴力方面取得成效。

三、女性参与家庭事务决策状况

随着受教育程度的提高和经济上越来越独立，女性在家庭事务决策中的参与程度大幅提高，夫妻家庭地位更为平等。2020 年第四期中国妇女社会地位调查显示，女性能够更多地参与家庭事务决策，夫妻共同商量成为家庭重大事务决策的主要模式。“生育决策”由夫妻共同商量的占 91.1%；妻子能够参与家庭“投资／贷款”和“买房／盖房”决策的分别占 89.5% 和 90.0%，分别比 2010 年提高 14.8 个和 15.6 个百分点。七成以上被访者认为他们夫妻家庭地位差不多。

四、女性承担家庭责任状况

从对家庭的经济贡献来看，男性比女性的贡献大，在“养家”方面承担较多责任；而从家务劳动承担、家庭照料、家庭节育等方面来看，女性则承担了较多的家庭责任，为家庭建设作出了重要贡献，而且这些贡献往往是无法用货币进行衡量的。

妻子承担主要的家务劳动责任。2020 年第四期中国妇女社会地位调查数据显示，在业女性工作日平均总劳动时间为 649 分钟，其中有酬劳动时间为 495 分钟，照料家庭成员和做饭／清洁／日常采购等家务劳动时间为 154 分钟，约为男性的 2 倍。母亲更是养老育幼、教育子女责任的主要承担者。数据显示，女性平均每天用于照料／辅导／接送孩子和照料老人／病人等家人的时间为 136 分钟。在未成年孩子的养育方面，母亲依然承担主要责任，3 岁以下孩子白天主要由托幼机构照料的仅占 2.7%，由母亲照料的占 63.7%；0—17 岁孩子的日常生活照料、辅导作业和接送主要由母亲承担的分别占 76.1%、67.5% 和 63.6%。

在避孕节育责任方面，我国育龄夫妇中仍以女方采取避孕措施为主，比重达 80% 以上。与此同时，已婚育龄女性采取避孕措施的比重呈下降趋势，越来越多的男性承担起避孕节育的责任。数据显示，男方采取避孕措施的比重逐年上升，2017 年，在全部节育方法的选择上，男性节育方法所占比重为 21.4%，比 2010 年高出 7.3 个百分点。

五、女性的婚姻家庭观念

当今时代，男女平等的婚姻家庭价值理念受到尊崇。2020 年第四期中国妇女社会地位调查显示，在人们崇尚的好家风中，排在前三位的是尊老爱幼、夫妻和睦、男女平等。互相尊重、互相理解 / 包容、彼此信任是人们心目中位于前三位的理想夫妻关系。

家庭性别平等观念明显提升，年轻女性平等意识更强。2020 年第四期中国妇女社会地位调查显示，男女两性对传统性别分工的认可程度下降，不赞同“男人应该以社会为主，女人应该以家庭为主”的男女比例分别为 50.9%、58.3%，比 2010 年分别提高 14 个和 14.7 个百分点；其中 35 岁以下女性中有八成表示不赞同。认同“男人应该兼顾家庭和工作”的比例为 93.3%。八成以上被访者不赞同“照料孩子只是母亲的责任”，其中 35 岁以下女性这一比例为 94.6%。近七成被访者不赞同“在家里妻子应该顺从丈夫”，其中 35 岁以下女性比例达 87.3%。关于子女姓氏，近四成被访者愿意孩子随母姓，男女比例分别比 2010 年提高 7.2 个和 2.2 个百分点。在财产继承问题上，71.3% 的被访者认为，如果儿女都尽到赡养义务，应该平均继承父母的财产。

第五节　婚姻家庭领域的妇女发展前瞻

随着婚姻家庭领域的法律政策不断完善，男女平等基本国策逐渐深入人心，性别平等观念越来越为人们所接受，中国妇女的婚姻家庭地位呈现出积极的变化：共同商量成为家庭事务决策的主流，女性参与家庭重大事务决策的比例大幅提高，夫妻家庭地位更为平等，夫妻关系和谐，大多数女性都能得到丈夫的理解和支持，八成女性对自己的婚姻生活感到满意；越来越多的女性名下拥有房产、宅基地等家庭财产，且与男性的差距逐渐缩小。与此同时，受经济社会发展水平、文化观念、制度机制不健全等因素的影响，提高女性婚姻家庭地位仍面临挑战：女性依然是家务劳动的主要承担者，母亲的儿童照料负担较重，父亲的养育教育参与不足，老年女性较多地承担了照料配偶及孙辈的家庭责任，家庭照料的社会化服务需求没有得到充分满足。

一、进一步完善支持婚姻家庭领域妇女发展的法律制度

加强婚姻家庭领域立法和法律实施，在法律的立改废释中注重体现男女平等原则和维护妇女合法权益的价值导向。一是做好民法典婚姻家庭编、人格权编等宣传普及工作，在法律实施中始终坚持男女平等原则，依法保障妇女的婚姻家庭权益。二是修订妇女权益保障法，将民法典的基本原则和基本要求细化到妇女权益保障法的规定中，用妇女婚姻家庭权益保障的最新制度成果与实践成果进一步完善妇女权益保障法。三是出台反家庭暴力法司法解释，进一步建立完善强制报告制度、证据制度、人身安全保护令制度、家庭暴力告诫制度、紧急庇护制度等的实施细则和配套措施；加大反家庭暴力法执行力度，如对家暴警情处置及告诫情况进行专项统计，增强基层公安干警的反家暴意识和能力，法院通过建立特定机制，确保及时受理、审查和裁定人身安全保护令，并加大对违反人身安全保护

令行为人的打击力度等。

二、进一步完善支持家庭发展的政策体系

强化家庭政策中的性别平等视角和社会政策中的家庭视角，完善体现公平性、适度普惠性的家庭政策体系。一是完善生育休假和生育保险政策，构建多层次的妇女生育保障制度。设立适宜的产假长度，探索实施男性陪产假和父母育儿假；合理分担女职工产假期间的用工成本，探索试行产假期间社保缴费由财政补贴的政策，保障女职工生育医疗费用、生育津贴待遇。二是加强税收、住房等家庭支持政策。完善个人所得税制度，加大对家庭养育教育的税收优惠力度，对建立普惠性托育机构的用人单位给予税收优惠；根据家庭养育未成年子女的负担情况，在租赁、购买房屋时给予一定的优惠。三是推动用人单位制定支持职工平衡工作与家庭的政策，营造生育友好、家庭友好的工作环境。四是探索建立完善照料老人的带薪家庭假、护理假制度，推广长期护理保险制度。

三、进一步拓展支持家庭与妇女发展的社会服务

发挥政府主导作用，通过购买专业社会组织服务等方式，引导社会力量开展多层次家庭服务，不断提升家庭服务的专业性、精准性、实效性，满足家庭与妇女发展的多样化需求。一是充分发挥婚姻家庭辅导中心、婚姻登记处、婚姻家庭纠纷人民调解委员会、婚姻家庭矛盾调解室等组织机构作用，开展婚前辅导、夫妻关系调适、亲子教育等方面的婚姻家庭辅导服务；建立完善婚姻家庭纠纷预防化解联调联动工作机制，精准化、专业化、多元化促进婚姻家庭矛盾纠纷预防化解。二是大力发展普惠性的养老和托育服务，如加大公共投入，建设一批方便可及、质优价廉的养老和托幼机构；支持用人单位参与普惠托育服务体系建设；加强社区养老托育服务设施建设，完善社区老年人和婴幼儿活动场所和服务设施；支持家庭互助式养老和托育等。三是促进家政服务规范化、职业化发展和家政服务诚

信体系建设，推动家政服务业提质扩容增效，提高照料、保洁、烹饪等家务劳动社会化水平，切实减轻家庭和妇女照料负担。四是促进常态化、制度性地为遭遇困难的病残、留守、失独、单亲等家庭提供经济救助、精神慰藉、生活服务等救助关爱服务。

四、促进男女共同承担家庭责任

倡导夫妻在家务劳动中分工配合，共同承担照料陪伴子女和老人、料理家务等家庭责任。鼓励父亲参与育儿活动，提升育儿能力，积极承担家庭养育教育责任。落实家庭教育促进法，推动父母共同承担家庭教育主体责任，共同创造有利于子女健康成长和发展的家庭环境。

第八章

妇女与生态文明建设

党的十八大提出，“建设生态文明，是关系人民福祉、关乎民族未来的长远大计”。党的十九大进一步将“坚持人与自然和谐共生”作为新时代坚持和发展中国特色社会主义的基本方略之一。2020年9月，习近平主席在第七十五届联合国大会一般性辩论上的讲话中宣布，中国二氧化碳排放力争于2030年前达到峰值，努力争取2060年前实现碳中和。随后，在党的十九届五中全会、中央经济工作会议等一系列重要会议上，党中央对碳达峰、碳中和工作作出部署，明确基本思路和主要举措，把碳达峰、碳中和纳入生态文明建设整体布局，为国家经济社会可持续发展明确了路径。妇女与生态环境息息相关。妇女受生态环境退化的深刻影响，同时也是社会主义生态文明建设的主力军。要在可持续发展中提高妇女参与生态文明建设特别是参与生态环境治理体系的能力，就需要进一步认识妇女与生态文明建设的相关问题与意义，了解妇女参与生态文明建设的政策实践、妇女在生态文明建设中的作用与贡献，明确进一步推进妇女参与生态文明建设的未来方向。

第一节　妇女与生态文明的相关概念及意义

妇女与生态文明建设的关系问题随着妇女运动和环境保护事业的发展逐渐凸显。在1995年第四次世界妇女大会后，妇女与环境的关系问题越来越成为中国妇女发展中的重要问题。特别是党的十八大以来，党中央将生态文明建设纳入“五位一体”总体布局，高度重视妇女在生态文明建设中的作用，妇女参与生态文明建设的热情进一步高涨，为改善生态文明、建设美丽中国作出重要贡献。本节在对生态文明概念进行界定的基础上，厘清妇女参与生态文明建设的重要意义。

一、生态文明相关概念的界定

生态文明。对生态文明概念的理解，主要有两种观点。一种观点从人类文明纵向演化的角度理解生态文明，认为生态文明是继工业文明之后人类社会的一种新的文明形态，是人类文明发展的又一个高级阶段，其核心特征是强调人与自然关系的和谐。另外一种观点从文明的具体表现形式或结构要素的角度理解生态文明，认为生态文明应是文明的一种具体成果和表现形式，或者文明结构中的一项具体内容和要素，与物质文明、精神文明、政治文明、社会文明处于同一层次，其核心特征不仅包括人与自然的和谐，也包括人与人、人与社会的和谐。总体而言，生态文明是人类文明的一种新形态，它以尊重和维护自然为前提，以人与人、人与自然、人与社会和谐共生为宗旨，以建立可持续的生产方式和消费方式为内涵，引导人们走上持续和谐的发展道路。

生态环境。“生态环境”是一个与生态文明紧密相关的概念。《辞海》（第七版）对“生态环境”的定义：“影响人类与生物生存和发展的一切外界条件的总和。由许多生态因子综合而成，包括生物因子和非生物因子。前者有植物、动物、微生物，后者有光、温度、水分、大气、土壤和无机盐等。在自然界，各种因子不是孤立地对人类与生物起作用，往往是相互联系、相互影响，起综合作用。”

可持续发展。1980 年，世界自然保护联盟发布《世界自然资源保护大纲》，倡议“通过保护生物资源来实现可持续发展”。在这份文件中，“可持续发展”第一次以一个完整的概念登上历史舞台，并引发各行各业的持续热议。1987 年，世界环境与发展委员会在《我们共同的未来》报告中将可持续发展理念确立为一种能够维持人类社会长久进步的发展路径，认为“可持续发展是既满足当代人的需要，又不对后代人满足其需要的能力构成威胁的发展”。1992 年，为实现在全世界推广可持续发展理念的目的，联合国环境与发展大会在巴西里约热内卢召开，共有 183 个国家和 70 个国际组织参加。此次会议通过了《里约环境与发展宣言》《21 世纪议程》《气候变化框架公约》等一系列以可持续发展为核心的重要文件。《21 世纪议程》从社会、经济和环境三个维度出发，提出了有针对性的改革目标和执行方案。2000 年，联合国千年首脑会议签署《联合国千年宣言》，提出环境可持续性等八大目标和一系列具体指标的千年发展目标（MDGs），对 21 世纪可持续发展从理论到实践均起到了引导作用。2015 年，联合国可持续发展峰会正式通过《2030 年可持续发展议程》，确立了世界各国应当坚持追求的 17 个可持续发展目标以及 169 个具体目标和 232 个衡量指标。

中国对生态文明认识的发展历程。中国对生态文明建设的认识和实践起源于环境保护。20 世纪 70 年代开始的环境保护工作，开启了中国探索生态文明建设的先河。1973 年召开的第一次全国环境保护会议提出了“全面规划、合理布局、综合利用、化害为利、依靠群众、大家动手、保护环境、造福人民”的 32 字环保方针。20 世纪 80 年代，中国开始将环境保护明确确立为一项基本国策，强调经济建设和环境保护必须协调发展。1982

年，“生态环境”一词被写入《中华人民共和国宪法》，第二十六条规定：“国家保护和改善生活环境和生态环境，防治污染和其他公害。国家组织和鼓励植树造林，保护林木。”20世纪90年代，中国开始将环境与发展统筹考虑，把可持续发展战略确定为国家发展战略，组织实施了一批环境保护和生态建设重大工程。1992年联合国环境与发展会议之后不久，中国政府组织编制了《中国21世纪议程——中国21世纪人口、环境与发展白皮书》，表明中国政府积极履行国际承诺、率先为全人类共同事业作贡献的姿态与决心，为我国走向可持续发展之路定下基调。1998年11月，国务院发布了《全国生态环境建设规划》。2000年，国务院又制定了《全国生态环境保护纲要》，明确提出了保护与建设并重的原则。2007年，中国共产党第十七次全国代表大会首次提出建设生态文明，基本形成节约能源资源和保护生态环境的产业结构、增长方式、消费模式。2012年党的十八大提出，“面对资源约束趋紧、环境污染严重、生态系统退化的严峻形势，必须树立尊重自然、顺应自然、保护自然的生态文明理念，把生态文明建设放在突出地位，融入经济建设、政治建设、文化建设、社会建设各方面和全过程，努力建设美丽中国，实现中华民族永续发展”。2017年党的十九大进一步提出，“建设生态文明是中华民族永续发展的千年大计。必须树立和践行绿水青山就是金山银山的理念，坚持节约资源和保护环境的基本国策，像对待生命一样对待生态环境，统筹山水林田湖草系统治理，实行最严格的生态环境保护制度，形成绿色发展方式和生活方式，坚定走生产发展、生活富裕、生态良好的文明发展道路，建设美丽中国，为人民创造良好生产生活环境，为全球生态安全作出贡献”。

“生态兴则文明兴，生态衰则文明衰”的人类社会发展规律要求，既应当把生态环境看作人类社会生存和发展的根基，在利用和改造自然的过程中尊重自然、顺应自然、敬畏自然和善待自然，同时，还需要高度重视生态文明建设在社会主义现代化建设中的战略地位。在推进中国现代化建设、实现中华民族伟大复兴的历史进程中，我们党将可持续发展确立为国家发展的重要战略之一，并使之在实践中得到不断丰富和发展。中国生态文明建设的战略理念和政策措施是全球可持续发展进程的重要组成部分，是可持续发展的中国化和升级版。

二、妇女与生态文明建设的关系

一是生态环境退化危害妇女的生存和发展。当前全球环境污染、气候变化、生物多样性丧失等问题，给人类生存和发展带来严峻挑战，生态环境退化直接危害妇女的生存与发展。例如，气候变化是一个有关全球安全的问题，影响着全球的每一个人，与人类的生存发展息息相关。由于社会结构、经济条件、地区差异等各方面因素的影响，气候变化对不同地区、不同年龄、不同性别和不同收入的人影响程度也不相同。而在贫困人口中，妇女的比例高达70%，是受气候变化影响的最弱势群体。据联合国开发计划署称，妇女和儿童死于灾难的可能性是男子的14倍。同时，极端气候事件和各种自然灾害不仅仅直接威胁妇女和女童的生命安全和身体健康，还有可能直接或间接地加剧这一群体的脆弱性，使妇女致贫、返贫的风险升高，增加妇女遭受基于性别的暴力的可能，并对她们的性健康和生殖健康水平造成负面影响。自然资源退化和生物多样性的丧失影响着人类生活的各个方面。处于贫困之中的人们更加依赖于自然资源，妇女作为家庭的主要照顾者，在资源短缺的境遇下将承担更大的压力。特别是水资源和食物的缺乏，会使妇女在维持日常生活上面临困难，加重她们的负担，影响她们的身体和心理健康。同时，由于性激素和代谢功能的不同，妇女对毒物的毒性反应比男性敏感，使她们成为除儿童外对环境污染最为敏感的人群。更多承担家务劳动的女性和从事某些特殊行业的女性遭受室内外环境污染危害的可能性增加，对女性的身体健康甚至生殖机能都会造成一定的影响；妇女还更多地承担着繁衍后代和教育、保护后代的主要职责，她们所遭受的环境污染将直接影响到下一代的身心健康。总之，处于弱势的妇女在气候变化和生态系统退化中遭受着不对称的负面影响，更易受到环境恶化的终端产品的不良影响。

二是妇女能够在生态文明建设与可持续发展中发挥重要作用。女性是推动人与自然和谐共生的重要力量。妇女对环境恶化给自己及子孙后代造成的负面影响感受更加深刻，更能理解生态环境问题的本质，更关注环境与可持续发展问题，更容易加深对生态文明的认知和重视。妇女的生态文明意识、消费方式等也影响着生态文明建设与可持续发展的模式和进程。女性一直是生态环境保护事业的开拓者、创新者、参与者，在环境资源利用与管理、防灾减灾、节能减排、保护环境、消除贫困以及控制人口等各个领域，妇女都发挥着不可或缺的关键性作用。2021 年 10 月在昆明以线上线下结合的方式召开的联合国《生物多样性公约》第十五次缔约方大会会议（COP15）第一阶段会议，关注妇女在保护和可持续利用生物多样性方面的重要作用，以及妇女充分参与各级生物多样性政策制定和执行的必要性。在中国，“妇女是社会生产半边天”，特别是农村妇女在现代农业生产中发挥着主力军的作用，80% 以上的农业劳动、70% 的家庭种植业和养殖业都由妇女承担。妇女的消费方式与生产方式对生态文明所提倡的绿色发展、绿色消费和绿色生活产生着直接的影响。她们在农业生产第一线，为保障粮食安全、可持续生计和社会经济发展发挥重要作用。在我们这样一个人地关系高度紧张、自然灾害频仍的发展中大国，倘若占人口半数的妇女不能充分发挥其潜力和作用的话，将难以实现生态文明建设和美丽中国的愿景。妇女作为生产者，可以在工农业生产过程中，为节约资源、保护环境、转变经济发展方式发挥积极的作用；妇女在家庭消费领域中扮演着重要角色，对消费品和消费方式的选择不仅在改变家庭生活方式、推动节能减排方面起着关键性作用，而且能促进生产、流通、消费的过程减量化、再利用、资源化；妇女作为家务劳动的主要承担者和家庭照料的主要提供者，对于推进资源节约型、环境友好型社会建设将起到积极作用；妇女在家庭教育中具有重要的影响力，妇女自身行为和环境意识的强弱，都会直接影响下一代环境意识和环境道德的形成和培养。

三是将社会性别视角纳入生态文明建设是一个重要的国际趋势。社会性别是影响生态文明的一个重要变量，也是观察生态文明的一个独特视角。与男性相比，妇女不仅承担着生产者、生育者、消费者及照料者的多重角色，还往往负责提供并管理食物、饮水、燃柴等生活必需品，有的还担负了促进家庭、社区保健和环境卫生的责任。因两性角色和责任的不同，妇女在使用和管理土地、水、林木等环境资源的经历方面，在参与发展进程并受惠于社会与经济发展方面，在拥有和控制环境资源的权力与责任方面，在承担环境污染、土地退化、森林砍伐、生物多样性丧失及气候变化等环境危机的负担和代价方面，往往与男性存在差异。为实现可持续发展目标，必须认可妇女的角色和贡献，重视发挥女性的独特作用。进入20世纪90年代后，环境和社会性别这两个长期被忽视的发展问题几乎同时被提上了国际发展议程。联合国环境与发展大会1992年通过的《21世纪议程》有18处提到社会性别，有252处提到妇女，并在第24章“为妇女谋求可持续和公平发展的全球行动”中系统阐述了妇女与可持续发展的关系。从那时以来，在各种国际政策和实践中，社会性别便成为所有发展问题中的一个交叉性主题，被贯穿于可持续发展不可分割的三个维度（经济、社会和环境）之中。目前，《联合国气候变化框架公约》已将社会性别视角纳入政策体系，并积极推动性别平等政策的落实。在生物多样性保护方面，《生物多样性公约》中首次正式将性别和生物多样性问题联系起来。2007年，《生物多样性公约》秘书处提出在该公约的框架内纳入性别主流化的问题，从而使生物多样性保护中性别主流化的概念得到正式确立。2010年，公约秘书处编制了《促进国家生物多样性保护战略与行动计划中性别主流化指南》，并在同年召开的第10次缔约方大会的决议X/19中得到采纳。

因此，加快推进生态文明建设，对于改善妇女的生产生活条件和生存发展环境，帮助妇女增加收入、摆脱贫困，提高妇女的健康水平等具有重要作用。妇女也只有全面参与生态文明建设，积极为实现中华民族永续发展作贡献，才能不断改善生态环境，提高自身生存发展质量。

第二节　促进妇女参与生态文明建设的政策与实践

党的十八大以来，以习近平同志为核心的党中央把生态文明建设作为统筹推进“五位一体”总体布局和协调推进“四个全面”战略布局的重要内容，开展一系列根本性、开创性、长远性工作，推动生态环境保护发生历史性、转折性、全局性变化。环境保护相关的法律及公共政策、体制机制不断完善，美丽中国建设为城乡妇女儿童提供了更多优质生态产品和更加优美的生活环境；政府与妇联组织等积极开展工作，动员广大妇女与妇女组织积极参与生态文明建设，为构筑尊崇自然、绿色发展的生态体系作贡献。

一、完善有关妇女与生态文明建设的制度环境

中国政府制定和发布的四个周期的中国妇女发展纲要中，均提出了有关妇女与环境的目标。例如，《中国妇女发展纲要（2011—2020 年）》将“妇女与环境”作为七大优先领域之一，提出“全面解决农村饮水安全问题，降低水污染对妇女健康的危害。农村集中式供水受益人口比例提高到 85% 左右。农村卫生厕所普及率提高到 85%。城镇公共厕所男女厕位比例与实际需求相适应”“倡导妇女参与节能减排，践行低碳生活”“提高妇女预防和应对灾害风险的能力，满足妇女在减灾中的特殊需求”等环保目标。《中国妇女发展纲要（2021—2030 年）》更是提出要“提高妇女的生态文明意识，促进妇女践行绿色发展理念，做生态文明建设的推动者和践行者”“减少环境污染对妇女健康的危害。农村自来水普及率达到 90%，提升城市集中式饮用水水源水质”“稳步提高农村卫生厕所普及率，城镇公共厕所男女厕位比例标准化建设与实际需求相适应”“妇女应对突发事件能力不断提高，作用得到发挥，特殊需求得到满足”等目标。可以看出，

随着认识的不断提高，中国妇女发展纲要与时俱进，为妇女发展创造更加友好的生态环境的目标也不断提高，要求更加细化，妇女在其中的角色更加积极。

我国针对环境保护各领域问题出台了一系列法律政策，为改善妇女生产生活环境提供了更加有力的制度保障。在环境保护、减少污染方面，全国人大相继完成《中华人民共和国环境保护法》(2014 年 4 月)、《中华人民共和国大气污染防治法》(2015 年 8 月)、《中华人民共和国水污染防治法》(2017 年 6 月) 和《中华人民共和国固体废物污染环境防治法》(2020 年 4 月) 等一系列法律的修订。国务院先后印发《大气污染防治行动计划》(2013 年 9 月)《水污染防治行动计划》(2015 年 4 月)《土壤污染防治行动计划》(2016 年 5 月)，坚决打好污染防治攻坚战。2021 年 11 月，中共中央、国务院印发《关于深入打好污染防治攻坚战的意见》，从加快推动绿色低碳发展、深入打好蓝天保卫战、深入打好碧水保卫战、深入打好净土保卫战、切实维护生态环境安全、提高生态环境治理现代化水平等方面作出了明确部署。

在保障农村饮水安全方面，2013 年 12 月，国家发改委、水利部、环境保护部等部门联合印发《农村饮水安全项目建设管理办法》。2015 年 6 月，原环境保护部办公厅、水利部办公厅印发《关于加强农村饮用水水源保护工作的指导意见》，提出分类推进水源保护区或保护范围划定工作，加强农村饮用水水源规范化建设，健全农村饮水工程及水源保护长效机制，进一步加强组织领导、强化宣传教育和公众参与等。2015 年 7 月，水利部印发的《关于进一步加强农村饮水安全工程运行管护工作的指导意见》提出要加强组织领导，确保责任落实到位；明晰工程产权，落实管护主体和经费；建立健全农村饮水安全工程基层管理服务体系；强化水源保护和水质保障；开展关键岗位技术培训，提高工程管理水平；强化监督检查和宣传科普，确保群众喝上干净水。

在生态环境与健康素养方面，2016 年，中共中央、国务院印发《“健康中国 2030”规划纲要》，针对生活行为方式、生产生活环境以及医疗卫生服务等健康影响因素，提出推行健康生活方式等路径，以减少疾病发生，实现全民健康。2020 年 11 月，生态环境部印发了《中国公民生态环境与健康素养》和《居民生态环境与健康素养提升行动方案（2020—2022 年)》，强调正确认知、科学理解环境与健康的关系，突出预防理念和责任意识；介绍公民应了解的“基本知识”，涵盖空气、水、土壤、海洋、生物多样性、气候变化、辐射、噪声多个方面，以及应执行的基本行为和应掌握的技能。目前已印发给全国生态环境系统进行组织实施。

在劳动保护方面，2012 年 12 月修正的《中华人民共和国劳动合同法》第八十八条规定，用人单位有“劳动条件恶劣、环境污染严重，给劳动者身心健康造成严重损害的”情形的，要“依法给予行政处罚；构成犯罪的，依法追究刑事责任；给劳动者造成损害的，应当承担赔偿责任”。2012 年 4 月施行的《女职工劳动保护特别规定》第三条和第四条规定了女职工禁忌劳动范围以及用人单位应当采取措施改善劳动安全卫生条件。2015 年，国家安全生产监管总局以总局局长令的形式出台了《用人单位职业病危害防治八条规定》，重点围绕责任制、工作场所、防护设施、防护用品、警示告知、定期检测、培训教育、健康监护 8 个方面对所有产生职业病危害的用人单位提出了明确要求。这些法律法规为包括女职工在内的劳动者提供了生产环境安全卫生的制度保障。

在建立女性友好的公共环境方面，《中国妇女发展纲要（2011—2020 年)》提出要“推动城镇公共厕所男女厕位比例与实际需求相适应”。2016 年，住建部发布了修订后的《城市公共厕所设计标准》，要求各地在新建和改建公厕时，女、男厕位的比例不小于 3 ∶ 2，商场、火车站等人流密集场所的女、男厕位比例可达到 2 ∶ 1，以推动男女公平享有城镇公共厕所资源。

生态文明建设的组织机构进一步健全，各相关部门在促进妇女参与生态文明建设方面的职责进一步明确。2018 年 3 月，第十三届全国人民代表大会第一次会议批准了《国务院机构改革方案》，整合分散的生态环境保护职责，组建生态环境部，负责制定并组织实施生态环境政策、规划和标准，统一负责生态环境监测和执法工作，监督管理污染防治、核与辐射安全，组织开展中央生态环境保护督察等。2019 年 1 月，国务院妇女儿童工作委员会将七届一次全体会议审议通过的《国务院妇女儿童工作委员会各成员单位职责》印发给各成员单位，要求遵照执行，其中就各部门在妇女与生态环境方面的职责做了明确规定：自然资源部在起草自然资源和不动产管理法律、法规草案，制定规章、规范性文件以及相关标准规范时，重视保障妇女儿童权益；生态环境部通过各类生态环境保护主题实践活动，加强生态环境知识、法律法规、环境道德等宣传，努力提升妇女儿童生态环境人文及科学素养，发挥妇女儿童在家庭、社会的辐射带动作用，支持和鼓励妇女儿童参加各类生态环境保护宣传教育活动，提高妇女参与生态环境保护及决策管理程度，充分发挥妇女儿童在生态环境保护中的作用；住房和城乡建设部在拟订城乡建设及基础设施规划、住房保障和市政公用事业的政策法规以及工程建设标准规范工作中，注重保障妇女儿童权益，创造适宜的居住和公共环境；交通运输部在拟订交通运输行业政策、标准，组织起草交通运输法律法规草案等工作中，加强对妇女儿童权益的保护，为妇女儿童便利出行创造适宜环境；水利部指导农村饮水安全工程建设管理和乡镇供水工作，加强水资源合理利用、优化配置和节约保护，保障妇女儿童饮水安全；农业农村部支持和鼓励妇女兴办和参加生态农业建设、农村可再生能源综合开发利用建设等事业，充分发挥农村妇女在农村人居环境整治和乡村振兴中的积极作用；应急管理部负责推动增强妇女儿童防灾减灾和安全意识，促进提高妇女儿童自救互救能力，在防灾减灾救灾工作中保障妇女儿童权益、满足妇女儿童特殊需求、发挥妇女儿童独特作用。这些设置与安排为性别议题更好地纳入生态文明建设事业提供了良好的组织与制度基础。

二、推动妇女参与生态文明建设和分享生态文明成果的工作实践

在推进生态文明建设工作实践中，相关部门和妇联组织采取各种措施，改善妇女人居环境，提升妇女参与生态文明建设的意识与能力，推动妇女在生态文明建设中作出重要贡献。

1. 改善妇女人居环境

针对严重制约西部农村妇女发展的饮用水困难问题，为帮助饮水困难地区妇女及家庭解决饮用水困难，全国妇联、北京市人民政府、中央电视台联合于 2001 年发起，中国妇女发展基金会组织实施了“母亲水窖”项目。经过多年发展，目前该项目内容由早期的以家庭为单位建设集雨水窖，逐步发展为以水窖为龙头，集沼气、种植、养殖、卫生、庭院美化等为一体的“1+N”综合发展模式；从重点解决群众生活用水困难到解决人畜用水、生产用水，积极推广并实施安全饮水工程，加强水资源的可持续利用等。2018 年，“母亲水窖”项目进一步升级，将环境卫生治理、水源保护和赋权妇女结合起来，开展了帮助居民改善生活环境和提升水源保护意识的“母亲水窖—绿色乡村”项目，成为促进水与环境可持续发展的重要实践。在 2021—2025 年计划中，“母亲水窖”项目提出要坚持“以水为核心”，努力实现“妇女与人居、生态环境友好协同发展”这一核心目标，汇聚各类社会优质资源，充分发挥妇女在用水、节水、水环境改善中的主体作用和组织优势，支持和促进妇女成为生态环保及乡村振兴的重要有生力量。

厕所是衡量文明的重要标志，改善厕所卫生状况直接关系到人民的健康和环境状况。中国兴起“厕所革命”破解乡村治理难题。2015 年 7 月，习近平总书记在吉林省延边州调研时指出，要来场“厕所革命”，让农村群众用上卫生的厕所。2015 年以来，国家旅游局连续召开全国厕所革命工作现场会。2019 年 5 月，农村人居环境整治暨“厕所革命”现场会在福建省宁德市召开。“厕所革命”的各项配套措施、扶持政策等也不断推出，绩效考核等组织保障举措不断完善。各地开展了各种形式的厕所技术和管理模式创新。“厕所革命”逐步从景区扩展到全域、从城市扩展到农村、从数量增加到质量提升，大大改善了妇女人居环境。

2018 年 12 月，中央农办等 18 个部门联合印发《农村人居环境整治村庄清洁行动方案》（简称《方案》），在全国范围内集中组织开展农村人居环境整治村庄清洁行动，带动和推进村容村貌提升。村庄清洁行动以“清洁村庄助力乡村振兴”为主题，以影响农村人居环境的突出问题为重点，动员广大农民群众广泛参与、集中整治，着力解决村庄环境“脏乱差”问题，实现村庄内垃圾不乱堆乱放，污水乱泼乱倒现象明显减少，粪污无明显暴露，杂物堆放整齐，房前屋后干净整洁，村庄环境干净、整洁、有序，文明村规民约普遍形成，长效清洁机制逐步建立，村民清洁卫生文明意识普遍提高。《方案》要求，各地在实施村庄清洁行动中，要按照有关规定就近妥善处置清理收集的垃圾、淤泥等污染物，相关部门做好农业生产废弃物、一般工业固体废物、危险废物和生活垃圾的处置工作，禁止随意焚烧、堆放垃圾和随意处理淤泥等，不得随意填埋河沟池塘等水域，防止出现次生问题和二次污染。各地可在完成“三清一改”规定动作的基础上，有针对性地实施清除无保护价值的残垣断壁、开展村庄绿化美化等其他相关工作。

在突发自然灾害应急管理中加入性别视角的工作主要体现为在救灾物资的筹备中考虑到妇女的日常生活需求。如中国红十字会、中国妇女发展基金会在参与地震等自然灾害的救助服务中，会提供考虑妇女需求的物资寄往灾区。中国妇女发展基金会的“母亲邮包”项目在四川雅安、云南鲁甸地震、浙江洪涝等灾害中，发挥出快捷、实用的项目优势，为紧急救灾发挥了“及时雨”“雪中炭”的作用。在应对新冠肺炎疫情中，全国妇联和上海、广东等地妇联，中国妇女发展基金会等多家机构共同发起捐赠倡议并筹集了大量安心裤、卫生巾、一次性内裤等送往一线，一定程度上缓解了女医护人员生理期卫生用品需求。

为满足女性对公共环境的特殊需求，有关部门采取了相应的措施。在母婴设施建设方面，有关部门积极推动公共场所和用人单位为孕产妇和育婴女性提供适宜环境。2012 年 4 月国务院发布的《女职工劳动保护特别规定》第十条规定：“女职工比较多的用人单位应当根据女职工的需要，建立女职工卫生室、孕妇休息室、哺乳室等设施，妥善解决女职工在生理卫生、哺乳方面的困难。”2016 年，国家卫生计生委、全国总工会等 10 部门联合制发了《关于加快推进母婴设施建设的指导意见》，明确了公共场所母婴设施配置推荐标准，同时提出力争到 2020 年年底，所有应配置母婴设施的公共场所和用人单位基本建成标准化的母婴设施；对已建成的母婴室要做好改造完善工作；用人单位参照该标准建设女职工休息哺乳室等设施；火车等移动空间，应按要求配置母婴设施或提供便利服务。此外，为方便寻找，将对母婴设施的标识进行统一，设置醒目的导向标志，并鼓励各地因地制宜设置母婴候乘厅（区）、母婴专座等。各地相继制定女职工休息哺乳室建设目标、设置和管理标准等指导性文件，并通过划拨专项经费、设立公益基金、整合社会资源、搭建合作平台等方式，对女职工休息哺乳室实施社会化运作、项目化管理。“爱心妈咪小屋”“母婴关爱室”等女职工休息哺乳室如雨后春笋般遍布企事业单位、机关、商务楼宇、工业园区，为女职工创造了适宜的休息哺乳环境。

2. 提高妇女参与生态文明建设的意识与能力

各级政府与妇联组织通过宣传倡导、典型示范等方式，通过广泛开展“建设美丽家园”“家庭节能行动”“巾帼绿色行动”等活动，引导妇女并带动家庭成员牢固树立节约资源和保护环境的意识，提高践行简约适度、绿色低碳的生活方式的能力。

*一是通过宣传教育，向广大妇女普及生态文明理念和知识。*2016年3月，原环境保护部联合中宣部、中央文明办、教育部、共青团中央和全国妇联发布《全国环境宣传教育工作纲要（2016—2020年）》，提出要每年组织全民大讨论，面向妇女、青少年组织开展科普宣讲培训。各级妇联组织广泛组织开展形式多样的生态环境保护宣传和科普活动，向广大妇女宣传环境保护的方针政策、法律、法规和科普知识，努力提高妇女的环境意识和法制观念，引导她们认识、理解、参与生态环境保护工作，提高妇女参与环境保护的能力和自觉性。2020年，全国妇联设计制作“为绿色，你只要多做一点点”绿色家庭宣传品，还通过开展“从点滴做起　创绿色家庭”线上知识问答活动、征集“绿色生活·让家更美”创意作品等方式进行宣传倡导，引导大众了解家庭卫生健康、家庭节约能源资源、家庭生活垃圾分类等问题，大力宣传科学防疫知识、传播健康生活常识、推广绿色环保理念。为进一步弘扬中华民族勤俭节约的传统美德，牢固树立节约光荣、浪费可耻意识，2020年8月，全国妇联向广大妇女和家庭发出“从我做起，从家庭做起，制止餐饮浪费，崇尚勤俭节约”的倡议，提出“抵制

浪费，做爱粮节粮的践行者”“勤俭持家，做文明健康家庭的倡导者”“传承美德，做弘扬时代新风的推动者”等倡导建议。2021年2月，生态环境部、中共中央宣传部、中央文明办、教育部、共青团中央、全国妇联六部门联合发布的《“美丽中国，我是行动者”提升公民生态文明意识行动计划（2021—2025年）》提出，各级妇联组织要发挥妇女在家庭领域作用，依托妇女之家、儿童之家等阵地，广泛开展绿色家庭创建。各省（区、市）妇联每年组织开展“绿色生活·最美家庭”“美丽家园”建设等主题活动3次以上，引导家庭成员提升生态文明素养、清洁生活环境、节约家庭资源、践行绿色消费、倡导绿色出行、开展垃圾分类等。

二是通过典型示范，引领更多妇女参与生态文明建设。2013年6月，环境保护部联合全国妇联在北京启动“千名巾帼环境友好使者行动”，旨在通过广大妇女身体力行，以一传千、以一传万，带动更多的人参与环保行动。2013年8月，全国妇联、全国绿化委员会、国家林业局发出关于开展“巾帼绿色家园行动”的通知，决定于2013年至2017年在全国开展“巾帼绿色家园行动”。通知指出，要树立妇女造林绿化典型：各地妇联、绿化委员会和林业部门要注重培养依靠科技兴林致富的先进妇女典型，树立一批妇女植树能手、绿化标兵。全国妇联、全国绿化委员会、国家林业局将在层层推荐的基础上，命名100个全国“三八绿色工程”优质示范基地，以示范引导更多妇女积极参与造林绿化和生态文明建设。2020年以来，全国妇联及各级妇联组织依托寻找“最美家庭”活动，大力寻找各级各类、各具特色的绿色家庭典型。在选树典型基础上，通过“梦想启航——好家庭好家风巡讲”活动和中央电视台、“学习强国”、妇联所属融媒体等平台，大力宣传绿色家庭故事，带动更多的家庭崇德向善、见贤思齐，自觉树立社会主义生态文明观，主动提升生态文明素养。2020年6月5日世界环境日当天，全国妇联举办了“绿色生活让家更美”绿色家庭创建行动线上启动仪式，通过网络集中展现了全国妇联近年来在寻找“最美家庭”活动中发现的绿色环保家庭典型。

3. 发挥妇女在生态文明建设中的作用

一是鼓励女性生产者参与绿色发展。政府和妇联鼓励妇女在发展生态农业、庭院经济、绿色手工业等方面发挥独特优势，推动女性企业家转变生产方式，带领广大妇女积极探索新型集约式绿色生产模式。在发展生态农业和庭院经济方面，2013 年 8 月关于开展“巾帼绿色家园行动”的通知中指出，在农村，要把开展义务植树与发展庭院经济相结合，组织妇女致富带头人、女能手等在房前屋后、田边地角以及其他可以利用的空间种树种花，实现妇女年人均植树 3—5 棵的目标。同时提出，各地妇联要鼓励妇女积极参与林业重大生态修复工程建设，运用小额担保贷款贴息政策大力种植生态林和经济林，并结合实际发展林下经济，以实现林业增效、妇女增收。各地绿化委员会和林业部门要重点扶持一批由妇联组织推荐的、妇女领办和创办的林业专业合作社、合作林场，以及符合条件的“妇”字号龙头企业，增强农村妇女抵御市场风险的能力，为妇女发家致富搭建平台。在发展绿色手工业方面，从 2013 年起，贵州在全省实施妇女特色手工产业“锦绣计划”，帮助 50 万从事特色手工及辅助行业的妇女居家就业、指尖脱贫，也实现了发展绿色产业与提高女性经济收入和社会地位的共赢。近年来，中国女企业家协会号召广大女企业家转变发展理念，增加科技创新和绿色发展的持续投入，取得良好成效。

二是引导妇女积极投身环境整治活动。2018 年，全国妇联实施“乡村振兴巾帼行动”，其中包括引导农村妇女积极投身环境整治等活动，在支持生态环境保护等方面积极发挥作用，为振兴乡村贡献力量等内容。“实施乡村振兴巾帼行动”还被写入 2018 年中央一号文件《中共中央 国务院关于实施乡村振兴战略的意见》。2019 年 1 月，全国妇联下发《关于学习浙江“千万工程”经验 进一步深化“美丽家园”建设工作的通知》，要求各地妇联坚持以人民为中心的发展思想，积极践行“绿水青山就是金山银山”的理念，充分发挥引领、服务、联系职能，以“乡村振兴巾帼行动”为统领，以“美丽家园”建设为载体，以“清洁卫生我先行”“绿色生活我主导”“家人健康我负责”“文明家风我传承”四项行动为抓手，组织动员妇女积极参与农村人居环境整治、垃圾分类、厕所革命等工作，共建共享生态宜居、文明和谐的幸福美丽新家园。

三是引导妇女带动家庭成员参与生态环保活动。党的十八大以来，全

国妇联继续开展家庭节能行动、“巾帼绿色行动”“共建绿色家园”等活动，引导城乡妇女参与植树造林、垃圾分类、抵制白色污染等活动，在保护生态环境中发挥积极作用。2015 年 11 月，住房和城乡建设部等 10 部门印发《关于全面推进农村垃圾治理的指导意见》，提出要发挥农村妇女的家庭骨干作用，带动全家参与农村垃圾治理。2017 年 9 月，全国妇联在《全国五好家庭评选表彰办法》中，将绿色节俭作为标准之一，鼓励家庭强化生态意识和环保理念、厉行节约、自觉做好垃圾分类、践行绿色生活方式等。2018 年 2 月，全国妇联下发《关于开展“乡村振兴巾帼行动”的实施意见》（简称《意见》），提出开展“美丽家园”创建活动，引领农村妇女共建共享生态宜居新农家。《意见》要求，强化农村妇女的生态环保理念，推动妇女从家庭做起、从改变生活和卫生习惯入手，清理整治房前屋后环境，清除私搭乱建、乱堆乱放，全面净化绿化美化庭院；动员妇女积极参加农村人居环境整治三年行动，广泛参与农村垃圾、污水治理和村容村貌提升以及厕所革命，提升文明健康意识，养成良好生活习惯，摒弃乱扔、乱吐、乱贴等不文明行为，共同建设山清水秀、天蓝地绿、村美人和的幸福美丽新家园。2020 年 1 月，全国妇联、国家发展改革委、生态环境部、教育部、财政部、住房和城乡建设部、市场监管总局共同印发《绿色家庭创建行动方案》，并制定《城镇绿色家庭创建标准》和《农村绿色家庭创建标准》，引导广大家庭践行简约适度、绿色低碳的生活方式。

第三节　妇女参与生态文明建设状况

党的十八大以来，在党和国家的高度重视、相关部门和妇联组织的积极推动下，妇女参与生态文明建设取得积极进展，妇女生产生活条件得到改善，参与生态文明建设的意识和能力得到提升，成为生态环境保护与治理事业的积极参与者和开拓创新者。

一、妇女全面参与生态文明建设

妇女受益于生态环境的改善，也积极投身于生态环境保护事业中。她们不仅是生态文明建设的参与者和实践者，同时也是重要的创造者和传播者。

妇女是绿色生产的践行者。在我国农村农业女性化的大背景下，农村妇女作为社区的守护者、农业生产的主力军、农村家庭的管理者和农业文化的传承者等多重角色，在保护农业生物多样性等方面发挥着重要作用。同时，因担心化肥有毒，不少女村民种植供自己食用的限用或不用化肥和农药的绿色食品，并进而在销售的农产品中践行这种绿色理念。不少女企业家和女能手引领生产方式转化，积极探索新型集约式绿色生产模式，大力发展技术含量高、环境影响小、资源能源消耗低、经济效益好的绿色产业，推广应用资源节约新技术、废旧物资资源化和再生利用等技术，努力提高单位资源产出效率和资源利用水平。一家中国女企业家协会的会员企业率先在全国打造环保低碳的蛋鸡养殖产业并获得环保部审核通过，与普通蛋鸡相比，每养殖 1 万只该类节粮小型蛋鸡，在产蛋量相同情况下，每年可减少温室气体排放量 65.3 吨，减排效果明显。四川南充的张琴承包荒山创业，以种养为龙头，以沼气为枢纽，对沼气、沼液、沼渣进行多层次利用，形成了“猪—沼—果”的农业生产模式，其特征是自然资源的低投入、高利用和废弃物的低排放，从根本上消解环境与发展之间的冲突。山东日照五莲县的贺培玲积极推广有机肥使用、粪污循环利用、立体种植等技术，开展大棚蔬菜育苗栽培、无公害瓜菜种植，打造了高效生态循环农业的示范样板。陕西大学生刘凌云回乡创办宝鸡神农农业科技有限公司，创新实施现代循环农业，改善乡村环境面貌，带动群众脱贫致富。北京市女企业家汤洁带领的雷力公司生产的海藻液肥，可使农产品在增产的同时减少 10%—15% 的化肥和农药使用量。

妇女是环境保护活动的参与者。很多妇女积极参与植树造林、减污降

碳等生态环境保护与修复活动。2017 年，塞罕坝机械林场建设者荣获联合国环保最高荣誉——“地球卫士奖”，领奖代表陈彦娴是首批 6 名女性务林人之一，她们于 1964 年主动请缨来到林场，经过几代务林人共同的艰苦奋斗，将该地区森林覆盖率从 11.4% 提高到 80%。内蒙古乌审旗治沙人殷玉珍和丈夫从 20 世纪 80 年代起在沙漠中种树治沙，经过 30 多年的努力，将脚下的茫茫一片沙变成了无边的绿色。以女性为主导的环保组织日益增多，不少地方自发成立了“环保妈妈志愿服务队”等环保组织。上海市凌云街道的“绿主妇，我当家”居民低碳环保自治行动小组经过三年的发展，到 2014 年发展为专业环保组织，引领 23000 多户市民参加环保活动。北京市延庆区居民贺玉凤在妫水河畔捡拾垃圾 20 余年，并于 2014 年发起成立了“夕阳传递环保志愿服务队”，带领大家开展志愿环保活动。浙江在 2003 年启动的以农村生产、生活、生态的环境改善为重点的“千村示范、万村整治”工程，于 2018 年被联合国授予“地球卫士奖”中的“激励与行动奖”，浙江省安吉县鲁家村女村委会主任裘丽琴参加“地球卫士”颁奖典礼并发言。

妇女是绿色生活方式的引领者。作为家庭消费支出的主要计划者、决策者和执行者，女性的理念和行为影响着整个家庭的绿色低碳意识和行为，在家庭绿色节能、垃圾分类、创建“美丽庭院”等活动中发挥着重要作用。国务院发展研究中心“中国民生调查”数据显示，女性对生态环境质量的要求更高，在家庭中有着更多的绿色低碳行为。山西省长治市潞州区的“环保大妈”胡玉娥，20 多年来坚持用废旧布料自己动手制作环保袋并送给亲友邻居，带动周围的人使用环保袋，多年来已送出了 1000 多个。北京市房山区的欧阳湘萍家庭一直遵行低碳环保的生活理念，将许多低碳观念应用于家庭装修布局上，自行设计家庭中水回收利用系统，还以志愿者身份积极参与多个环保公益项目，以各种方式分享传播低碳环保的生活理念和经验。2015 年，在巴黎气候大会上，欧阳湘萍家庭厨余零排放的故事被选为特色样本推广。

妇女成为生态环境的管理者和决策者。中国鼓励和支持妇女参与生态环境管理与治理，提高其参与决策的比例。如在应对气候变化部门中，妇

女参与程度不断提高。截至2017年年底，全国气象部门的女职工约占职工总数的40%，首席预报女性占近70%。当前，中国气象局局级领导共7人，包括正职局长在内有两位女局长。在2170余个县级气象局工作部门中，超过160个县气象局的主要负责人为女性。此外，各级政府分管环境的女市长和女环保局局长人数也在不断增加。

此外，农村妇女获得及管理自然资源的能力得到提升。在中国大力扶贫并在政策保障中将妇女儿童列入重点群体的背景下，农村妇女可使用的基础设施得到进一步建设，其获得和控制土地、水、能源和其他自然资源的能力较之前有了提升，农村妇女在生态环境保护领域的主体性也得到进一步提高，很多妇女自发组织参与生态环境保护活动，有的妇女还自发组织起来抵制村里的污染源等。

二、妇女生产生活环境显著改善

良好生态环境是最普惠的民生福祉。随着“绿水青山就是金山银山”的理念不断深入，我国生产生活方式绿色、低碳水平明显上升，主要污染物排放总量大幅减少，生态系统稳定性增强。城乡生态环境质量不断提升，妇女的生产生活环境得到显著改善。

妇女的生活环境质量提高。从绿化情况来看，2017年，全国城市建成区绿化覆盖率达到40.9%。2020年，全国城市人均公园绿地面积14.8平方米，比2010年增加3.6平方米。城市建成区绿化覆盖率、城市污水处理率、城市生活垃圾无害化处理率分别为42.1%、97.5%和99.7%，分别比2010年提高3.5个、15.2个和21.8个百分点。从空气质量来看，2020年，全国337个地级及以上城市细颗粒物（PM2.5）年平均浓度为33微克／立方米，首次低于国家二级标准（35微克／立方米）。随着城市环境整治的力度加大，全国城市环境“颜值”明显提升，民众的生态环境获得感大为增强，城市妇女的生活环境得到进一步改善。农村人居环境持续改善。《中国妇女发展纲要（2011—2020年）》终期统计监测报告显示，2020年，农村集中式供水受益人口比重达到88.0%，比2010年提高30个百分

点。自来水的普及以及饮水安全的保障不仅使农村妇女获取水等基本生活资料越来越方便，而且减少了她们和家人的健康风险。此外，到 2021 年，农村人居环境整治三年行动方案目标任务全面完成，全国 95% 以上的村庄开展了清洁行动，村民的环境与健康意识进一步增强，村庄环境趋于干净整洁，农村卫生状况明显改善。2017 年农村卫生厕所普及率达到 81.8%，农村无害化卫生厕所普及率为 62.7%。卫生厕所的使用不仅改善了家庭生活环境的卫生状况，同时也在一定程度上减轻了农村妇女的家务劳动负担，有效地改善了妇女的生存和发展条件。

妇女的劳动生产环境得到改善。随着生态文明理念的广泛普及，生态文明建设的日益推进，生态优先、绿色发展成为共识和自觉行动，政府、社会、企业和劳动者共同践行绿色生产生活方式，包括妇女在内的广大劳动者生产环境也不断得到改善。一些企事业单位通过减少工作环境中的生殖危害、改善劳动条件加强预防措施、合理安排妇女劳动、识别工作环境中的毒性物质以及规定工作场所有害因素职业接触限值等措施，使得妇女在生产劳动中的身心健康得到了保障。女职工工作环境和条件不断得到改善，接触有毒有害因素的比例下降，劳动防护措施和防护率提高。从母婴配套设施来看，大部分企业为女职工建立了孕妇休息室、哺乳室等友好福利设施。到 2017 年，全国 27 个省（区、市）总工会设立了专项资金，15 个省（区、市）制定了管理办法，统一标识和色调，统一配备设施、配送物资、专人管理。全国建立女职工休息哺乳室的基层企事业工会达 29.6 万个，涵盖单位 62.3 万家，惠及 1849.4 万女职工。

第四节　总结与展望

党的十八大以来，随着党和国家对生态文明建设的高度重视，相关部门和妇联组织的积极推动，妇女参与生态文明建设取得了巨大的进展。一是妇女生产生活的自然环境得到显著改善。伴随着国家生态环境治理明显加强，环境状况得到改善，与女性生活息息相关的水、气、土等方面污染减少，绿化水平提升。在城乡环境的改变中，女性的居住环境、健康与安全等均得到改善，母婴设施和公共厕位更加性别友好。二是妇女在生态环境保护和可持续发展中参与人数越来越多、参与范围越来越广、参与层次越来越高。在生态文明制度体系加快形成过程中，不少女性在各级环保部门、各种环保组织中担任管理者和决策者，为促进妇女与生态环境的发展提供了有力的组织保障。三是广大妇女参与生态环境保护的意识与能力日益提升。广大妇女群众对绿色发展理念的了解提升，践行绿色生产生活方式的自觉性和主动性显著增强，忽视生态环境保护的状况明显改变，在保护家园、绿色生产和低碳生活等方面成为主体力量。

但同时，妇女参与生态文明建设特别是环境可持续发展仍面临一些问题与挑战。一是妇女参与生态文明建设的层次还处于较低水平，参与的渠道有限，特别是妇女参与生态环境管理和决策的比例不高，整个社会在生态文明建设中的性别敏感性较弱，妇女一直处于环境政策和话语的边缘，不利于妇女平等地参与环境可持续发展。二是女性接受的培训和信息服务较少，环保意识水平、参与的知识和能力从总体上看仍然较低，不利于更有效地在环境保护与资源管理方面发挥作用。例如，生态环境部组织完成的“首次中国居民环境与健康素养调查”显示，2018 年我国居民环境与健康素养的总体水平为 12.5%，相当于平均每 100 个 15—69 岁的人中，还不到 13 人具备基本的环境与健康素养。由此可见，包括女性在内的广大居民的环境与健康素养不容乐观。三是妇女参与生态环境保护的自觉性、主体性和有效性等尚未充分发挥，作用和贡献还没有得到充分的承认和支持。

人与自然是生命共同体，我们要建设的现代化是人与自然和谐共生的现代化。中国政府坚持节约优先、保护优先、自然恢复为主的方针，在形成节约资源和保护环境的空间格局、产业结构、生产方式、生活方式的过程中，妇女也将以更加积极的姿态参与生态文明建设，充分发挥“半边天”力量的独特优势，身体力行，开拓创新，做低碳转型、绿色发展理念的积极倡导者、传播者、实践者、推动者，共筑生态文明之基，同走绿色发展之路，共享宁静、和谐、美丽的自然环境。

一是妇女将以产业推动环保，做绿色创新的实践者。女性在发展生态农业、绿色手工业、庭院经济等方面具有独特优势。通过全力推进实施妇女创业创新贷款、促进妇女就业等政策措施，充分发挥女性作用，打造以女性为主的经济合作组织，有利于形成新型集约式绿色生产模式。

二是妇女将以消费倒逼生产，做绿色消费的倡导者。绿色消费既是生态文明建设的必然要求，也是人民追求美好生活的重要体现。多数家庭消费通过女性完成，女性具备绿色环保理念，采取绿色、低碳的消费方式和工作方式，追求健康生活和文明行为，会对整个社会转变发展方式、实现低碳转型绿色发展起到重要的推动作用。

三是妇女将以家庭作为平台，做绿色理念的传播者。以家庭为生态文明建设的最小单位，将推进生态文明与生态家庭、绿色家庭、环保家庭等特色家庭创建活动结合起来，引导妇女将家庭打造为弘扬绿色理念的平台，促进家庭自觉履行节能环保义务，做节约资源、保护环境和实现“双碳”目标的倡导者、实践者、志愿者和传播者，推动美丽中国建设持续健康深入开展。

为加快生态文明体制改革、建设美丽中国，必须进一步动员广大妇女参与生态文明建设。要在构建政府为主导、企业为主体、社会组织和公众共同参与的环境治理体系过程中，在完善生态环境管理制度过程中，在加快建立绿色生产和消费的法律制度和政策体系过程中，充分发挥妇女作为生产者和消费者的主体力量。为此，有关部门应采取必要的措施，促进生态文明建设过程中的性别平等治理，尊重、保护和实现所有人权，满足作为变革推动者和受益者的妇女和女童在不同条件下的需求。

一是通过推进绿色发展、解决突出环境问题、加大生态系统保护力度、改革生态环境监管体制、建立严格限制和禁止污染机制等，为妇女创造更加友好的生产生活环境。进一步完善环境监测指标体系，加强对环境污染的控制和治理，减少环境污染对妇女儿童的危害。

二是加强跨部门和各级政府的协调和性别平等主流化。综合制定和实施促进性别平等的气候变化、环境和减少灾害风险的政策、策略和方案。大幅增加对促进性别平等的气候变化、生物多样性保护以及减少灾害风险政策和方案的投资。在官方发展援助中更加强调性别平等视角。在相关工作中对妇女提供必要的救助和服务，满足妇女的特殊需求。

三是提高妇女参与生态文明建设的意识和能力。通过各种载体和手段，开展多层次、多形式的宣传教育活动，努力激发妇女内生动力，增强妇女的生态意识、节约意识、环保意识，养成符合生态文明和可持续发展要求的良好道德准则和行为习惯，更加积极自觉地参与生态文明建设，参与绿色生产，推进绿色发展。进一步提高妇女预防和应对环境污染和灾害风险的能力，进一步促进妇女和女童包括科学、技术、工程和数学等方面的学习、培训和教育，推动她们在促进性别平等的气候变化适应、生物多样性保护和可持续利用并减少灾害风险等方面发挥作用。在社区层面，加强妇女组织能力建设，提升脆弱群体的生存韧性、应对能力和专业水平。

四是加强制度机制建设，提高妇女参与生态文明建设的决策和管理程度。充分认识到女性在相关行动和决策中拥有话语权与主体性，提高全社会对妇女在生态文明建设中重要作用与贡献的认识，充分意识到妇女已成为新时代生态文明建设的主体力量，广泛宣传妇女在环境保护方面发挥的不可替代作用。优化城乡生态环境信息获取通道，确保妇女的生态知情权与生态参与权。进一步完善妇女全面参与环境决策的制度机制，切实保障妇女有权利、有机会参与生态文明建设的法律、政策、项目、方案的制定、实施、监测和评估。

第九章

妇女权益的法治保障

党和国家一贯高度重视妇女权益的法治保障。党的十八大以来，在中国特色社会主义民主法治建设进程中，妇女权益保障的法律体系和制度机制不断完善，形成了丰富的理论成果、制度成果和实践成果，具有鲜明中国特色和显著优势。全面了解有关妇女权益法治保障的基本理念，深刻理解中国特色妇女权益保障的法律体系和制度机制，对于做好妇女维权工作具有重要意义。

第一节　妇女权益法治保障的相关概念与意义

做好妇女维权工作，首先要树立正确的妇女维权理念。从这个意义上说，全面了解妇女权益法治保障的核心概念，明晰妇女权益法治保障的重要意义至关重要。

一、妇女权益法治保障的相关概念

妇女权益与妇女人权。广义上的妇女权益，也可称为妇女人权，指妇女作为一个人应该享有的、不容侵犯的尊严及其权利和利益。妇女权益保障既包含对妇女尊严的保护，也包含对妇女合法权利的保障，还包含对妇女合法利益的保障。1993年联合国第二次世界人权大会通过的《维也纳宣言和行动纲领》明确提出："妇女和儿童的人权是普遍性人权当中不可剥夺和不可分割的一个组成部分。"妇女人权是妇女作为人所有的和应当享有的权利，是基于妇女群体固有的人的资格和身份所应当享有的不可分割、不可剥夺和不可侵犯的权利。

性别平等与性别公正。男女两性的平等是社会文明的基础。性别平等是指不同性别的人可以不受歧视地享有机会、权利和结果上的平等，能够平等行使民主权利，平等参与经济社会发展，平等享有改革发展成果。真正的性别平等，不只是形式上的平等，还包括结果的平等。任何人都不应因性别不同而被区别对待，这是机会平等和权利平等的要求；同时基于性别的合理差异而做出必要的区别对待，这是结果的平等。二者相辅相成，共同构成了性别平等的全部内容。性别平等与性别公正既相互联系，又有

所区别。一方面，性别平等的价值追求中本就蕴含着性别公正这一合理性的价值判断，性别平等是性别公正的基础性条件，而性别公正是性别平等的指引。性别平等与否的实质评判标准即这种平等是否公正合理。另一方面，形式上的性别平等与性别公正相互区别。形式上的性别平等，强调的是性别之间的同一性，这种客观的均等性可以被观察和衡量；性别公正则是关于合理性的价值判断，其核心在于两性之间的差异是公平合理的，使得两性在权利、机会平等的前提下各尽所能、各得其所。妇女权益的法治保障应遵循性别平等和性别公正的理念。

性别歧视与妇女特殊利益。平等和非歧视是保护人权的基本而普遍的原则。所谓歧视，是指对人们本应平等享有的权利和利益的否定或侵犯。性别歧视是指妇女因为女性这一先赋性因素而受到不公平的对待。《消除对妇女一切形式歧视公约》规定，“对妇女的歧视”指基于性别而作的任何区别、排斥或限制，其影响或目的均足以妨碍或否认妇女不论已婚未婚，在男女平等的基础上，认识、享有或行使在政治、经济、社会、文化、公民或任何其他方面的人权或基本自由。承认并保护妇女的特殊利益是消除对妇女的歧视、追求性别平等和性别公正的必要途径。针对妇女的性别歧视，在本质上是对妇女合法权益的侵犯；消除对妇女的歧视，最终追求的是两性事实上的平等。基于两性在生理、社会和文化等方面存在的现实差异，需要遵循差别对待的价值理念，在法律上确认并保护妇女的特殊利益，方能实现性别平等。比如，基于生理差异，法律特别保护妇女在经期、孕期、产期、哺乳期的特殊劳动权益。保护妇女特殊利益的最终目的是实现性别平等和性别公正。妇女权益的法治保障应坚持消除性别歧视和保护妇女特殊利益的原则。

二、妇女权益法治保障的重要意义

建立健全妇女权益保障法治体系对于保障妇女权益、加快建设社会主义法治国家、营造有利于性别平等和妇女发展的社会文化环境具有重要意义。

*法治保障对妇女权益的意义。*以良法善治为基础，以国家强制力保障妇女权益，对于确认并保护妇女权益发挥着根本性作用。新中国彻底废除了旧中国压迫残害妇女的法律制度，从立法上坚持男女平等、保护妇女权益。改革开放 40 多年来，中国不断强化男女平等的法治保障，将保障妇女权益贯穿于科学立法、严格执法、公正司法、全民守法各环节。在全面推进依法治国的今天，保障妇女权益最需要的就是法治保障。正确的立法理念、完善的法治保障体系、可操作的法律规范、明确的法律责任对于保障妇女权益具有基础性作用，能够为全面保障妇女权益提供系统、协调的制度支持。

*妇女权益的法治保障在国家法治建设中的意义。*保障妇女合法权益、促进男女平等是国家法治建设的必然要求，是建设社会主义法治国家、法治政府、法治社会的重要内容。党的十八大以来，以习近平同志为核心的党中央将妇女权益保障放在全面依法治国战略中统筹推进。我国妇女权益保障制度作为人权治理机制的重要组成部分，为完善国家治理的整体性结构发挥了重要作用，中国妇女权益保障制度也因此堪称中国人权事业中的一个亮点和典范。妇女权益法治保障的不断完善为全面依法治国、推进国家治理体系和治理能力现代化作出贡献。

*妇女权益的法治保障对改变不利于男女平等的社会文化的意义。*由于历史文化的影响和现实多种因素，以男性为中心的传统社会性别观念和男性中心文化仍然不同程度、不同形式地存在，深刻影响着两性社会关系的塑造，妇女发展和权益保障也因此面临许多困难和问题。在贯彻落实男女平等基本国策过程中，一个长期的重要任务就是树立马克思主义妇女观，彻底消除否定女性平等地位、贬低女性人格尊严和社会价值、侵犯妇女合法权益、限制妇女平等机会的落后性别文化所造成的阻力。以国家强制力为后盾保障妇女权益，意味着从法律上消除对妇女一切形式的歧视，确立以先进社会性别文化为基础的社会关系调整规范。

第二节　中国特色妇女权益保障的法律体系

中国特色妇女权益保障的法律体系，是以宪法为基础，以妇女权益保障法为主体，包括国家各种单行法律法规、地方性法规和政府各部门行政规章在内的保障妇女权益、促进性别平等的法律体系。它是所有保障妇女合法权益法律规范的系统总和，是相互联系的、多层次的、多方面的规范体系。

一、中国特色妇女权益保障法律体系的主要进展

中华人民共和国成立 70 余年来，从社会主义革命和建设时期到改革开放和社会主义现代化建设新时期再到中国特色社会主义新时代，妇女权益法治保障经历了法律制度框架初步建立、法律体系基本形成到法律体系不断完善成熟的历史进程。特别是党的十八大以来，我国开启了全面依法治国的新时代，妇女权益保障法律体系建设不断取得突破进展。

2015 年全国人大审议通过、2016 年 3 月 1 日起实施的反家庭暴力法是我国第一部预防和制止家庭暴力的专门法律，明确了家庭暴力的性质、预防、处置、人身安全保护令和法律责任，为预防和制止家庭暴力，保护家庭成员特别是妇女儿童的合法权益提供了法律依据。该法总则第二条规定“本法所称家庭暴力，是指家庭成员之间以殴打、捆绑、残害、限制人身自由以及经常性谩骂、恐吓等方式实施的身体、精神等侵害行为”，附则第三十七条规定“家庭成员以外共同生活的人之间实施的暴力行为，参照本法规定执行”，把同居关系中的受害人也纳入保护范围；第三条和第五条明确了预防和制止家庭暴力工作应遵循的五项原则，包括对家庭暴力零容忍，反家庭暴力是国家、社会和每个家庭的共同责任，预防为主，教育、矫治与惩处相结合，尊重受害人真实意愿、保护当事人隐私，对未成年人、老年人、残疾人、孕期和哺乳期的妇女、重病患者等给予特殊保

护；第四条还明确规定“县级以上人民政府负责妇女儿童工作的机构，负责组织、协调、指导、督促有关部门做好反家庭暴力工作”。第二章至第五章对家庭暴力的预防、处置、人身安全保护令、法律责任等进行了规范，其中第三章“家庭暴力的处置”中规定了强制报告、紧急庇护、家庭暴力告诫等制度，通过行政手段强化了对家暴受害人的保护和对加害人的警示告诫；第四章专门规定了“人身安全保护令”制度，对人身安全保护令的申请条件、程序、内容、时限等作出规范，强化了家暴受害人的司法保护。

2021 年 1 月 1 日起实施的民法典，作为调整平等主体之间的人身关系和财产关系的民事基本法律，在落实男女平等、保护妇女合法权益等方面发挥着重要作用。民法典总则加强了对妇女民事权利的特殊保护，第一百二十八条规定“法律对未成年人、老年人、残疾人、妇女、消费者等的民事权利保护有特别规定的，依照其规定”，赋予妇女权益保障法等保护妇女权益专门法律的优先适用地位。物权编加强了对妇女财产权的保护，第二百六十五条规定“农村集体经济组织、村民委员会或者其负责人作出的决定侵害集体成员合法权益的，受侵害的集体成员可以请求人民法院予以撤销”，为农村妇女土地权益受侵害提供了司法救济渠道；在原物权法的基础上新增了第十四章“居住权制度”，为家庭中的弱势成员特别是妇女的居住权提供了保障。人格权编明确了性骚扰的定义和用人单位责任，第一千零一十条规定“违背他人意愿，以言语、文字、图像、肢体行为等方式对他人实施性骚扰的，受害人有权依法请求行为人承担民事责任。机关、企业、学校等单位应当采取合理的预防、受理投诉、调查处置等措施，防止和制止利用职权、从属关系等实施性骚扰”。婚姻家庭编有关家务劳动补偿、婚内财产分割、离婚损害赔偿、夫妻共同债务及带产再婚等规定，是对原有婚姻法相关规定的进一步完善，对保护妇女婚姻家庭权益具有重要作用。继承编关于丧偶儿媳、丧偶女婿的继承权以及再婚时对所继承遗产处分权的规定，有利于切实保护丧偶公民的继承权，避免因再婚遭到侵犯。

2021 年 12 月，十三届全国人大常委会第三十二次会议对妇女权益保障法修订草案进行第一次审议。修订草案在完善保障妇女权益的制度机制方面具有诸多亮点，例如，将歧视妇女明确定义为“基于性别排斥、限制妇女依法享有和行使各项权益”，并增加了维护妇女权益的工作机制、法律政策性别平等评估机制、性别统计调查和发布制度等；明确就业性别歧视的主要情形，完善消除就业性别歧视的机制；将原第六章章名“人身权利”修改为“人格权益”，并完善了相关人格权类型，细化了对妇女生命健康权的保护措施，规定了学校和用人单位对性骚扰应采取的预防和制止措施；对民法典有关夫妻共同财产的规定进行了细化，增加了有关财产权属登记、离婚诉讼期间共同财产查询、离婚时家务劳动经济补偿等规定；增加了各级妇儿工委可以发出督促处理意见书、建立妇女权益保障检查公益诉讼制度、支持起诉制度等新救济途径，为促进男女平等和妇女全面发展提供坚实法治保障。

预防性侵未成年人、保障女童人身权利的法律制度不断健全。2013 年 9 月，教育部、公安部、共青团中央、全国妇联共同发布了《关于做好预防少年儿童遭受性侵工作的意见》，探索预防儿童遭受性侵的工作机制和举措办法；10 月，最高人民法院、最高人民检察院、公安部、司法部联合出台《关于依法惩治侵害未成年人犯罪的意见》，着重从依法严惩性侵害犯罪、加大对未成年被害人的保护力度两个主要方面做了规定，提出建立儿童性侵害报告制度、性罪犯禁止令制度、被性侵儿童人身损害赔偿制度等，弥补了相关法律规定的欠缺，加大对性侵未成年人犯罪的惩治力度。2014 年 12 月，最高人民法院、最高人民检察院、公安部、民政部研究出台《关于依法处理监护人侵害未成年人权益行为若干问题的意见》，在现行法律制度框架下建立未成年人行政保护和司法裁判衔接机制、明确监护权转移条件和程序问题。2015 年 8 月，全国人大常委会审议通过了刑法修正案（九），取消了嫖宿幼女罪，改以强奸罪从重处罚，同时规定对收买被拐卖妇女儿童的，一律定罪处罚，进一步强化了对妇女、女童人身权利的司法保护力度。2019 年 2 月，最高人民检察院发布《2018—2022 年检察改革工作规划》，将建立健全性侵害未成年人违法犯罪信息库和入职查询制度确定为 46 项任务之一。2019 年 5 月，上海市检察机关联合 16 家单位发布《关于建立涉性侵害违法犯罪人员从业限制制度的意见》，建立了全国首个省级涉性侵害违法犯罪人员信息库和入职查询制度。2019 年 3 月，湖北省检察院联合教育、公安等部门出台首个省级侵害未成年人权益案件强制报告制度，规定了教育、医疗、救助管理及福利机构、村（居）民委员会及其工作人员的强制报告义务。这些司法实践中的成果，在 2020 年 10 月修订、2021 年 6 月 1 日起施行的《中华人民共和国未成年人保护法》中体现出来。该法增设发现未成年人权益受侵害后的强制报告制度；创设密切接触未成年人行业的从业查询及禁止制度，规定国家建立性侵害、虐待、拐卖、暴力伤害等违法犯罪人员信息查询系统，向密切接触未成年人的单位提供免费查询服务；规定学校、幼儿园应建立预防性侵害、性骚扰未成年人工作制度；建立“一站式”取证制度等，大大强化了预防未成年人遭受性侵害、保护女童人身权利的制度保障。此外，为应对网络社会中未成年人面临的身心健康和安全风险、进一步强化政府部门在未成年人保护方面的主体责任，该法还增设网络保护、政府保护专章，进一步拓展了保护范围，增强了保护力度。

保障妇女权益的其他领域立法也取得重要进展。针对高校存在的性骚扰问题，2018 年 11 月，教育部印发实施《新时代高校教师职业行为十项准则》和《关于高校教师师德失范行为处理的指导意见》等文件，明确规定教师“不得与学生发生任何不正当关系，严禁任何形式的猥亵、性骚扰行为”，对于高校教师实施性骚扰行为的，视情节轻重责令行为人承担行政、民事和刑事责任。2018 年 12 月修订的《中华人民共和国农村土地承包法》，将土地承包经营权确权登记颁证工作中保障妇女权益的实践成果用法律的形式固定下来。该法第十六条第二款规定“农户内家庭成员依法平等享有承包土地的各项权益”。第二十四条第二款规定“土地承包经营权证或者林权证等证书应当将具有土地承包经营权的全部家庭成员列入”，使农村妇女“证上有名、名下有权”的愿望有了法律保障。2020 年 6 月施行的《中华人民共和国基本医疗卫生与健康促进法》规定，建立健全妇幼健康服务体系，制定并实施未成年人、妇女等的健康工作计划，保障妇女健康。2021 年 4 月通过的《中华人民共和国乡村振兴促进法》规定了加强对农村留守儿童、妇女和老年人等的关爱服务、促进男女平等等内容。2021 年 8 月，《中华人民共和国人口与计划生育法》适应新的生育政策形势进行第二次修正，特别强调保护妇女就业合法权益。2021 年 10 月通过的《中华人民共和国家庭教育促进法》强调父母共同承担对未成年子女的家庭教育责任。

二、中国特色妇女权益保障法律体系的问题与挑战

虽然妇女权益保障的法律体系取得突破进展，但与全面依法治国目标和妇女群众对美好生活期待的要求相比，从立法理念、法律体系结构到法律文本内容方面还有一些差距。

一是性别平等的立法理念有待加强。我国已将性别平等视角纳入各项立法修法活动，但由于传统性别观念和社会文化的影响，性别中立和性别盲视的立法依然存在。例如，一些地方的规范性文件规定妇女结婚后不把户口迁出，也无法享受集体经济组织成员权益，造成对妇女合法权益的侵犯。当前侵害妇女权益的案件仍时有发生，如就业性别歧视、职场及校园性骚扰、强奸猥亵女童、家庭暴力、离婚妇女婚姻家庭权益和农村妇女土地权益受侵害等，在解释或完善相关法律规定时，必须进一步贯彻性别平等原则。另外，我国立法中虽然确立了“非歧视”的原则，但缺乏对歧视的明确界定，导致执法和司法实践中对歧视行为的认定存在困难，影响了法律的实施效果。缺乏对歧视的明确定义，也是联合国消歧委员会审议中国提交的履约报告做出的结论性意见中指出的主要问题之一。

二是保障妇女权益的专门立法仍有缺失。反家庭暴力法自 2016 年实施以来，在预防和制止家庭暴力方面起到重要作用，但缺乏具体实施细则和配套措施也是影响其实施效果的重要因素。另外，针对就业性别歧视、性骚扰等侵害妇女权益行为的法律规定大多是原则性的，整个法律体系中也无配套的专门立法，缺乏预防和制止这些违法犯罪行为的程序规划和具体惩处措施，导致妇女合法权益受到侵害时缺乏适当的救济渠道。

三是立法内容上宣示性规定过多，操作性不强。妇女权益保障法作

为我国妇女权益法治保障体系的主体，其中一些法律规范因内容过于原则性导致司法实践可操作性不强。有的法律条款规定比较笼统和概括，缺乏明确的标准，导致操作性不强。比如，对于女性参政，该法第十一条仅规定了“应当有适当数量的妇女代表”“妇女应当有适当的名额”等比较模糊的内容，但没有明确妇女参政的比例是多少，这导致缩小参政领域性别实质不平等的效果大打折扣。还有一些法律条文是典型的宣示性条款，即通过比较原则、概括的规定宣示立法者对某一侵害妇女权益行为的基本态度，明确立法精神。但是，该类法律规范中一般只规定行为模式，而缺失后果模式，这就意味着这些法律规范并不能直接调整法律关系。比如，妇女权益保障法第四十条规定“禁止对妇女实施性骚扰。受害妇女有权向单位和有关机关投诉”。这一规范毫无疑问宣告了法律上对性骚扰的否定性评价，但没有明确界定性骚扰及其法律构成要件，导致司法适用面临难题。

第三节　中国特色妇女权益保障的制度机制

保障妇女权益法律的制定与实施，离不开制度机制的保障。党的十八大以来，在推进全面依法治国进程中，中国特色妇女权益保障的制度机制不断完善，涵盖法治体系建设的全过程，在多部门合作保障妇女权益及保障妇女和妇女组织参与方面也有诸多创新。

一、妇女权益保障制度机制的现状

党的十八大以来，以习近平同志为核心的党中央高度重视妇女权益的制度保障。习近平总书记全面阐述了中国特色社会主义妇女发展道路和新时期治国理政中保障妇女权益的新理念、新思想、新战略，对将男女平等和保障妇女权益落实到治国理政的各个环节提出明确要求：在出台法律、制定政策、编制规划、部署工作时充分考虑两性的现实差异和妇女的特殊利益。党的十八大、十九大报告都将“坚持男女平等基本国策，保障妇女儿童合法权益”写入其中，对保障妇女权益工作进行统筹部署。党的十九届四中全会决定明确提出“要坚持和完善促进男女平等、妇女全面发展的制度机制”。中央经济工作会议、历年关于“三农”问题的中央一号文件等，高度关注妇女就业、农村妇女土地权益等妇女权益保障议题，并作出重要决策部署。在中国特色社会主义法治体系建设中，保障妇女权益的制度机制不断建立完善，逐步形成包括将男女平等原则纳入法治体系建设全过程的制度保障、将保障妇女权益的法律法规落到实处的多部门工作机制以及促进妇女和妇女组织参与法治建设的工作机制在内的制度机制体系。

1. 将男女平等原则纳入法治体系建设全过程的制度机制

*一是建立法规政策性别平等评估机制。*男女平等原则纳入立法，需要制度机制的保障。《中国妇女发展纲要（2011—2020 年）》提出“加强对法规政策的性别平等审查”的目标。近年来，各地积极探索建立法规政策性别平等评估机制，为从源头促进性别平等、维护妇女权益提供坚实的制度保障，取得了显著成果。全国 31 个省（区、市）均建立了法规政策性别平等评估机制，成立了评估工作机构，制定了评估工作规则，每年制订评估工作计划，依据评估规则和计划开展评估工作，对于一些地方法规的制定和修订，从性别平等的视角进行评估分析并提出修改建议，许多建议被采纳成为法律规范，为妇女权益提供法律保障。2020 年 4 月，国务院妇儿工委印发《关于建立健全法规政策性别平等评估机制的意见》（简称《意见》），明确了总体要求、评估原则、评估内容，并对国务院妇儿工委办公室及各成员单位的具体职责做出规定，要求“国务院妇儿工委办公室、全国妇联负责建立和完善性别平等评估专家智库”，评估形式为国务院妇儿工委办公室根据需要组织评估组进行重点评估，以及各成员单位进行自评估。《意见》的印发标志着国家层面性别平等评估机制正式建立。

二是将保障妇女权益的法律法规落实为阶段性的工作目标和具体政策

措施。国务院制定颁布中国妇女发展纲要、国家人权行动计划等规划，将相关法律法规的内容落实为具体工作目标和策略措施，明确了政府各职能部门、社会团体组织的工作目标和工作内容。另外，一些其他专项规划也就落实相关法律中保障妇女权益的内容做出要求。比如，2017 年国务院印发的《“十三五”促进就业规划》要求“打破城乡、地区、行业分割和身份、性别歧视，完善市场运行规则，规范招人用人制度，消除影响平等就业的制度障碍”。为落实国家法律法规和规划的要求，国务院各相关部门和群团组织也出台了保障妇女权益的具体政策措施。比如，为保障妇女平等就业权、消除就业性别歧视，教育部《关于做好 2017 届全国普通高等学校毕业生就业创业工作的通知》要求“不得发布含有歧视性内容的招聘信息”。为保障妇女人身权利，预防针对女童的校园性侵害，2013 年教育部、公安部、共青团中央、全国妇联联合发布《关于做好预防少年儿童遭受性侵工作的意见》，提出将性教育纳入课堂，将学生的性安全工作纳入教师考核等政策措施。为在土地承包经营权确权登记中保障农村妇女的土地权益，农业部和全国妇联联合下发会谈纪要，要求各地在土地登记簿和权属证书上写上妇女的名字。在地方层面，地方各级政府及工作部门出台本地规划政策措施落实国家法律、规划政策的要求，并根据本地实际情况和妇女权益保障的重点、难点问题，积极探索创新保障妇女权益法律政策实施的有效路径和方法。比如，2016 年 4 月，江苏省人社厅和省妇联联合发出《关于促进女性平等就业权利保障工作的意见》，提出保障妇女平等就业权益的具体工作措施。

三是不断创新保障妇女权益的司法工作机制。通过出台法律适用的指导性文件落实保障妇女权益的法律规范。例如，2013 年，最高人民法院、最高人民检察院、公安部和司法部联合出台的《关于依法惩治性侵害未成年人犯罪的意见》，提出建立儿童性侵害报告制度、性罪犯禁止令制度，明确了奸淫幼女等性侵害犯罪的认定原则及对被害儿童损害赔偿制度等，弥补了相关法律规定的欠缺，对于保障女童的人身权利起到积极作用。司法改革使妇女权益受侵害时寻求司法救济的渠道更为畅通。例如，2015 年 4 月，中央全面深化改革领导小组第十一次会议审议通过了《关于人民法院推行立案登记制改革的意见》，改革人民法院案件受理制度，变立案审查制为立案登记制，一些诸如就业性别歧视、性骚扰、农村妇女土地权益纠纷等妇女权益案件立案难的问题得到了解决。2018 年 12 月，最高人民法院发布《关于增加民事案件案由的通知》，规定在“人格权纠纷”的第三级案由“一般人格权纠纷”项下增加一类第四级案由“平等就业权纠纷”，在“侵权责任纠纷”的“教育机构责任纠纷”之后增加一个第三级案由“性骚扰损害责任纠纷”，就业性别歧视、性骚扰首次成为独立案由，有助于遭受这两类权益侵害的妇女通过司法渠道维护自身合法权益。各级人民法院探索和完善妇女维权工作机制，为妇女权益案件审判工作的开展起到了很好的推动作用。在涉及妇女权益的案件审判中积极落实人民陪审员制度，由妇联干部或妇联推荐的人员担任人民陪审员。设立“妇女维权合议庭”“反家庭暴力合议庭”等审判组织，专门审理婚姻家庭纠纷、继承纠纷、家庭暴力、女职工劳动争议、土地承包经营及其他各类涉及妇女权益的案件。有些法院还成立了独立建制的婚姻家庭审判庭、家事审判庭、少年家事庭等，将妇女维权案件纳入专门庭室，使妇女维权工作更加专业化。改革审判理念与审判方式，不断完善家事审判多元化纠纷解决机制，探索建立家事案件婚姻冷静期、心理测评干预、情况调查、案后跟踪回访等制度，推动建立反家庭暴力整体防治网络，更好地保障了妇女合法权益，促进了社会和谐健康发展。针对教育领域时有发生的教职员工性侵学生现象，2018 年 10 月，最高人民检察院向教育部发出《中华人民共和国最高人民检察院检察建议书》，建议教育部门进一步健全完善预防性侵害的制度机制，加强对校园预防性侵害相关制度落实情况的监督检查，依法严肃处理有关违法违纪人员等。这是中华人民共和国成立以来首次以最高检察机关名义向行政部门发出的首份检察建议书，又被称为“1 号检察建议”。2018 年 12 月，根据最高人民检察院建议书，教育部办公厅下发了《关于进一步加强中小学（幼儿园）预防性侵害学生工作的通知》，要求各地教育行政部门和学校从性侵害学生案件中吸取教训，把预防性侵害工作作为重中之重。

四是建立妇女权益保障法治宣传教育的专门工作机制。作为公民法律知识和法治观念提高的重要途径之一，中国普法宣传教育多年来形成了党委领导、政府实施、人大监督、全社会参与的运行机制。由政府牵头制定五年普法规划、确定特定时期普法的内容和重点，是中国特色自上而下普法宣传教育的战略和手段。从 1985 年第一个五年普法规划制定以来，中国历经了 7 个“五年规划”，在促进全民形成法治意识、推进社会主义法治文化建设中发挥了重要作用。全国妇联也建立了普法专门工作机制，制定专门普法规划，不断壮大妇女权益普法队伍。有关妇女权益的普法宣传教育不仅面向妇女群众普及法律知识，更针对妇联干部、领导干部和法律从业人员，注重提高其在依法行政中维护妇女权益的意识和能力。妇联组织还加大对社会各界的普法宣传教育，在加强公民道德建设、弘扬中华优秀传统文化、弘扬公序良俗中宣传性别平等价值观，积极推动全社会树立性别平等的法治意识。

2. 多部门合作保障妇女权益的工作机制

建立党委领导、政府负责、社会协同、公众参与的妇女权益保障工作机制。在中国共产党的领导下，在长期的实践探索中，具有中国特色的妇女权益保障工作机制逐步确立并不断健全。首先是各级党委对妇女权益保障工作的领导。各级党委定期召开专门会议，听取妇女工作汇报，研究解决妇女工作问题。一些省委专门印发文件，就加强和改善对妇女工作的领导提出明确要求。国务院妇儿工委作为提高妇女地位的国家机构，不断完善。各相关政府职能部门建立相应工作机制履行保障妇女权益的职责，比如，公安机关专门设置职能机构“打击拐卖妇女儿童犯罪办公室”，强化打拐工作，解救被拐卖妇女；设立家庭暴力案件投诉点，将家庭暴力报警纳入“110”出警工作范围。民政部门设立妇女救助站和庇护所。人力资源和社会保障部门设立促进妇女就业和再就业工程，劳动监察部门、安全生产监督管理部门对用人单位遵守《女职工劳动保护特别规定》的情况进行监督检查。统计部门不断改进统计制度，增加分性别统计指标，已编辑出版多种性别统计资料。

同时，各相关部门密切合作，建立工作协调机制，形成合力共同推进妇女权益保障工作。例如，为解决就业性别歧视问题，2019 年，人社部、全国妇联等九部门印发《关于进一步规范招聘行为促进妇女就业的通知》，建立了将就业性别歧视纳入劳动保障监察事项、人社部门与妇联组织开展联合约谈、将就业性别歧视行为纳入诚信记录等制度机制。许多地方建立了家庭暴力多机构合作干预机制，成员单位主要包括妇联、公安司法机关、司法鉴定部门、民政部门、医疗卫生部门、教育部门、法律援助机构、心理咨询机构、公益慈善组织、社会工作机构等，集事前预防、事中制止和事后救助功能于一体，提高了对家庭暴力受害人的救济成效。

3. 保障妇女群众有序参与法治建设的制度机制

*一是为妇女有序参与立法提供制度保障。*妇女权益保障立法过程要求妇女充分参与，表达利益诉求。随着中国特色社会主义民主法治建设进程加快，立法程序更加开放、民主，反映妇女权益保障意见建议的渠道更加通畅。如反家庭暴力法、民法典等在制定过程中多次向社会公开征求意见，致力于维护妇女权益的机构、组织或妇女个人有机会向立法机关表达看法，促进了相关立法体现男女平等原则。妇女群众参与立法的态度更为积极，对于关系到切身利益的法律法规，通过各种渠道提出意见建议，促进了保障妇女权益法律的完善，同时推动了科学立法、民主立法的进程。

*二是注重妇女群众在法律政策实施中的参与和受益。*保障妇女权益法律政策的宗旨是促进男女平等，保障妇女各方面合法权益，妇女的参与和受益是衡量法律政策实施效果的重要指标。法规政策性别平等评估机制将妇女的参与和受益作为评估指标的重要组成部分。一些地方在对法律政策实施效果进行评估时，也将妇女的参与率和受益率作为指标之一。比如，内蒙古自治区乌兰察布市在开展“十个全覆盖”民生工程建设时，在工程部署中强调妇女百分之百参与和百分之百受益，在工程实施中确保妇女参与率和受益率，在工程建设评估中把妇女百分之百参与和百分之百受益作为重要指标，提升了妇女群众的获得感和幸福感。

*三是注重对妇女弱势群体进行司法援助和救助。*一些弱势妇女群体由于种种原因在寻求司法救济的过程中存在困难，需要给予特殊帮助。为保障这些妇女群体能够通过司法救济维护自身合法权益，国家重视对她们的司法援助和救助，通过减免律师费、诉讼费，提供免费法律咨询、指导等

方式，解决她们遇到的问题和困难。妇联组织也通过建立法律援助机构、设立专门项目等方式为妇女提供法律援助。另外，2016 年 3 月 1 日反家庭暴力法实施以来，妇联组织还根据反家庭暴力法第 23 条第 2 款的规定，为因各种原因无法申请人身安全保护令的家庭暴力受害人，代为向法院申请人身安全保护令。在反家庭暴力法实施当天，长沙市妇联到岳麓区人民法院，代家庭暴力受害人周某递交人身安全保护令申请书，这是全国第一份由妇联组织代为申请的人身安全保护令。

4. 保障妇女组织在参与法治建设中维护妇女权益的制度机制

妇联组织作为中国特色的妇女组织，在推动妇女权益保障中具有鲜明的政治优势和组织优势。中国共产党高度重视和支持妇联组织在维护妇女合法权益中发挥作用。近年来，中国共产党进一步加强和改进对群团组织的领导，要求包括妇联组织在内的群团组织保持和增强政治性、先进性和群众性。妇联组织作为党领导下的人民团体、党和政府联系妇女群众的桥梁和纽带、国家政权的重要社会支柱，坚持不懈地履行“代表和维护妇女权益，促进男女平等和妇女全面发展”的基本职能，将代表和维护妇女合法权益作为工作重点，通过维权工作传递党和政府的关怀，凝聚妇女人心和巾帼力量。妇联组织纵横交织的网络体系使得其在维护妇女合法权益方面具有多元的路径和手段。妇联组织及其独特作用也成为中国特色妇女权益保障的特点之一。

妇联组织通过参与立法、执法、司法、普法维护妇女合法权益。妇联组织的政治地位，使得其拥有通过人大、政协、政府参与立法、执法、司法、普法的制度化渠道。妇联组织充分利用这些渠道，积极参与妇女权益保障法律政策的制定与实施，在推动中国特色妇女权益保障中发挥着重要作用。

在参与立法方面，妇联组织立足基本职能，充分利用自身优势，通过人大、政协两会提出立法建议，牵头起草保障妇女权益的相关立法，在相关法律草案征求意见的过程中积极提出意见建议，代表妇女群众参与立法过程，反映妇女群众的利益诉求，在推动妇女权益保障的立法方面发挥了重要作用。近年来，全国妇联深入参与、积极推动反家庭暴力法、农村土地承包法、刑法修正案（九）、婚姻法司法解释（二）第24条、民法典等法律法规的制定和修订工作，取得积极进展。仅2019年，全国妇联就参与50余部法律法规和政策的制定修改，提交100多件次建议。

在参与执法方面，妇联组织通过与相关政府部门联合发文、成为跨部门工作机制的成员单位、妇联干部担任劳动保障监察员等机制，推进促进男女平等、妇女全面发展法律政策的执行。例如，在土地确权颁证登记、村“两委”换届选举等工作领导小组中，妇联组织都是其成员单位。

在参与司法方面，妇联组织与检察院、法院等建立了合作机制，推动司法审判中维护妇女权益。例如，2019年8月，全国妇联与最高人民法院联合出台《关于进一步加强合作建立健全妇女儿童权益保护工作机制的通知》，指导各地人民法院、妇联组织在深化家事审判改革中，切实加强协同配合，用好家事调解、家事调查、亲职教育、法制宣传等工作手段，维护平等、和睦、文明的婚姻家庭关系；2020年1月，全国妇联与最高人民检察院共同签署《关于建立共同推动保护妇女儿童权益工作合作机制的通知》，加强对侵害妇女、儿童权益犯罪的惩治打击，进一步推动建立健全未成年人司法保护社会支持体系。

在参与普法方面，妇联组织根据国家的普法规划制定了妇联系统的普法规划，开展了中国妇女法律援助项目和“建设法治中国·巾帼在行动”等品牌普法宣传活动，建立基层妇女维权服务站点，开通12338维权热线，向妇女群众和全社会宣传普及保障妇女权益法律知识和法治意识，为妇女群众提供法律咨询和服务。

二、妇女权益保障制度机制面临的问题与挑战

在保障妇女权益的组织机构层面。作为国务院负责妇女儿童工作的议事协调机构，国务院妇儿工委的编制、人员、经费不足，协调推动各成员单位做好妇女权益保障工作的力度较弱，职能和作用的发挥存在困难。妇联组织在法治建设中维护妇女权益的制度保障不足。比如，妇女权益保障法第十条规定：“制定法律、法规、规章和公共政策，对涉及妇女权益的

重大问题，应当听取妇女联合会的意见。”但对于何为“涉及妇女权益的重大问题”没有明确界定，只能由相关部门人员主观认定，可能会出现有些问题征求、有些问题不征求的情况；另外，征求妇联意见的程序、是否采纳以及采纳情况的反馈等也没有明确规定。缺乏可操作性的程序规则保障，影响了妇联组织维护妇女权益基本职能的有效履行。

在保障妇女权益的工作机制层面。虽然省级普遍建立了政策法规性别平等评估机制，为将男女平等原则纳入法律政策的制定与执行提供了制度化的渠道，但各地这项工作的开展情况很不平衡。从整体上看，地方政策法规性别平等评估机制的工作制度还有待完善、评估能力有待提升，评估效果也有待考察。另外，国家层面的法律政策性别平等评估机制还未有效运行，需要各方合力推进这一工作。

全社会的性别平等与法治意识还有待提升。相关部门和人员对保障妇女权益的政府责任意识不足。政府是保障妇女权益的首要责任主体。但是立法、执法、司法机构的一些部门和人员对于这一点缺乏足够明确的认识。把男女平等问题看成单纯的妇女问题，看成妇联组织的工作，这种观念依然不同程度存在。另外，相关部门和人员对有关妇女权益的一些问题认识不足。比如，将家庭暴力视为私事的观念仍在政府部门及立法、执法人员中存在，使一些现行法律可以解决的问题被推诿或搁置。社会公众对性别平等和保障妇女权益的认识不足。受传统性别文化规范及男女行为评价双重标准的影响，社会公众将性骚扰、强奸、性侵害归咎于女性受害者自身的看法仍一定程度地存在，使得一些实施家庭暴力、性骚扰、强奸等暴力行为的施暴者未能及时受到法律的惩处，同时使得女性受害者遭受更为严重的二次伤害。另外，以村规民约和传统惯俗为代表的民间法与保障妇女权益的国家法律之间存在冲突，使得以民间法侵害妇女合法权益的情况时有发生。比如，通过村民代表会议决议、村委会决定侵害农村妇女土地权益等问题，成为妇女权益保障的重点、难点问题之一。

第四节　总结与展望

党的十八大以来，在以习近平同志为核心的党中央坚强领导下，在统筹推进“五位一体”总体布局和协调推进“四个全面”战略布局中，中国特色妇女权益法治保障在理论、制度与实践方面取得突出进展与成就，走出了一条具有中国特色的妇女权益保障之路。中国特色妇女权益法治保障具有鲜明特点，充分彰显了中国特色社会主义制度的显著优势，为国际社会提供了妇女权益保障的中国方案，为新发展阶段进一步强化中国特色妇女权益法治保障指明了方向。

一、中国特色妇女权益法治保障的特点与经验

中国特色妇女权益保障的主要特点与经验，就是坚持中国共产党的领导，从中国实际出发，探索中国特色社会主义妇女权益保障之路，推动实现妇女平等依法行使民主权利，平等参与经济社会发展，平等享有改革发展成果。

1. 坚持中国共产党的领导

中国共产党是中国革命和建设事业的领导核心，这既是由党的性质和宗旨所决定的，也是中国人民在长期革命和建设实践中的历史选择。中国共产党自成立之日起，就把妇女解放和男女平等写在自己奋斗的旗帜上，在革命、建设和改革各个历史时期的伟大实践中，始终将保障妇女权益作为党的重要工作内容。正是在中国共产党的正确领导下，中国妇女权益保障事业才取得辉煌的成就和进步。

中国共产党领导的中国特色妇女权益保障始终坚持以马克思主义妇女观为指导。马克思主义妇女观对妇女社会地位的演变、妇女的社会作用、妇女的社会权利和妇女争取解放的途径等基本问题作出了科学分析和概括。中国共产党立足国情，根据中国经济社会状况的变化和妇女发展面临

的新情况新问题，探索妇女解放与发展的有效路径，进一步丰富发展了马克思主义妇女理论。坚持马克思主义妇女观，就是要坚持从辩证唯物主义和历史唯物主义出发，历史地、全面地看待我国妇女权益保障的成就和问题，客观分析当前妇女权益保障状况及影响因素；坚持广大妇女的主体地位，依法保障和维护妇女合法权益，使她们能够更好地在创造人类文明和推动社会发展中充分发挥作用；坚持男女平等和禁止性别歧视的原则，通过立法保障妇女的平等权利和机会，采取积极措施保障妇女在法律政策实施中平等参与和受益，消除任何形式的性别歧视。

2. 坚持从中国实际出发

中国共产党坚持实事求是的思想路线，坚持一切从实际出发，理论联系实际，在实践中检验真理和发展真理。中国的妇女权益保障，就是在中国长期的具体实践中，不断探索适合中国国情和妇女群众需求的妇女权益保障路径，提升中国特色妇女权益保障理论，同时借鉴国际社会妇女权益保障的有益成果。

在革命、建设、改革各个历史时期，中国共产党都坚持从实际出发，针对妇女权益保障的突出问题，制定出台有针对性的法律政策，切实保障妇女各方面权益。从实际出发创造妇女权益保障的中国经验。

在中国大地上进行的妇女权益保障的实践，基于中国妇女权益保障的实际出台的相关法律政策、制度机制，为国际社会贡献了推动妇女权益保障的中国经验。比如，将男女平等上升为基本国策的高度，体现了社会主义国家对男女平等的高度重视。妇联组织作为中国特色的妇女组织，在推动、协调相关部门开展妇女权益保障工作方面发挥了重要作用。这些不同于其他国家的经验做法，为国际社会提供了解决妇女权益保障问题的中国方案。

作为负责任的大国，中国积极履行妇女权益保障的国际义务，吸收借鉴国际社会的有益经验和成果。中国是《消除对妇女一切形式歧视公约》首批缔约国之一，还承办了第四次世界妇女大会，积极贯彻落实《北京宣言》和《行动纲领》。中国的男女平等基本国策与联合国倡导的社会性别主流化在目标、责任主体、路径和策略等方面是一致的，都是为了实现男女平等，强调政府主体责任。有关妇女权益保障的法律法规、制度机制在借鉴国际上的相关做法、经验和成果的基础上进行本土化的修正和改革，以适应中国国情和实际。

3. 坚持探索中国特色社会主义妇女权益保障之路

在革命、建设和改革各个历史时期，中国共产党不断探索中国特色妇女权益保障道路。实践证明，中国特色社会主义道路是中国妇女权益保障的唯一正确道路，其主要特点如下。

把男女平等作为一项基本国策，作为社会主义国家，中华人民共和国成立伊始就把男女平等作为一项基本原则写入《中国人民政治协商会议共同纲领》和《中华人民共和国宪法》，还将男女平等置于国家政策体系的最高层次，作为国家各项法律法规政策制定和实施应遵循的基本原则，男女平等基本国策的贯彻落实，为妇女权益法律政策的制定和实施提供了制度保障。

重视妇女权益保障的法律体系建设，中国是主张包括占人口半数的妇女在内的人民当家作主的中国特色社会主义法治国家，中华人民共和国制定颁布的第一部法律就是与妇女解放和妇女权益密切相关的婚姻法，在不断推进中国特色社会主义法治建设过程中，中国已基本形成了以宪法为基础，妇女权益保障法为主体，包括国家各种单行法律法规、地方性法规和政府规章在内的保障妇女权益的法律体系。

把政府作为保障妇女权益的责任主体，通过建立政府专门工作机构、制定实施专门规划，履行政府对妇女权益保障的主体责任。国务院妇女儿童工作委员会由相关政府部门部级领导组成，全国31个省（区、市）县级以上人民政府均成立了相应机构，基本形成了纵向贯通、横向联动、协同配合的保障妇女合法权益的组织体系。各级政府的妇女儿童工作委员会的职责是组织、协调、指导、督促有关部门做好妇女权益的保障工作。国务院先后颁布四个周期的中国妇女发展纲要，明确各阶段促进妇女发展、维护妇女权益的总体目标、重点领域及策略措施，同时通过建立目标管理责任制，将主要目标分解到相关职能部门，并纳入相关专项规划加以落实；建立纲要评估机制和指标体系，对纲要落实情况进行年度监测评估、中期督导评估和终期总结评估，确保纲要规划目标如期实现，妇女合法权益得到切实保护。

坚持法治建设和男女平等的宣传倡导相结合。一方面，遵循法治精神，重视法律的规范作用，通过法律确认、保障、维护、救济妇女权益，重视道德的教化作用，通过宣传教育、道德约束等途径，在弘扬中华传统美德，培育社会公德、职业道德、家庭美德、个人品德中，倡扬性别平等的先进文化和价值观；另一方面，把实践中体现先进性别文化的道德要求及时上升为法律规范，在男女平等的宣传倡导中突出法治内涵。

二、新发展阶段中国特色妇女权益保障展望

党的十九届五中全会决定做出把握新发展阶段、贯彻新发展理念、构建新发展格局、推动经济社会高质量发展的战略部署，为中国特色妇女权益保障工作的高质量发展，进一步增强广大妇女群众的获得感、幸福感、安全感提供了重要机遇，也提出了更高要求。国家“十四五”规划纲要专设“促进男女平等和妇女全面发展”专节，就保障妇女平等享有受教育权利、经济权益、土地权益、政治权利，严厉打击侵害妇女和女童人身权利的违法犯罪行为，及落实法规政策性别平等评估机制，完善分性别统计制度等做出部署。贯彻落实党中央决策部署，强化新发展阶段妇女权益的法治保障，需要从以下两个方面着力。

一方面，进一步加强妇女权益立法，完善保障妇女权益的法律体系。推动加快妇女权益保障法修法进程，根据新时代妇女权益保障的特点，进一步完善妇女各方面权益的法律保障；制定预防和制止性骚扰的专门立法，明确界定“性骚扰”“职场性骚扰”，明确用人单位责任、惩罚性条款及对受害人的赔偿范围和数额，确定性骚扰案件的证据规则，加强校园、企事业单位中预防性骚扰教育和制度建设；制定专门的反就业性别歧视法，明确就业性别歧视的概念与范围，规定雇主的侵权责任和预防责任，设立专门的机构对男女就业平等制度的实施加以监督检查。参照《消除对妇女一切形式歧视公约》规定，在相关法律的制定和修订中明确对妇

女歧视包括直接歧视和间接歧视的定义；修改选举法、村民委员会组织法等，将人大代表中有适当比例女代表、村委会中应当有女性成员等原则性规定，修改为具体量化比例规定，以充分体现结果平等的立法理念。

另一方面，进一步加强制度建设，健全保障妇女权益的制度机制。在修订妇女权益保障法时，就国家和地方各级妇儿工委的设立、职责、权限、资源等予以明确规定，注重强化妇儿工委对成员单位的考核、监督，增强妇儿工委的行政能力和工作权威，从而提高协调职能，推动政府部门各司其职；参照工会法的相关内容，将妇联组织在维护妇女权益方面的职责进一步具体化，明确妇联在法律、规划、政策制定中的参与和建议权，在相关法律、规划、政策实施中的监督权。对各省法规政策性别平等评估机制的建立和运行情况进行深入研究，总结经验，发现问题，推动省级层面法规政策性别平等评估机制进一步完善；强化国家层面法律政策性别平等评估机制建设，建立评估机构、制定评估标准和程序，将男女平等原则纳入法律政策制定和实施的全过程。

参考文献

[1] 中华全国妇女联合会．毛泽东　周恩来　刘少奇　朱德论妇女解放 [M]．北京：人民出版社，1988:61．

[2] 邓小平．邓小平文选（1938—1965）[M]．北京：人民出版社，1989：202−203．

[3] 顾秀莲．20 世纪中国妇女运动史（中卷）[M]．北京：中国妇女出版社，2013．

[4] 中国妇女研究网．在 40 年改革开放伟大历程中浓墨谱写中国妇女事业新篇章（一）．

[5] 中央组织部，全国妇联．在改革开放中加强培养选拔女干部工作的意见 [J]．妇女工作，1988（5）．

[6] 我国广大城乡妇女积极参加普选运动　大批优秀妇女当选人民代表直接参与管理国家事务 [N]．人民日报，1954−3−8．

[7] 一百四十七位女代表 [N]．人民日报，1954−9−21．

[8] 中华全国妇女联合会．蔡畅　邓颖超　康克清妇女解放问题文选 [M]．北京：人民出版社，1988．

[9] 唐娅辉．中国女性参政模式的时代追问 [J]．妇女研究论丛，2011（5）．

[10] 张永英．有关妇女参政积极措施的法律和政策回顾研究 [J]．妇女研究论丛，2006（12）（增刊）．

[11] 在改革开放中要重视培养选拔妇女干部——中组部负责人答《中国妇女》杂志记者问 [N]．人民日报，1988−1−12．

[12] 龚永泉．自强才能战胜偏见——江苏妇女从政散记 [N]．人民日报，1989−1−5．

[13] 刘少奇．刘少奇选集（下卷）[M]．北京：人民出版社，1985:45．

[14] 华中妇女地位提高　积极参加土地改革生产建设　河南省百万妇女已组织起来 [N]．人民日报，1950−3−9．

[15] 杜洁．妇女组织对村民自治政策话语的影响分析[J]. 山东女子学院学报，2012（5）．

[16] Percentage of women in national parliaments，https://data.ipu.org/women-ranking?month=9&year=2019.

[17] Women in ministerial positions，https://www.ipu.org/resources/publications/infographics/2019-03/women-in-politics-2019.

[18] 汪超，高焕清．妇女参政治理研究：问题、成因及政策选择——基于一个分析框架[J]. 四川行政学院学报，2013（5）．

[19] 辛溪．妇女政治地位的影响因素分析——基于第三期中国妇女社会地位黑龙江省调查数据[J]. 学术交流，2014（2）．

[20] 张永英．家庭性别角色分工与妇女参政——基于中国妇女社会地位调查数据的分析[J]. 山东女子学院学报，2014（4）．

[21] 刘伯红，范思贤．妇女参政助推科学民主决策和社会治理[J]. 山东女子学院学报，2020（6）．

[22] 国家统计局社会科技和文化产业统计司．2020中国妇女儿童状况统计资料[M]. 北京：中国统计出版社，2020.

[23] 联合国教科文组织国际教育发展委员会．学会生存——教育世界的今天和明天[M]. 北京：教育科学出版社，1996.

[24] 全国妇联妇女研究所．当代中国妇女运动简史[M]. 北京：中国妇女出版社，2017.

[25] 姜秀花，范红霞，倪婷．中国妇女运动史话[M]. 北京：人民出版社，2020.

[26] 中华人民共和国国务院新闻办公室．平等　发展　共享：新中国70年妇女事业的发展与进步[M]. 北京：人民出版社，2019.

[27] 张李玺．中国妇女教育发展报告：高等教育中的女性[M]. 北京：社会科学文献出版社，2018.

[28] 全国妇联妇女研究所．2013—2015年：中国性别平等与妇女发展报告[M]. 北京：社会科学文献出版社，2016.

[29] 中华人民共和国教育部发展规划司．中国教育统计年鉴2017[M]. 北京：中国统计出版社，2018.

[30] 全国妇联妇女研究所．中国妇女研究年鉴（2011—2015年）[M]. 北京：社会科学文献出版社，2019.

[31] 郑新蓉．性别与教育[M]. 北京：教育科学出版社，2005.
[32] 国家统计局社会科技和文化产业统计司．中国妇女儿童状况统计资料2019[M]. 北京：中国统计出版社，2020.
[33] 宋秀岩．新时期中国妇女社会地位调查研究（上）[M]. 北京：中国妇女出版社，2013.
[34] 中央财政下达转移支付资金 188.4 亿元重点支持地方扩大普惠性学前教育资源，http://www.gov.cn/xinwen/2020-07/15/content_5526960.htm.
[35]《国家中长期教育改革和发展规划纲要（2010—2020 年》，http://www.moe.gov.cn/srcsite/A01/s7048/201007/t20100729_171904.html.
[36] 教育部关于印发《新时代高校教师职业行为十项准则》的通知（教师〔2018〕16 号），http://www.xinhuanet.com/politics/2018-11/16/c_1123722540.htm. 访问日期：2022 年 1 月 6 日．
[37]《关于进一步加强中小学（幼儿园）预防性侵害学生工作的通知》，http://www.gov.cn/xinwen/2018-12/22/content_5351048.htm. 访问日期：2022 年 1 月 6 日．
[38]《〈中国妇女发展纲要（2011—2020 年）〉终期统计监测报告》，http://www.stats.gov.cn/tjsj/zxfb./202112/t20211221_1825520.html.
[39]《第四期中国妇女社会地位调查主要数据情况发布》，https://xw.qq.com/amphtml/20211227A08RS000.
[40]《中国教育统计年鉴》全国普通初中升学率 1990—2015 年数据．
[41] 2001—2020 年教育统计数据，来源于教育部网站．
[42] 王伟宜，桂庆平．高等教育机会获得的性别不平等及其变化（1982—2015）[J]. 清华大学教育研究，2020（1）．
[43] 刘云杉，王志明．女性进入精英集体：有限的进步[J]. 高等教育研究，2008（2）．
[44] 李代，王一真．科学专业中的女生：高等教育机会与专业选择的性别差异[J]. 社会发展研究，2019（3）．
[45] 武晓伟．女青年职业教育中的性别议题研究[J]. 中国青年研究，2015（2）．
[46] 郝君富，李心愉．基于性别公平视角的养老金制度设计改革[J]. 中国人民大学学报，2017（3）．
[47] 吴宏洛，苏映宇．性别视角下的社会保障政策公平性探析[J]. 福建行政学院

学报，2011（4）．

[48] 黄桂霞．新世纪中国妇女社会保障的发展——基于第三期中国妇女社会地位调查数据分析 [J]. 中国妇运，2014（10）．

[49] 杨菊华，谢永飞．累计劣势与老年人经济安全的性别差异：一个生命历程视角的分析 [J]. 妇女研究论丛，2013（4）．

[50] 朱冬梅．老年人社会福利性别差异分析——以山东省为例 [J]. 山东行政学院学报，2014（12）．

[51] 潘锦棠．向公共家庭政策要妇女公平就业权利 [J]. 湖南师范大学社会科学学报，2015（1）．

[52] 张永英，李线玲．新形势下进一步改革完善生育保险制度探讨 [J]. 妇女研究论丛，2015（6）．

[53] 国家统计局社会科技和文化产业统计司．中国社会中的女人和男人——事实和数据（2019）[M]. 北京：中国统计出版社，2020.

[54] 国家统计局社会科技和文化产业统计司．中国社会中的女人和男人——事实和数据（2020）[M]. 北京：中国统计出版社，2020.

[55] 郑功成．社会保障学：理念、制度、实践与思辨 [M]. 北京：商务印书馆，2000.

[56] 本书编写组．党的十九大报告学习辅导百问 [M]. 北京：党建读物出版社，2017.

[57] 法律出版社法规中心．中华人民共和国劳动和社会保障法律法规全书 [M]. 北京：法律出版社，2017.

[58] 全国妇联妇女研究所．中国特色社会主义法治体系建设中的妇女权益保障研究 [M]. 北京：中国妇女出版社，2020.

[59] 中华人民共和国国务院新闻办公室．中国的性别平等与妇女发展（白皮书）[M]. 北京：人民出版社，2015.

[60] 张永英，姜秀花．改革开放 40 年妇女权益法治保障回顾与展望 [J]. 人权，2018（5）．

[61] 马忆南．以法律政策的制定和实施促进妇女权益保障 [J]. 妇女研究论丛，2013（6）．